나는 선비로소이다

나는 선비로소이다 — 송익필 노비소송으로 보는 조선의 법과 정치

초판 1쇄 인쇄 2020년 7월 13일
초판 1쇄 발행 2020년 7월 22일

지은이 임상혁
펴낸이 정순구
책임편집 조수정
기획편집 정윤경 조원식
마케팅 황주영

출력 블루엔
용지 한서지업사
인쇄 한영문화사
제본 한영제책사

펴낸곳 (주) 역사비평사
등록 제300-2007-139호 (2007.9.20)
주소 10497 경기도 고양시 덕양구 화중로 100(비전타워21) 506호
전화 02-741-6123~5
팩스 02-741-6126
홈페이지 www.yukbi.com
이메일 yukbi88@naver.com

나는선비로소이다

송익필 노비소송으로 보는 조선의 법과 정치

임상혁 지음

역사비평사

차례

책을 펴내며

조선 전기의 소송에 관하여 오래전에 책을 냈었습니다. 시판 성적은 그리 좋았다고 할 수 없지만 주목은 많이 받았습니다. 당시 노비의 존재 양태와 전통시대 송사의 전개 양상에 관하여 현장의 자료로부터 이야기하는 드문 저작이었던 때문이라 생각합니다. 이번에 쓰는 글도 그와 같은 해인 1586년 (선조 19)에 있었던 재판 이야기입니다. 실은 이것이 더 먼저 눈에 들어왔던 자료이고, 꼭 다루어져야 한다고 보자마자 느꼈던 사안입니다. 처음으로 사건의 판결문을 알게 되었을 때는 놀라움 그 자체였습니다. 판결의 결과가 참혹하기 이를 데 없기도 하지만, 수많은 법리 논쟁까지 펼쳐지고 있어 연구자로서의 흥미도 무척 끌었기 때문입니다. 더욱이 읽으면서는 부당한 법 적용이 느껴졌습니다. 이런 취지를 다른 논문에서 부분적으로 살짝 지적한 일도 있습니다. 하지만 사안 자체를 본격적으로 다루지는 못했습니다. 그렇게 하기에는 짧은 글로 충분하지 않고, 저서로 다듬으려면 건드려야 할 것들이 너무나 많은 일감입니다.

응당 살펴야 할 중심인물부터 극심한 논란의 대상일 뿐 아니라, 뿌리는 조상 때의 사건까지 올라가는데 그에 대해서는 백 년이 넘는 동안의 오해와 조작이 묻어 있습니다. 게다가 이후 벌어지는 거대 사건까지 송사의 여파라 지목되기도 합니다. 하지만 이에 대하여는 곡해의 소산으로 보이기에 밝혀내야 할 과제가 됩니다. 무엇보다도 막후에 흐르는 오랜 사림 정치의 역사와 군신 관계까지 분석하지 않으면 안 된다는 무거운 압박이 눈앞에 버젓이 서 있습니다. 검토해야 할 조선시대의 법리도 방대하다는 것은 오히려 덤처럼 느껴집니다. 그러다 보니 언제나 마음에 담아두면서도 실제로 글로써 풀어내는 일은 사반세기나 지나서야 손대게 되었습니다.

이 소송을 풀어가다 보면 많은 이야깃거리들에 걸리게 됩니다. 먼저 기구한 생애의 대학자 구봉 송익필을 만납니다. 가혹한 곤경 속에서도 꿋꿋하게 본연의 성정을 지키려는 정신이 그의 글에서 풍겨 나올 때는 마음에서도 소리가 입니다. 천하다는 피가 족보에 한 방울 튀었다는 트집으로 당대 최고의 유학자를 파멸로 몰아가는 모진 사회의 단면을 봅니다. 수양으로 자신을 고양하기보다는 인성의 본질이 될 수 없는 그 흠도 아닌 흠을 들먹여 비웃는 일로 저를 높이겠다는 소인배들은 반면교사가 됩니다. 그런 가운데에서도 아무 편견 없이 구봉과 서로 존경하며 식견을 나누는 잘 알려진 군자들은 또 한 번 우러릅니다. 질곡 속의 고단한 삶에서도 남 탓 없이 예를 닦으며 후세에 발전으로 승화시켜 숭모의 대상이 되었던 고고한 인물을 인포데믹(Infordemic)으로부터 조금이나마 구하는 효과가 우수리로 떨어졌으면 했습니다.

기묘년과 신사년의 옥사에 대하여도 재검토를 하지 않을 수 없었습니다. 그때의 형률 적용 또한 살피면서 정치적 의미를 되새길 수 있었으며, 이제까지 알려져온 바와 판이하다고 여겨지는 점들까지 살피게 되면서, 그 왜곡의 내력을 분석하는 시도도 해보았습니다. 그리하여 멸문의 원한을 풀고 집안을 되살리려는 피어린 노력이 시대의 조류와 정계의 상황에 맞물려 치밀히 전개되어가는 모습을 바라보았습니다. 그 과정에서 몇몇 자료의 성격을 그간 알려진 바와 좀 달리 해석하기도 하고, 기묘사림에 대한 역사적 이해가 인위적으로 변모하였다고 보기도 하였습니다. 이렇게 이루어진 작업들에 대해 다른 분들은 어떻게 생각하실지 궁금하기도 합니다.

특히 남다른 작업은 판결문에 대한 법률적 분석입니다. 먼젓번 책의 중심 의도가 흥미를 일으켜 전통법을 공부시키겠다는 작전임을 이제는 실토

합니다. 이번 것은 심화 학습이 되겠습니다. 한껏 당시 소송의 운용, 그리고 법의 해석과 적용을 꼼꼼히 짚었습니다. 현행 민사 절차와 그 이론에 대한 이해까지 늘 수 있도록 하는 신경도 썼습니다. 이 사건의 판결이 내려질 때부터 사필귀정이라는 환호와 극심한 법 왜곡이라는 탄식이 치열히 대립하였습니다. 조선의 법 이론을 살피며 과연 어느 쪽인지 따져봅니다. 그 결론을 뚜렷이 내리긴 하지만, 근거를 다 밝혔기 때문에 읽으시는 분들도 각기 나름의 판단을 하실 수 있으리라 생각합니다. 이런 다소 특이한 내용을 흔쾌히 출간해주는 역사비평사에, 그리고 꼼꼼한 역사적 검토와 문장 교정에 수고를 아끼지 않으신 조수정 선생님께 감사드립니다.

2020. 6.
임상혁

안가와 송씨의 주요 인물과 가계도

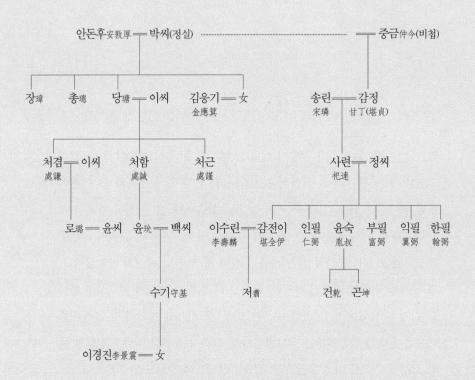

【일러두기】

위 주요 인물 관계도에서 송린과 이수린은 「안가노안安家奴案」의 표기와 다르다.

송린은 「안가노안」에 宋獜으로 되어 있으나 순흥 안씨 족보에는 宋璘으로 되어 있어 '린'의 한

자가 다른데, 이 책에서는 족보에 따라 宋璘으로 표기했다. 또한 종친인 한원수漢原守 이수린

은 「안가노안」에 '이인수李獜壽'으로 적혀 있지만, 조선왕실의 족보에 따르면 '이수린李壽麟'이

므로 바로잡는다.

1장 송씨 집안

소 탄 노인

아무리 봐도 아름다운 산천이로다. 요동과 달리 날씨 또한 따사롭지 아니한가? 더구나 모두들 나를 하늘처럼 떠받드는군. 명군 제독 이여송李如松 (1549~1598)은 뿌듯했다. 평양성을 회복하고 나서는 조선의 여러 대신들뿐 아니라 임금까지 눈치를 보며 주연을 베푸니 날을 이어 잔치였다. 이 나라에서 나보다 높은 이는 없었다. 모두가 내려다보일 뿐이다. 죽다 살아온 벽제관 전투를 승리라고 우겨도 조선 장수들은 아무 말 못한 채 언제 다시 싸우러 갈지 물으며 기미만 살핀다. 여송의 속에서는 야심이 자라났다. 이 김에 여기를 차지하여 명에 귀속시키고 제후로 눌러앉으면 어떨까. 출병하기 전 아버지께서 불러 하셨던 말씀이 떠올랐다.

"너도 잘 알겠지만, 본래 우리 집안은 고조부께서 일가를 이끌고 압록강을 건너와 벼슬을 하신 이래 지금에 이른 것이다. 그러니 너는 이번에 동

연광정
조선 중종 때 평양 대동강 변에 ㄱ자형으로 두 건물을 배치하여 지어진 정자이다. 위 사진은 일제강점기의 연광정 모습이다. 국립중앙박물관 소장.

생과 함께 조선에 가면 성심을 다해 왜구를 토멸하고 황제 폐하와 선조께 누가 되지 않도록 하여라."

 어차피 이 땅은 우리 조상의 터전이었으니, 내가 이곳의 왕이 되는 것은 하늘의 안배인지도 모른다. 오늘은 우리 군사들만 따로 모여 의논을 꾸며 보아야겠다. 이 제독은 막료들을 거느리고 연광정練光亭에서 잔치를 열었다. 올랐던 흥이 어느 정도 가라앉자 이여송은 슬슬 이야기를 풀려 하였다. 그런데 그때 갑자기 정자를 호위하는 군졸들의 고성이 터져 나왔다. 모두들 내려다보았다.

겸재 정선, 〈연광정도〉

2005년 독일의 성베네딕도회 상트 오틸리엔(St. Ottilien)수도원은 소장해오던 겸재謙齋 정선
鄭敾의 그림 21점이 담긴 화첩을 한국 성베네딕도회 왜관수도원(St. Benedict Waegwan Abbey)
에 영구 대여해주기로 결정하였다. 이 화첩은 한국을 사랑하여 『고요한 아침의 나라에서(Im
Lande der Morgenstille)』(1915)라는 책을 펴내기도 한 상트 오틸리엔수도회 초대 원장 노르베르
트 베버(Norbert Weber 1870~1956) 신부가 매입한 것으로, 그의 다른 저서 『금강산에서(In den
Diamantenbergen Koreas)』(1927)에 〈금강내산전도金剛內山全圖〉 등과 함께 실렸다.
이 그림에서 높은 석주가 세워진 연광정은 앞의 사진에서 보듯 실제 모습과는 차이가 있다. 왼쪽
아래는 평양성의 동문인 대동문이다. 성베네딕도회 왜관수도원 소장. 세로 28.7×가로 23.9cm

정자 바로 아래 하얗게 펼쳐진 강변 모래밭으로 한 노인이 검은 소를 타고 유유히 지나가고 있지 않은가. 병사들이, 어딜 감히 들어오느냐, 높으신 분이 유하고 계시니 피해 가라, 정녕 죽고 싶은 게냐, 하고 소리쳤지만 할배는 아랑곳하지 않았다. 몇몇 군교가 말을 타고 잡으러 쫓아갔다. 이상한 일이었다. 날랜 말들이 소걸음을 따라잡지 못하는 것이었다. 보고 있던 제독은 부아가 났다. 하필 이 중요한 순간에 어느 호래자식이! 몸소 천리마를 타고 달려 나갔다. 군교들을 제치고 나는 듯이 검은 소를 따라잡았다. 하지만 잡힐 듯하면서도 소 등 위의 노인은 손에 닿지 않았다.

산을 넘고 물을 건너 어느 두메까지 들어가게 되었다. 산골 마을 어귀에 이르러 보니 그 검정소가 시냇가 수양버들에 매여 있었다. 그 옆에 작은 초가집이 솟아 있고, 사립문은 활짝 열려 있다. 마루에 그 노인이 앉아 있는 게 보였다. 제독이 칼을 찬 채 들어가자 노인이 맞았다. 이여송은 노하여 소리쳤다.

"웬 놈의 촌 무지렁이길래 하늘 높은 줄 모르고 이처럼 당돌하게 구느냐? 내가 황제의 명을 받아 백만 대군을 거느리고 이 나라를 구하러 온 줄을 알지 못하느냐? 어찌 감히 우리 군대 앞에서 무례를 저지르는고? 너의 죄는 죽어 마땅하다."

노인이 대답하였다.

"제 비록 산골 노인네이나 어찌 천자께서 보내신 장수를 존중할 줄 모르겠나이까? 실은 간절히 부탁드릴 일이 있어 장군님을 모시고자 이런 계책을 부려보았을 뿐입니다. 하해와 같은 마음으로 용서해주시옵소서."

"무슨 일이길래?"

"못난 자식이 있는데 글 읽고 농사짓기는 싫어하고 강포한 짓만 일삼아 그 누구도 제어하지를 못하고 세상에 독이 되고 있습니다. 이 무식한 놈도 제독께서 신과 같은 용맹으로 세상을 뒤덮고 있는 것을 알 터이라 장군님의 위엄을 빌려 이 패륜아를 징치하였으면 합니다."

"아들이 지금 어디 있는가?"

"마침 뒤뜰에 있습니다."

이여송이 칼을 들고 집 뒤로 가자 아들로 보이는 이가 대나무 부채를 들고 맞서려 하였다. 큰소리로 꾸짖으며 칼을 휘두르는데, 소년은 아무렇지도 않게 부채로 막아내었다. 칼끝이 몇 번이고 아들놈의 품으로 질러 들어갔으나, 모두 그 작은 합죽선이 쳐내는 것이었다. 이윽고 소년이 대나무 부채로 여송의 칼을 내려치자 보검은 두 동강이 나버렸다. 이여송은 가쁜 숨을 몰아쉬면서 어안이 벙벙할 뿐이었다. 이때 노인이 들어왔다.

"어찌 이리 무례한가? 이 분이 뉘신 줄 알고!"

제독은 노인을 보며 힘없이 중얼거렸다.

"노인장의 부탁을 못 들어줄 것 같소이다."

노인이 웃으며 말했다.

"제 장난이 지나쳤습니다. 이 녀석이 힘 좀 씁니다만, 사실 이런 아이들 열이 붙어도 저 하나를 당해내지 못합니다. 장군께서는 황제의 뜻을 받들어 우리나라를 도우러 오셨으니 왜구를 소탕하여 조선을 안정시킨 뒤 승전가를 부르며 본국으로 개선하시면, 대장부다운 업적으로 역사에 이름을 남기게 되지 않겠습니까? 그런데 제독께서는 오히려 엉뚱한 마음을 품고 계시니, 그것이 어찌 장군께서 애초에 바라던 바이겠습니까? 오늘 일은 장군께 우리나라에도 인재가 있음을 알려드리려 한 것입니다. 제독께서 생각을 바로잡지 않으시면, 제가 비록 늙었어도 장군의 목숨쯤은 충분히 제

어할 수 있습니다. 어허, 말이 너무 당돌하였습니다. 장군께서 헤아려 용서해주십시오."

이여송은 고개를 떨어뜨린 채 한숨을 쉬다가 돌아갔다.

노인의 정체

아마도 많이들 들어본 전래 민담일 것이다. 여기서는 글쓴이가 붙인 도입부 말고는 『청구야담』에 전해지는 내용을 그대로 옮겼다. 이여송에 관련된 설화는 많이 전해진다. 주로 거만히 행동하다가 조선 인물들의 기지에 감복하는 일화와 이 나라에 인물이 나지 못하도록 명산의 혈을 끊고 다녔다는 이야기들이 많다. 왜적에게 시달리는 중이면서도, 도적을 퇴치한다는 명분으로 들어온 명군에 대하여 또한 갖게 되는 민중의 위기의식이 많이 반영된 것이 아닌가 싶다. 꾸며진 이야기가 거의 틀림없는 위의 일화에서는 더욱 그런 감정이 배어난다. 그런데 재미있는 점은 전해지는 많은 유사 설화들에서 이여송을 훈계한 늙은이로 특정 인물을 지목한다는 것이다. 바로 송구봉宋龜峯이다.

구봉龜峯 송익필宋翼弼은 1534년(중종 29)에 태어나 1599년(선조 32), 바로 임진란(1592~1598)이 끝난 이듬해에 66세의 생애를 마치고 세상을 떠났다. 시기상 이야기의 노인에 딱 부합한다. 하지만 실은 이 시기 구봉은 자기 한 몸을 보전하는 데도 매우 힘겨운 처지에 놓여 있었다. 뒤에 설명하겠지만 이러한 사정을 사람들은 다 알고 있었고, 그러면서도, 아니 그렇기에 송익필을 떠올렸던 것이다. 그만큼 유명한 사람이며 또한 비범한 인물로 여겨졌다. 구한말에 주로 하층민을 상대로 포교했던 이인異人 강증산姜甑山이 왜란을 구봉이 맡았으면 여덟 달만에 끝났을 것이라고 했다는 이야기도 전해질 정도이다. 일찍이 임란 전에 조헌趙憲(1544~1592)의 상소에서도 송익필에게 군무軍務를 맡기자는 건의가 있었고, 이 때문에 선조의 노여움을 샀다. 그런 기운이 감도는 구봉의 시도 있다. 분위기가 임진란의 상황처럼 느껴지기도 한다.

눈앞 가득한 창칼은 세상 어디에나 마찬가지	滿目干戈四海同
뜻밖에 오게 된 솔 아래선 맑은 바람 들리나	偶來松下聽淸風
어느 가지에서도 새는 편히 깃들지 못하나니	一枝無處安巢鳥
삼고초려는 언제 있어 누운 용을 일으키려나	三顧何時起臥龍

—「소나무 아래 모여 술잔을 기울인다(松下會酌)」

앞서 든 민담에서의 풍모를 느끼게 하는 기사도 많이 있다. 기골이 크고 풍채가 좋아 사람을 압도하였던 모양이다. 운장雲長이라는 그의 자는字는 관운장에서 따왔는지도 모르겠다. 홍경신洪慶臣(1557~1623)과 관련된 이야기는 송시열宋時烈(1607~1689)이 쓴 「구봉선생 송공 묘갈문」에도 나올 정도로 유명하다. 홍경신은 형 가신可臣(1541~1615)이 구봉과 사귀는 것을 두고 천한 인물과 교류한다며 탐탁지 않아 했고, 그를 만나게 되면 기필코 욕을 보이리라 마음먹고 있었다. 그러다가 정작 형네 집에서 송익필이 찾아오는 것을 보게 되었을 때는 오히려 마루에서 내려가 정중히 절하며 맞이하는 것이었다. 구봉이 돌아간 뒤 형이 채근하자, 홍경신은 "내가 절하려고 한 게 아니라 절로 무릎이 꺾이더이다."라고 하였다.

김류金瑬(1571~1648)와의 만남은 비슷하면서도 더욱 극적이다. 『검재집儉
齋集』에 실린 이야기는 이렇다.

　　구봉 송익필은 서자 출신이다. 격조가 매우 뛰어나고 문장 또한 절묘
　　하여 율곡과 막역한 벗이 되었다. 그러나 구봉은 분수를 지키지 못하
　　고 스스로를 지나치게 존대하는 탓에, 그를 받드는 사람도 많았지만 시
　　기하는 이들도 적지 않았다. 승평부원군 김류는 젊어서 호기가 넘쳐 송
　　아무개를 만나면 반드시 여러 사람 앞에서 창피를 주리라고 늘 말하고
　　다녔다. 하루는 봉은사에서 책을 읽는데 마침 구봉이 오자 스님들이 나
　　아가 맞았다. 그가 걸어 들어오는 모습을 보니 헌연한 대인이었다. 승
　　평은 자기도 모르게 마루에서 내려가 영접하였다. 구봉은 겸양도 하지
　　않고 바로 마루 한가운데로 들어가 앉았다. 승평은 친구들과 함께 그의
　　좌우로 늘어서 엄숙히 무릎 꿇고 앉아 모시며 그의 강의를 들었는데, 저
　　녁이 다 가도 지루한 줄을 몰랐다. 승평은 마침내 크게 엎드려 받아들
　　이고 결국 거스르는 말을 하지 못하였다. 구봉의 논변과 풍모가 이처럼
　　사람을 감동시켰던 것이다. 그러나 평생에 겪은 고초 또한 자초한 것이
　　아니라고는 할 수 없다.

　　인조 때의 명신으로 꼽히는 김류는 재상이 되었을 때 "내가 오늘에 이르
게 된 것은, 아! 그날 구봉께서 몸소 차근차근 가르쳐주신 덕분이다."라고
말했다 한다. '제갈공명을 보고 싶으면 송구봉을 보면 된다'는 평가까지 당
대에 받았다. 그래서인지 앞의 시에서는 스스로를 은근히 와룡에 빗대고
있다.

겸재 정선, 〈초당춘수도草堂春睡圖〉
유비가 제갈량의 초가집을 세 번 방문한 끝에 참모로 얻을 수 있었다는 '삼고초려三顧草廬' 고사
를 그린 그림이다. 울타리 바깥의 인물이 유비이고, 초가집에서 팔베개를 하고 누워 잠자는 인물
이 제갈공명이다. 성베네딕도회 왜관수도원 소장. 세로 28.7×가로 21.5cm

사실 송익필은 소싯적부터 이름을 날렸다. 시를 짓는 소질이 어린 나이 때부터 주위의 감탄을 자아내었다. 여덟 살 때 지은 「산속 초가지붕에 달빛이 어리고(山家茅屋月參差)」와 같은 글월은 아이 솜씨가 아니라는 것이다. 젊어서는 이산해李山海, 최경창崔慶昌, 이순인李純仁, 백광훈白光勳, 최립崔笠, 윤탁연尹卓然, 하응림河應臨과 함께 당대 8문장으로 꼽혔다. 그 무엇보다도 이름 높았던 것은 구봉의 학문적 경륜이었다. 그의 문하에는 쟁쟁한 인물들이 구름같이 모여들었다. 김장생金長生(1548~1631), 김집金集, 정엽鄭曄, 서성徐渻, 정홍명鄭弘溟, 허우許雨, 김반金槃, 강찬姜澯 등이 그의 문하로 일컬어질 정도이다. 김장생의 문하인 송준길宋浚吉(1606~1672)도 아버지 송이창이 구봉에게 수학하였다고 밝힌다. 특히 예학禮學의 비조鼻祖로 꼽히는 김장생에게 '예禮'의 본의를 가르치고, 『주자가례朱子家禮』에 대한 주석서인 『가례주설家禮註說』과 『예문답禮問答』을 지은 그는 조선 예학의 시조로 받들어졌다.

그의 식견은 우계牛溪 성혼成渾(1535~1598), 율곡栗谷 이이李珥(1536~1584)와도 깊은 교유를 할 만큼 깊었고, 이들의 우의는 죽을 때까지 이어졌다. 이들이 서로 주고받은 서간들은 송익필의 문집 『구봉집』에 「현승편玄繩編」으로 묶여 있어 그 우정을 확인할 수 있다. 머리말이 "나는 우계, 율곡과 가장 잘 지냈는데 지금 모두 세상을 떠나고 나만 홀로 살아서"라고 시작한다. 구봉의 또 다른 호인 현승을 제목으로 붙인 데서도 그의 애정이 묻어난다. 근래에 소개된 『삼현수간三賢手簡』은 그것의 주요 원본 자료이다. 그는 정철鄭澈(1536~1594), 조헌과도 깊은 교분을 맺었다.

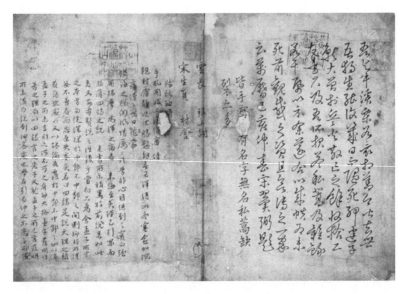

「삼현수간」

『삼현수간三賢手簡』은 우계 성혼, 율곡 이이, 구봉 송익필 사이에 주고받은 서찰을 엮은 것이다. 오른쪽이 송익필의 글씨이다. 송익필은 글재주뿐 아니라 초서에도 매우 능했다. 삼성미술관 리움 소장.

신분의 굴레

익필의 아버지는 공신인 송사련宋祀連(1496~1575)으로, 그는 네 임금을 섬기며 품계가 당상관에 이르렀다. 송익필의 형제들 또한 모두 재주가 뛰어나다는 평가를 받았는데, 인필仁弼과 부필富弼이 형이고, 한필漢弼이 동생이다(인필 밑에 윤숙胤叔이 있고 그 자녀로 건乾과 곤坤이라는 아들도 두었지만, 송익필의 형제를 거론할 때 빠지는 것으로 보아 서자였거나 젊은 나이에 죽은 듯하다). 누이는 종실과 혼인을 맺었다. 이쯤 되면 대단한 명문가라 할 수 있을 정도다. 그런데 홍경신은 왜 그를 천하다고 보았는가? 사실상 송익필의 처지는 모진 굴레와 시련의 질곡 속에 있었다. 그는 매우 이른 나이에 동생 한필과 함께 향시에서 우수한 성적으로 급제하였다. 그러나 더 나아갈 수 없었다. 익필과 그 형제들의 대과大科 응시는 금지되었다.

『선조수정실록』에 따르면, 송사련의 자식들은 얼손孼孫, 곧 천인의 자손이므로 법을 어겨 과거를 보게 할 수 없다고 하면서 1589년(선조 22)에 사관史官 이해수李海壽(1536~1599)가 동료와 함께 반대하였다고 한다. 약포藥圃 이해수는 28세가 되는 1563년(명종 18)에 알성시 을과로 급제하고 예문관 검열이 되어 관직을 시작하였다. 예문관은 사초史草의 기록을 맡는 곳이니, 그가 사관으로서 운장의 과거를 막았다면 빨라도 그때이다. 『기묘록속집』에는 '史官'사관이 아니라 과거시험을 관장하는 네 개의 관청, 곧 성균관, 예문관, 승문원, 교서관이라는 '四館'사관에서 금고시킨 것으로 나오며, 구체적인 인물은 들지 않는다. 벼슬의 뜻을 버린 송익필이 1559년(명종 14) 즈음에 구봉산으로 옮기고 이듬해에 김장생을 제자로 받아 기른 것에 비추어 보면, 이쪽이 타당하다. 그리고 인조 이후 편찬된 『선조수정실록』보다 선조 때 만들어진 『기묘록속집』이 사건과 시기적으로 훨씬 가까울 뿐 아니라 송씨 집안에 대한 악감으로 나쁜 소문을 세세히 조사하여 저술되었기 때문에, 후자의 지은이가 관련 사실에 대하여 더 많은 정보를 갖고 있다고 보아야 할 것이다.

그렇다고 해서 실록의 기사가 잘못된 것이라 하기도 어정쩡한 것이, 『선조수정실록』의 편찬은 서인들이 주도하였고, 이해수는 운장의 친우인 율곡, 우계와도 친분이 깊은 서인 계열의 영수이기도 한데, 군이 익필과 관련하여 잘 알지 못하는 서술을 했을까 하는 의구심도 들기 때문이다. 송사런 자손의 금고를 최종 확정지었다는 뜻인지, 아니면 혹시 이해수가 젊었을 때 같은 향시 합격생으로서 일을 주도하였고 그로 말미암아 잘못 알려진 것인지는 알 수 없다. 아무래도 실록의 그 기사는 나중에 이이가 서얼에게도 벼슬길을 열어주어 인재 등용의 폭을 넓히자고 했을 때 제기된 논의에 얽혀서 와전된 것이라 봐야 할 것 같다. 송사련이 죄인이 되어 직첩을 빼앗겼다는 이해수의 말이나 이산해가 구봉을 구제하려 애쓰는 일 따위는 훨씬 뒤에야 벌어지는 상황이기 때문이다. 어쨌든 첩의 자손에게 과거 응시를 금하는, 이른바 서얼금고는 《경국대전經國大典》에까지 실린 국법이라 여러 사람이 익필을 구제하려 애써보았지만 어쩔 수 없었다. 구봉의 할머니가 계집종 출신이었던 것이다. 그러니 송익필은 원칙적으로 과거의 꽃이라 할 문과에는 응시할 수 없다. 자존감 높은 송익필이 말직이나 얻겠다고 잡과로 나아갈 리도 없다.

실은 엄격히 적용하자면 생원시부터 금지되었어야 했겠지만, 당상관 공신의 자제가 시험을 볼 수 없다고 누가 생각이나 했겠는가. 게다가 이미 송사련처럼 서얼 출신의 공신인 유자광柳子光(1439~1512)의 경우에도 그 아들 방房이 1501년(연산군 7) 문과에 급제하였다. 엄연히 《경국대전》 시행(1485) 이후의 일이다. 나아가 다른 관직도 아닌 춘추관春秋館의 기사관記事官 같은 청직淸職까지 역임하였다. 이를 두고 사관史官은 가계에 흠이 없어야 한다며 반대하는 목소리가 적지 않았다고 전한다. 그러나 유자광이 서얼이긴 하지만 성은을 입어 공신으로서 벼슬길이 열렸고 이미 청요직도 거친 상태라 하여 그 아들의 기사관 역임은 무방하다고 결론지었다. 물론 유자광의 위세가 하늘을 찌르던 시절인 탓도 있다.

그러나 그런 사정을 떠나서 생각해보더라도 얼자인 본인이 나라에 공까지 세워 천출로서 될 수 없는 벼슬에 임명되었다는 사실은 서얼의 흠이 이미 해소되었다고 볼 터인데, 그 자손이 다시 거슬러 서얼금고의 적용을 받는다고 해석하는 것은 적절한 법 적용이 아니다. 그래서인지 익필과 한필의 경우에는 아버지 송사련의 직첩이 박탈되었다는 것이 이유로 붙는데, 그것은 한참 뒤에나, 더구나 송씨 가문이 몰락한 뒤에나 일어날 사건이다. 송사련의 아들들이 대과 응시 자격까지 박탈되었다는 것은 이미 명종조에 들어서면서부터 입지가 좁아져갔음을 의미한다. 그래서인지 향시 응시 때도 문제가 일었던 듯하다. 그 집안이 임금의 재가를 얻어 문·무과에서 10차례 남짓 향시에 참여하였다고 밝히는 대목도 나온다. 하지만 대과는 결국 좌절되었다. 인필과 부필은 각각 훈도訓導, 가인의假引儀라는 종9품 최말단 관직을 얻고, 익필과 한필은 종6품 무반 품계인 병절교위秉節校尉가 되는 데 그쳤다.

벼슬길을 접은 송익필은 학문에 정진한다. 그의 성취는 입소문을 탔다. 그의 절친한 벗으로 과거만 보면 장원을 하는 천재 율곡은 1564년(명종 19) 식년시에서도 여전하였다. 특히 그의 답안인 「천도책天道策」은 문장과 내용의 탁월함으로 공전의 찬사를 받았다. 많은 선비들이 그에게 다가와 이치를 논하려 하였을 때, 율곡은 "사실 이것은 나보다 운장이 더 잘 안다." 하고 말하는 바람에, 송익필의 성가는 더욱 높아지고 배우러 오는 이는 더더욱 늘어나는 일까지 있었다. 이이가 「천도책」으로 문과 장원한 때가 『율곡선생전서』에 따라 1558년(명종 13) 별시라고 세간에 파다하게 알려져 있으나, 과거 합격 기록인 사마방목, 그리고 당시 고시관으로서 감탄을 금치 못했다는 양응정梁應鼎의 행장을 『송천유집松川遺集』에서 확인해보면 1564년의 일로 보아야 할 것 같다.

구봉송선생유허기념비龜峯宋先生遺墟紀念碑
송익필의 학사學舍가 있었다고 추정되는 곳에 1991년 대종교에서 세운 유허비이다. 옆의 문발동
文發洞은 그로 말미암아 문교가 피어났다고 하여 붙여진 이름이라 한다. 옆 동네이면서 고양시에
속한 구산동九山洞의 九山은 龜峯, 龜山을 표기하는 과정에서 정착된 지명으로 본다. 경기도 파주
시 산남로 183-3 소재.

1559년 송익필이 경기도 교하의 **구봉산**龜峯山(현재 파주시 심학산) 자락에 자리를 잡으니 수많은 사람들이 찾아왔고, 구봉은 그들과 교류하고 가르쳤다. 구봉이라는 호는 여기서 딴 것이다. 자字가 운장이다. 김장생은 열세 살 때인 1560년부터 그에게 배웠다. 흔히들 이이 – 김장생(– 김집) – 송시열로 이어지는 학맥을 그리면서 사계沙溪 김장생을 율곡의 문하로 배정하는데, 그가 이이로부터 배운 바도 적지 않으나 일찍부터 수학하여 평생 스승으로 섬긴 이는 구봉이었다. 송구봉의 처절한 영락 때문에 그런 도식처럼 전해질 수밖에 없었던 것이다.

구고에 울던 드맑은 소리가 되려 내 몸을 찌를 줄이야	九皐淸響反戕身
물 마시고 먹이 쪼는 무심한 삶에 속세 먼지를 끊었네	飮啄無心近世塵
수레에 태우는 특은은 돌보아주려는 것일 리 없건마는	軒上殊恩非所養
거기다가 모래자갈을 던져대니 대체 어쩌된 이들인가	更投沙礫是何人

—「새장에 갇힌 두루미를 동네 애들이 괴롭힌다(籠鶴爲村童所傷)」 제2수

1586년(선조 19) 구봉의 나이 53세 때 그의 집안은 엄청난 송사를 겪는다. 안로安璐의 아내 윤씨尹氏의 소 제기로 시작된 소송은 마침내 안씨 가문의 승소로 끝났고, 그 결과 송가宋家 일문은 완전히 몰락한다. 일가 70여 인이 모두 안씨 집안의 노비가 되어버린 것이다. 왕실과도 혼맥이 닿은 거족이 일거에 노비가 되어버린 이 사건은 당시 그 자체만으로 엄청난 변괴라 하지 않을 수 없는데, 파장은 이에 그치지만 않는다. 이 일은 동인과 서인의 극한 대립으로 1,000여 명이 죽어나갔다고도 부풀려지는 3년 후의 기축옥사와 이어지는 데다가, 그 발단은 기묘사화의 후속판인 1521년 이

른바 신사무옥에서 비롯하는, 바로 조선의 명운을 뒤바꾼 사변이었다. 그런데도 이 사건은 현재까지 연구와 저술에서 큰 관심을 받지 못하고 있다.

송익필의 일생에서 이보다 더 큰 일이 있을까. 추앙받는 선비에서 쫓겨 다니는 노비의 처지가 되어버렸으니. 가족마저 뿔뿔이 흩어지고. 심경의 고뇌는 어떠했을까. 구봉의 생애를 다룬 저술은 이미 몇 권 출간되어 있고, 근래에도 소설 형식의 전기가 나왔다. 하지만 그의 일생을 뒤바꿔버린 이 대사건에 대해서는 어느 책에서나 반 페이지도 안 되는 지면에 간략히 처리된다. 그 내용 또한 정확하지 않다. 이것이 구봉에게 그렇게나 사소한 사건인가. 최근 '조선을 뒤흔든' 송사들을 모아 소개한다는 책도 출간되었는데, 이렇게 세상을 뒤집어버린 송사는 언급도 되지 않고 그다지 조선 사회를 흔들었을 것 같지 않은 사소한 사례들이 나올 뿐이다. 이런 실정이다. 그런데 참으로 놀라운 사실은 이 사건의 판결문이 현재까지 전해지고 있다는 점이다.

안가노안

오늘날의 전집류에 속한다고 해야 할 『패림稗林』은 조선시대의 야사野史를 모아놓은 총서이다. 정조대에 만들어진 65종 125책의 『대동패림』은 현재 일본에 있고, 이를 보완하여 철종 때 엮은 『패림』은 96종 190책으로 국립중앙도서관에 보관되어 있다. 후자는 영인본으로도 출판되어 있다. 각종 잡록, 만필, 일기, 기사 등의 수많은 재야 전적들이 모아져 있다. 대체로 역사적인 사실이나 사건들을 수록한 저작이다. 이들 가운데 「안가노안安家奴

案」이라는 글이 있다. 안씨 집안의 노비 문건 정도로 해석될 터인데, 이는 저서가 아니다. 다름 아닌 위에서 든 송사의 판결문인 것이다. 더구나 여기에만 수록된 것이 아니다. 『아주잡록鵝洲雜錄』과 같은 전적에도 「양천변별良賤辨別」 등 다른 제목을 달고 실려 있다. 이렇게 핵심 자료가 전해지고 있는데, 사건에 대한 서술들은 소략하거나 잘못되어 있고, 연구도 단편적으로 이루어져 있으며, 내용 분석까지 깊이 이루어진 경우는 거의 없다.

현재 조선의 판결서들은 결송입안決訟立案이라는 고문서의 형태로 전해지는 것이 보통이다. 「안가노안」처럼 긴 판결서의 전문全文이 다른 책에 전사되어 내려오는 경우는 그것 말고 다시 보지 못했다. 더구나 독립된 사료로서 총서에 실리는 일은 참으로 드문 경우이다. 이는 다른 설명 없이 판결문 자체를 싣는 것만으로도 충분히 사건의 전말과 의미가 전달될 수 있는, 다시 말해 해설이 필요 없는 사안이라는 것을 의미한다. 조선의 판결서는 그 구성 자체가 사건의 전모를 이해할 수 있도록 되어 있기는 하다. 거기에는 당사자가 법정에서 구술한 주장, 제출한 모든 증거들이 날짜 순으로 차례차례 기록되어 있고, 말미에 이들을 바탕으로 내려진 판결 내용이 붙는다. 곧, 판결문의 구성 자체가 소송의 진행 상황을 확연히 파악할 수 있도록 되어 있다. 간략히 정리하면 다음과 같은 순서로 기재된다.

① 판결서를 발급한 날짜와 관청 이름
② 소장訴狀의 내용(상급심 판결인 경우 상소되는 경위도 포함)
③ 시송다짐(양 당사자의 소송 개시 합의)
④ 원고와 피고의 최초 진술
⑤ 이후 당사자들의 사실 주장과 제출된 증거

⑥ 결송다짐(양 당사자의 변론 종결 확인과 판결 신청)

⑦ 판결

이렇게 소송의 모든 과정을 기록하는 만큼, 증거가 많이 제출되는 사건인 경우에는 판결문의 분량 또한 방대해질 수밖에 없다. 「안가노안」이 그 좋은 예다. 분량으로는 『패림』에 실린 몇몇 얇은 저술들에 뒤지지 않는다. 기록한 양이 많은 탓에 판결서들은 빠른 필기체인 초서^{草書}로 기록되어 있고, 이 점은 사료 접근에 대한 장애로 작용한다. 하지만 「안가노안」은 원본 문서로 남아 있지 않고 책에 옮겨 적혔기 때문에 잘 정서되어 있다. 이 두가 그대로 있는 정도일 뿐 훨씬 읽기 편한 것이다. 그런데도 많은 이들이 접근하지 않는 데는 다른 이유가 있다. 분량 탓만은 아니다. 이 판결문에는 당시 사람들에게도 논란이 되었던 여러 법리들이 동원되고, 그 해석과 사실관계를 둘러싸고 치열한 공방을 펼치는 내용으로 가득 차 있기 때문으로 생각된다.

대부분의 소송은 사실관계에 대한 다툼이다. 서로 '내 말이 맞네', '네 얘기가 그르네' 하고 싸우는 내용은 거의 다 주장하는 사실이 실제로 있었는지 없었는지에 대한 시비이지, 특정한 법리를 적용하는 것이 타당한지 아닌지를 다투는 경우는 드물다. 상대방과 상이한 법조문을 들먹이며 싸우는 경우에도 알고 보면 사실관계를 달리 보고 있기 때문인 때가 많다. 과거라고 그리 다르지는 않다. 그런데 송가와 안가의 쟁송에서는 사실관계도 크게 다투어졌을 뿐 아니라, 많은 법적인 문제를 둘러싸고도 거센 논쟁이 벌어졌다. 현재의 법적 관점에서 소멸시효와 법적 안정성을 상기시키는 문제뿐 아니라 증거조사의 문제, 공격방어방법의 때늦은 제출에 대한 제재 등과 같은 절차법적 논란까지 치열하게 다투어졌다. 이런 소송은 지금도 판사들이 싫어한다.

현행법도 아닌 430여 년 전의 법률관계를 섬세하게 따져봐야 한다는 점이 「안가노안」을 읽기 싫게 만드는 주요 요인일 것이다. 예를 들면, 핵심 쟁점이었던 과한법過限法 규정은 현재의 제척기간이나 소멸시효에 해당하는 것으로서, 당시에도 여러 형식의 법규가 많고 그들이 서로 충돌한다고 여겨지던 것이었다. 조선 후기에 가장 유명한 소송법서인 『결송유취보決訟類聚補』의 지은이조차 누가 좀 알려달라고 썼을 정도이다. 공정성 시비도 받는 판결이다. 안씨 집안을 두둔하는 편에서는 사필귀정이라 하였지마는, 송익필을 안타깝게 생각하는 이들은 당시에 법률을 왜곡 적용한 것이라 주장하였다. 어느 쪽이 옳을까. 이를 따져보는 작업은 사실상 전혀 이루어져 있지 않은 상태이다. 검토할 자료가 전해지고 있지만.

이 사건을 흘려보낼 수 없는 것이 3년 뒤인 1589년(선조 22)에 일어난 정여립 사건과 긴밀히 맥이 닿아 있다. 임진란으로부터 불과 세 해 전에 일어난 대규모 인재 희생이라 전쟁 수행력 약화의 원인으로까지 거론되는 기축옥사에 대해서는 현재에도 조작설이 힘을 잃지 않고 있으며, 이런 주장들에서는 조작의 주체나 배후를 둘러싸고 논쟁을 벌인다. 처음에 이 옥사를 맡은 이는 서인의 영수 격인 송강松江 정철이었고, 피고인들은 동인이 많았다. 잡혀온 많은 이들이 판결을 받기도 전에 옥에서 죽기도 하였다. 희생자들과 그 후손 중에는 사건을 기획한 이로 송익필을 지목하며 그한을 이어간 일이 적지 않다. 그러나 구봉이 사건의 기획자라는 실질적인 증거는 전혀 없다고 할 만하다. 더구나 이 시기에 그는 숨어 다니기에 바쁜 처지였다. 그런데도 그들은 송익필을 떠올렸다.

구봉에게 화살이 가는 것은 그에 대하여 세상 사람들이 갖고 있는 두 가지 인식 때문이라 하겠다. 첫째, 그의 능력이다. 송익필은 서인의 핵심이라 할 수 있는 이이, 성혼, 정철과 교류가 깊었다. 이들이 중요한 사안을 서로 의논하는 사이일 것이라 보는 데는 그리 무리가 없다. 벼슬길은 막혔지만 제갈공명 소리를 들을 정도로 지모가 뛰어난 송익필은 서인의 몇몇 정치 행위에 대하여 배후로 의심받곤 했다. 정여립 사건과 같은 기획을 할 만한 능력을 가진 뛰어난 인물이라는 세간의 인식을 받고 있는 것이다. 두 번째가 더욱 핵심이 된다고 할 수 있겠는데, 바로 동기이다. 3년 전의 소송사건이 그에게 피맺힌 한이 되리라는 생각은 누구라도 하게 될 것이다. 우러름을 받던 대학자가 하루아침에 일가붙이 모두와 함께 노예의 나락으로 떨어졌으니. 그런데 이 송사의 배경에는 동인 쪽의 성장과 충동이 있었던 것이다.

이런 이유로 기축옥사 때 일부 피의자들의 머릿속에서는 송익필이 어른거렸을 수 있다. 그때의 의심꾸러기들 생각대로 송가의 몰락이 동인 일파가 기획한 일이었다면, 제 발이 저려 심리적으로 덮어씌울 곳으로 송익필을 찾은 것이라 할 수 있다. 여기에다 정여립의 역모 사건이 구봉의 기획이었다는 의심까지 사실이라 한다면, 이는 한편의 처절한 복수극이라 할 만하다. 만일 안가와 송가 사이의 재판이 정치적 배경과 무관하게 내려진 공정한 판결인데도 구봉이 복수극을 벌인 것이라 한다면, 천한 것이 분수 모르고 날뛰다가 제 자리가 잡힌 데 대하여 반성할 줄 모르고 오히려 원망하는 속내로 한을 품고서 엄청난 장난을 친 사건이 될 것이다. 이도 저도 아니라면 송익필은 처절한 몰락의 고통에다 억울한 누명까지 쓰고 있는 것이 된다. 어느 쪽일까. 조금이라도 단서를 얻으려면 우선 「안가노안」

이라는 핵심 자료가 남아 있는 두 가문의 송사를 면밀히 따져보는 작업이 이루어져야 할 것이다. 그런데 이를 따지기 위해서는 먼저 더욱 오래전으로 거슬러 올라가야 한다. 일단 중종 16년(1521)의 역모 고변 사건과 그 이태 앞서 일어난 기묘사화이다.

기묘사화

정계에 진출한 사림이 반대 세력에게 희생된 사건을 사화士禍라 한다. 특히 규모가 컸던 1498년(무오), 1504년(갑자), 1519년(기묘), 1545년(을사)의 사건을 4대 사화라 부른다. 성종조에 들어서부터 사림들의 관료 진출이 활발해졌다. 임금이 그에 우호적인 것도 주요 원인이라고 할 수 있다. 이에 따라 사림의 세력은 갈수록 커갔고, 연산군 때 와서는 사관이 사림 쪽 명분론의 분위기에 젖어들어 『성종실록』을 편찬하기 위한 사초에 세조의 즉위에 비방이 되는 기사를 싣는 일까지 생겼다. 이는 현재 국왕의 정통성에 대한 시비까지 되는 일이기에 마침내 관련된 이들이 대거 죽고 유배 가는 참사가 벌어졌다. 이를 무오사화라 한다. 갑자사화는 연산군이 어머니의 죽음을 사유로 그와 관련된 이들을 처벌하는 형식이었기 때문에 사림들보다는 오히려 성종 때부터의 훈구 대신들이 더 큰 피해를 입었다.

반정으로 즉위한 중종은 다시 사림을 적극 등용하여 기풍의 쇄신을 꾀했다. 조광조趙光祖(1482~1519)를 중용하고, 그의 건의에 따라 현량과를 실시하여 사림을 관료로 특채하는 길까지 열었다. 하지만 조광조 일파의 독선적인 급진 개혁 정책에 피로와 위기를 느낀 임금은 훈신들과 함께 그들을 몰아냈으니, 바로 기묘사화己卯士禍이다. 이때는 주요 인물들이 파직·유배되는 선에서 마무리되었고, 극형을 받은 이는 조광조에 그쳤다. 사화의 주모자로 지목받기도 하는 남곤南袞(1471~1527)과 심정沈貞(1471~1531) 등조차 오히려 임금을 달래어 처벌의 수위를 낮추려는 쪽이었다. 조광조도 처음에는 유배로 결정되었다가 한 달 뒤에 사약을 받았다. 이 소식 때문인지 선산으로 귀양 간 김식金湜(1482~1520)이 유배지를 이탈하는 일이 벌어졌다. 이듬해에 그를 따랐던 이의 고변으로 조력자들이 잡혀 들어가고, 김식은 거창 산중에서 목을 맸다. 김식 등은 자객을 보내 심정, 남곤, 홍경주洪景舟(?~1521) 등을 죽이고 군사를 일으키려 했다고 조사되었다. 이로 말미암아 또 많은 이들이 죽음의 문턱까지 갔다가 왔다.

그런데 이 다음 해인 1521년(중종 16)에 또다시 권신들을 제거하려는 계획이 보고된다. 앞에서 이야기했던 바로 송익필의 아버지 송사련이 처남인 정상鄭鏛과 함께 가서, 안처겸安處謙, 이정숙李正淑, 권전權磌 등이 남곤을 비롯한 대신들을 제거할 모의에 대해 고변한 것이다. 관련자들은 100명을 넘어갔다. 안처겸의 동생인 처함處諴·처근處謹뿐 아니라 그들의 아버지 안당安瑭까지 연루되었다. 이들이 바로 「안가노안」의 안가安家이다. 피의자들은 무사들을 모집하여 권신들을 척살하려 했다고 자백하였고, 안처함이 모의 사실을 아버지에게 알리자 안당은 이를 말린 것으로 확인되었다. 권신 제거 계획을 연이어 접하게 되었으니, 집권 세력으로서는 위기의식이 고조될 만하다. 이참에 뿌리를 뽑아야 한다고 생각했을 것이다. 옥사는 역모 사건으로 발전했고, 그런 만큼 처벌 수위도 앞의 두 경우에 견줄 바가 아니었다. 안처겸, 안처근, 이정숙, 권전, 안형安珩, 신석申晳, 황현黃俔, 윤세영尹世英은 능지처참되었고, 안당은 알리지 않았다고 하여 교수형에 처해졌다. 김식 도주 사건 때 죽을 고비를 넘겼던 김정金淨과 기준奇遵도 이번에는 벗어나지 못했다.

사실 후대에 각인되는 기묘사화는 1519년(중종 14)의 사건이 아니라 이것이라 봐야 할지도 모른다. 사망자로 치자면, 기묘년에는 조광조만 사약을 받았을 뿐이고, 이듬해 경진년에도 김식이 자결한 정도이다. 수많은 선비가 죽고 유배를 갔다고 하는 것은 바로 이 신사년 사건에서이다. 이후에 쓰여진 『기묘당적』, 『기묘록보유』, 『기묘록속집』, 『기묘록별집』, 『기묘제현전』 등 '기묘' 자가 붙은 인명록에서도 『기묘당적』을 제외하고는 신사년의 사건을 모두 포함한다. 아니, 바로 1521년 사건의 관련자가 대다수를 차지한다. 조선시대에는 이들을 한데 묶어서 기묘사화로 인식하였다고 할 수 있다. 조광조의 죄목이 당파를 만들려 했다는 것이었는데, 그의 일당이 되는 사림들이 실제로 쓸려나간 것은 안처겸의 옥사에서이다. 권전, 안처겸 등 핵심 인물들이 조광조가 건의한 현량과 출신이다. 훈구 쪽으로 분류될 수 있는 인물이면서도 조광조를 후원했던 안당 또한 그의 세 아들이 일거에 현량과로 등용된 경우이다. 위에서 든 『기묘록보유』의 지은이 안로는 안처겸의 아들로, 후에 송씨 집안과 송사를 일으킨 윤씨의 지아비이다. 그 소송에서 척隻이 되는 송가가 바로 송사련의 자손인 것이다. 사련은 역모를 알린 공으로 관상감 판관判官에서 당상관으로 특별 승진하였다.

비부

관상감은 천문, 지리, 달력, 날씨 따위를 관장하던 기관이다. 과거시험에는 문과와 무과 이외에 잡과도 있었다. 역과, 율과, 음양과, 의과 등이 이에 해당하는데, 전문 기술 관료를 뽑는 시험이라 하겠다. 여기에는 서얼 출신도 응시할 수 있었다. 관상감은 주로 음양과 출신들이 배치되는 부서인데, 여기서 판관이라면 종5품에 해당하는 꽤 높은 관직이다. 판관이란 낱말에서 포청천을 떠올릴지 모르겠는데, 조선에서 판관은 각 부서마다 거의 있는 중견 직급일 뿐이다. 관상감의 판관은 당연히 형사사건의 조사와 아무 관련이 없는 직책이다. 따라서 판관 송사련은 직무와 관련 없이 역모를 알게 된 것이다. 어떻게 알았을까. 역모 사건은 관부에서 적발한 경우 말고는 대체로 그 모의의 내부자나 적어도 가까이에 있는 사람의 고발이 아니라면 밝혀지기 힘들다. 사실 송사련은 내부자라 할 만한 관계였다.

안당의 아버지 안돈후安敦厚(1421~1483)는 중금仲今이라는 비첩婢妾을 두었는데, 그 사이에 감정甘丁, 壯貞이라는 딸이 있었다. 딸의 피부가 검은 편이었는지도 모른다. 사내종을 뜻하는 '노奴'와 계집종이라는 뜻의 '비婢'가 합쳐져 '노비'라는 낱말을 이룬 것이니, 비첩이란 결국 계집종인 첩이란 의미가 되겠다. 중금의 신분이 노비란 이야기다. 조선 전기에는 부모 가운데 어느 한쪽이 천하면, 그 자손은 노비가 된다. 조선의 법제는 양인과 천인이 통혼하는 것을 제한하였고, 이에 대한 처벌 규정도 마련하였다. 양천 간의 혼인으로 난 자손을 노비가 되도록 한 것도 그에 대한 규제일 수 있다. 하지만 양천교혼은 다반사였고, 오히려 조장되었다. 그들의 모든 자손을 노비 쪽의 상전이 대대로 종으로 부릴 수 있게 되기 때문이다.

이렇게 청하는 홍인서는 윤 판서집 계집종 중에 눈에 드는 사람이 있었던 것이다. 윤 판서가 호반의 풍도로 허허허 너털웃음을 웃으며 말하였다.

"어렵지 않은 청이다. 장가를 어떻게 들여줄까? 색시장가를 들여줄까? 기생장가를 들여줄까?"

"색시고 기생이고 할 것 없이 댁 종 하나만 주시면 원이 없겠습니다."

"그것은 더욱 쉽다. 내 집안에 있는 아이종 어른종 할 것 없이 모두 불러낼 것이니 네 맘대로 그중에서 하나를 골라보아라." 하고, 상노를 보고 "너 마님께 들어가서 아이종들과 서방 없는 어른종들을 모다 불러 내보내시라고 말씀해라. 내외 낀 것 외에 하나라도 빠지고 안 나오는 년이 있으면 물볼기다." 하고, 다시 허허 웃고 말이 없이 섰는 박수경이를 돌아보며 말을 붙였다.

"너는 생각이 없니? 너도 하나 골라보지."

"싫소이다. 있는 것도 주체궂어 못 살겠소이다."

"첩으로 하나 골라보아라. 먹을 것은 내가 대어주지."

"첩도 싫소이다. 그 속에서 자식새끼가 나면 댁의 씨종이나 늘려드리게요."

사라질 뻔한 토속적 구어 표현과 함께 조선의 문화와 정서를 보존하였다는 평가도 받는 벽초 홍명희의 그 유명한 『임꺽정(林巨正)』에 나오는 대목이다. 계집종에게 장가드는 것은 자기 자식으로 남의 집 노비나 늘려주는 일이다. 눈이 삔 홍인서가 아닌, 정상적 사고의 소유자 박수경으로서는 돈 받고도 할 짓이 아니다. 하지만 노비를 부리는 입장에서는 자기 종들을 양인과 맺어지도록 하는 데 눈이 벌걸 수밖에 없다. 사내종이 남의 계집종이랑 혼인하면 낭패다. 그 노비들 사이에서 나온 자녀는 여종의 상전이 차지하기 때문이다. 비와 혼인하게 된 노가 상전께 손해를 끼쳐 죄송하다며 재산을 바치는 문서도 전해온다. 그렇다면 계집종은 노비나 양인 어느 쪽과 맺어져도 관계없겠다. 하지만 사내종을 거느린 살 만한 집에서는 낭패 보려 하지 않는다. 결국 비의 지아비를 양인 쪽에서 알아보게 되고, 자기 집 노와 혼인시키게 될 때는 본전치기 하는 심정이리라.

어느 양인이 계집종과 결혼하는가? 상식적으로 생각해봐도 살림이 궁해 장가갈 길이 막힌 이들의 선택일 것이다. 실제로 이런 경우는 많았다. 그리하여 계집종의 지아비라는 뜻인 비부婢夫라는 말은 법전에도 나오는 일반적인 단어이다. 비부는 양인이라지만 생활고가 심했을 것이다. 아니할 말로 잘살면 뭐 하러 계집종에게 장가들어 남의 노비나 낳아주고 있겠는가. 그도 또한 아내의 상전에 매인 처지가 될 수밖에 없다. 아내도 자식도 노비이고, 자신도 사실상 노비와 다름없이 전락한 처지인 것이다. 비부의 신분은 양인이지만 처의 상전댁에서는 그를 노비처럼 여겼다. 비부에 관하여는 실록에서도 빈한하여 머슴살이, 비부살이 한다거나, 비부는 노비와 같다는 등의 언급이 자주 나온다.

아버지는 지체 높은 양반이지만 어머니가 천한 감정은 노비의 신분으로 태어날 수밖에 없다. 이런 감정과 송린宋璘이 결혼했다. 송린은 노비와 결혼하였으니 찢어지게 가난했을 것이라 생각할 수도 있다. 나중에 사이가 안 좋아진 안씨 집안에서는 그를 지칭할 때 비천한 느낌이 들도록 꼭 그 아버지인 송작은쇠(者斤金, 小鐵)의 이름을 갖다 붙이기도 했지만, 송린은 종7품에 해당하는 직장直長 벼슬을 하였고, 아들 사련을 종5품직인 판관으로 키울 정도면 결코 못사는 집안은 아니다. 송익필에 대한 악평을 전하는 『동소만록桐巢漫錄』에서도 송린의 아버지가 백천白川 땅의 갑사甲士 출신이고, 아들 사련의 재주도 뛰어났다고 적고 있다. 무엇보다 감정은 성균관 사예司藝를 지낸 명문 사족의 딸이다. 거족 집안의 고관인 안돈후가, 천첩賤妾 소생이긴 하나 자기 딸인데 궁벽한 곳으로 시집보낼 리도 없다. 그렇게 생각하면 딸을 노비 신분으로 두는 것은 참으로 마땅찮을 일이다. 만일 자기 아내인 비첩의 상전이 따로 있다면 어여쁜 딸은 그 집에 속하게 된다. 다행히 첩이 자기 집 종이라도 그 딸은 자신의 다른 자식들의 상속 대상이 될 터이다. 사실 이 점이 100년 뒤에 벌어지는 안가와 송가 사이의 소송에서 핵심 쟁점이 되는 사안이다.

보충대

아버지의 입장에서 볼 때 천첩자녀도 자신의 피가 흐르는 자식이 틀림 없는데, 그를 비롯한 그의 자손들이 이후 노비로서 다른 자식들에게 부려지며 살아가야 한다는 사실은 인간의 정리로 볼 때 속 편한 일이 아니다. 남의 자식은 노비로 부리면서도 자기 새끼는 양인으로 만들고 싶은 것이 조선 지배층의 마음일 것이다. 그리하여 조선의 법전은 일정한 지위에 있는 이들의 비첩 소생들에 대하여는 양인이 되는 길을 만들어놓았다. 바로 보충대補充隊라는 제도이다.

종친과 같이 존귀한 혈통은 아무리 천한 피와 섞여도 그 자손이 천해지지 않는다. 따라서 노비를 벗어나기 위한 어떠한 절차도 필요 없다. 다음으로 2품 이상의 고관인 경우에 그의 천첩은 자신의 여종을 대신 장예원掌隸院에 신고시키고서 노비를 면할 수 있다. 물론 그의 자손들은 양인이 된다. 그 밖에 보충대에 입속하는 방법으로 양인이 될 수 있다.《경국대전》

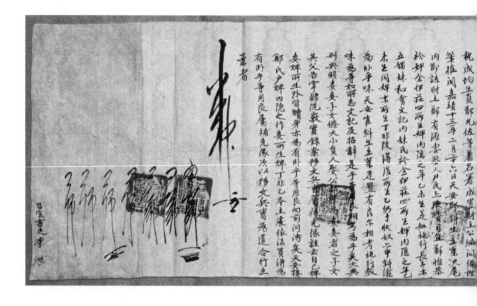

〈형전〉의 '천처첩자녀賤妻妾子女' 조에는 "대소원인大小員人(대소 관원)으로
서 공·사노비를 아내나 첩으로 삼은 이의 자녀는, 그 아버지가 장예원에
신고하면 장예원이 사실을 확인하여 장부에 기록하고 병조에 공문을 보내
어 보충대에 들어가도록 한다."라고 규정한다. 그리하여 어머니가 노비더
라도 아버지가 관료인 자녀들은 보충대에 편성됨으로써 양인이 되었고, 일
정한 직역을 수행하고 나서는 벼슬을 얻을 수도 있었다. 여성의 경우에는
입역이 면제되었다.

　이처럼 관료의 자손은 어머니가 노비더라도 양인이 될 기회를 가질 수
있었다. 그리고 이러한 제도를 일반 양인의 경우까지 확대하자는 논의도
일찍부터 있었다. 하지만 보충대 입속의 기회를 일반 양인층까지 널리 확
대하려는 시도는 많은 논란이 일었고, 시행과 폐지를 되풀이하였다. 이런

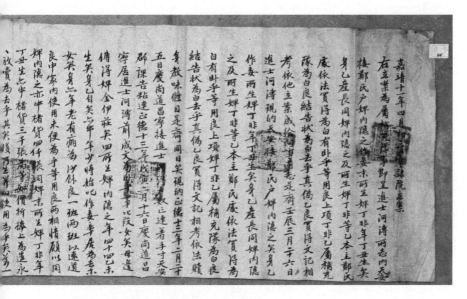

1532년(중종 27) 보충대 입속을 허가하는 장예원의 입안

진사 하단河溥이 자신의 비첩인 내은지內隱之와 그의 소생 정비丁非를 천안에 사는 정씨에게서 사들인 뒤 딸 정비를 보충대에 입속시켜줄 것을 신청하였고, 장예원은 문서를 상고하여 사실을 확인한 뒤 법전의 규정에 따라 입속을 허가하여 병조에 이첩한다는 내용이다. 드물게 원본으로 남아 있는 입속 허가의 입안이다.

논의 끝에 마침내 1543년(중종 38) 제정된 《대전후속록》에는 위 규정의 '대소원인' 다음에 '~과 양인(及良人)'이 삽입되는 조문이 마련되었다. 이로써 아버지가 양인이기만 하면 어머니가 천하더라도 자식들은 양인이 되는 길이 열렸다. 법적으로는. 그러나 실제로는 많이 어렵다.

　남의 집 종을 아내로 들인 경우에는 일단 아내와 자식을, 적어도 자식을 그 상전에게서 사 와야 할 터인데, 할 수 있을 턱이 없다. 오죽하면 계집종에게 장가드는 비부가 되었을까. 아내가 있으면서 남의 여종을 첩으로 들인 경우에는 좀 살 만한 집일 수 있겠다. 하지만 상대방이 그녀와 자녀를 팔리라는 보장은 없다. 상황을 알기 때문에, 팔더라도 일반 가격보다 높게 부르거나 조건이 붙을 것이다. 경우에 따라서는 돈만 있다고 될 일이 아니다. 만만치 않다. 곱게 팔아줄 만한 상황이 갖추어져 있어야 해볼 만 하다. 실제로 유희춘柳希春(1513~1577)이 귀양살이 때 남의 여종과의 사이에서 낳은 네 딸을 속량贖良시키게 된 것도 결국은 긴 유배 생활이 끝나고 고관으로 복귀한 다음에야 가능하였다. 자기 계집종의 자식이 아닌 다음에는 웬만큼 세력과 재력을 지녀야 천첩자녀 속량이 가능한 것이다.

다행히도 감정은 대갓집 안돈후의 비첩인 중금에게서 났다. 보충대 입속으로 양인이 될 수 있다. 그런데 이는 자동적으로 이루어지는 것이 아니라, 아버지가 관료라 해도 직접 장예원에 신고하여 보충대에 입속시키는 절차를 밟아야만 한다. 신청을 받은 장예원에서는 사실을 조사하고 확인한 뒤 보충대로 이첩하였다고 증명하는 입안立案을 발급해준다. 이러한 절차를 거치지 않은 경우에는 양인이 되지 못한다. 《경국대전》에서는 16세가 되도록 신청하지 않는 경우, 신청서를 내고 3년이 지나도록 입안을 받아가지 않는 경우, 보충대에 배속된 뒤 그 직역을 수행하지 않는 경우에는 다른 사람이 신청하여 다시 천인으로 되돌릴 수 있도록 하고 있다. 감정은 그러한 속량 절차를 밟았을까. 이것이 핵심 쟁점이다.

송린은 아내가 계집종 출신이니 비부라 할 수도 있겠다. 하지만 명문 집안의 사위이기도 하다. 안돈후가 자기 집 종을 늘리기 위한 방편으로 양인 사위를 들인 것이 아니다. 자기 딸을 책임져줄 만한 좋은 혼처를 찾는 과정에서 이루어진 혼사이다. 그러니 송린이 그리 허접한 인물일 리는 없다. 후대의 문헌 가운데는 사건 당시에 정작 문제가 되지 않았던 감정의 어미 중금의 행실 등을 들먹이면서 그의 딸 감정이 안돈후의 여식이 아니라는 서술도 하곤 하는데, 이런 상황을 염두에 둔 작화인 것이다. 감정의 아버지에 대하여는 사정을 가장 잘 아는 안씨 집안조차 옥사에서도 문제 삼지 못했다. 벼슬까지 한 송린이 비부가 되려고 안가에 들어간 것이 아니라, 그 집안의 사위가 되는 것이기에 장가들었다고 할 것이다. 그렇다면 감정은 속량되었을 가능성이 크다. 소송에서 송가는 송사련이 태어나기 15년 전인 1481년(성종 12)에 감정이 보충대에 입속되었다고 주장하였다. 사실이라면 혼인할 당시에 감정은 이미 양인이었을 것이다. 물론 소송에서 안가는 그런 사실이 없다고 맞섰다.

송사련

안돈후의 아들인 안당에게 감정은 배다른 누이다. 그러니 송사련은 안처겸, 안처함, 안처근과 고종사촌지간이기도 하다. 안씨 3형제는 두 살 터울로 사련보다 10~6세가 많을 뿐이다. 하지만 지체가 다르다. 감정은 첩의 딸이고, 게다가 양첩도 아닌 천첩의 소생인 얼녀이다. 양첩에서 나면 서자·서녀라 하고, 천한 과정으로 태어나면 얼자·얼녀라 불렀다. 후에 양인이 되었다고 해도 그 시각은 크게 바뀌지 않는다. 송린은 노비 출신의 양인이 아닌 버젓한 양인과 결혼하고도 남는다. 그런데도 여종 출신에게 장가들었다. 장인이 안돈후이기 때문인 것은 말할 것도 없다.

또한 안돈후가 비첩 소생을 벼슬도 가진 번듯한 인물에게 시집보낼 때는 그만 한 조건이 있는 것이다. 바로 사위의 배경이 되어줄 수 있다는 것이다. 그리고 자기 딸 자체는 천인이 아니라는 점도 포함되었을 가능성은 무척 높다. 양인이라야 잡과라도 응시할 수 있으니, 송사련의 입사入仕는 그 개연성을 높여준다. 더욱이 종5품에 해당하는 높은 관직으로 나아가는 데는 그의 실력과 함께 외가의 배경도 작용했는지 모른다. 말이 자주 바뀌는 안씨 집안의 후손들은 안당 형제와 그 처남 등까지 나서서 도왔다고도 이야기한다. 안당을 비롯한 안돈후의 자식들은 모두 중금의 손에 길러져서 시집·장가를 갔다는 말까지 하니, 안당 등이 돕는 것은 당연하기도 하다. 음양학에 대한 송사련의 기량이 출중하였다는 평가는 안가의 지지자들조차 강조하는 바이니, 그의 자질 또한 충분하였으리라 여겨진다.

송사련은 종7품 품계의 직장 벼슬을 한 아버지를 두긴 하였지만, 어머니 감정은 천첩의 자식이다. 만일 감정이 속량되지 못한 상황이면 송사련은 천인으로 태어난 것이니 보충대 입속을 거쳐 양인이 되어야만 벼슬길에 나아갈 수 있다. 이런 경우라면, 벼슬까지 시킬 송사련을 일부러 굳이 천인으로 놔둘 이유는 하나도 없으므로 보충대 입속 절차를 밟지 않았을 리가 없다. 또한 엄격한 신분 사회에서 관료 선발에 신분 검증이 이루어지지 않았을 턱도 없다. 송사련이 보충대에 입속하지 않은 것은 그럴 필요가 없었다는 것이고, 이는 당시 그의 어머니가 속량된 신분으로 받아들여지고 있었음을 보여주는 또 하나의 반증이라 할 수 있다.

어쨌거나 모친의 천계賤係는 관직에서 제한이 된다. 《경국대전》〈이전吏典〉의 '한품서용限品敍用' 조에 따르면, 2품 이상 관리의 경우 그 양첩 자손은 정3품, 천첩 자손은 정5품까지, 6품이 이상 관리의 경우 그 양첩 자손은 정4품, 천첩 자손은 정6품까지로 받을 수 있는 품계가 제한되고 그 범위에서 관직 임용도 이루어진다. 안돈후는 정4품에 해당하는 성균관 사예였으니 그의 천첩자손이라 할 송사련은 정6품의 벼슬이 상한이며, 품계보다 최대 3등급 이상의 관직까지 허용하는 행수법行守法상의 상한 규정까지 적용한다면 종4품에 해당하는 벼슬도 할 수 있다. 사실 여기까지만 해도 번듯한 양반 가문의 자제들조차 참으로 오르기 힘든 고위직이다. 송사련은 많지 않은 나이에 그 바로 아래인 종5품의 관직에 있으니 빠른 출세이지만 오를 만큼 오른 것이기도 하다. 물론 송린이 천계가 섞이지 않은 양인과 결혼하였다면 그 자식은 문과를 보아 더 높은 관직에도 나아갔을 가능성이 있다. 하지만 가능성일 뿐이다. 실낱같은.

송사련이나 안처겸이나 다 같이 안돈후의 손자이지만, 저마다 서로를 바라보는 시각은 천지 차이가 날 수밖에 없다. 처겸 등의 입장에서 보는 송사련은 자신들의 노비가 될 수 있었던 처지인데도 은혜를 입어 사촌 행세를 할 수 있게 된 것이다. 더구나 그의 아비도 명문가 출신이 아닌 데다 덕 좀 보겠다는 심산으로 이 집 배경 아래에 들어온 것이라, 비부까지는 아니어도 대놓고 내려다보게 된다. 하지만 같은 피를 받았으니 남보다는 믿을 만한 인물이기도 하다. 더구나 재주도 있고 똑똑하다. 집안일을 맡길 만했다. 기록에도 집안 대소사를 도맡아 했다고 한다. 아마도 안씨들은 그를 친근히 여겼을 것이다. 훗날 사련의 배신에 대한 비난을 강조하기 위해서 그를 믿고 사랑했다는 서술이 많은 측면도 있지만, 자기 집안일을 책임지고 있는 사람을 막 대하지는 않는다.

사련은 실력도 있고 사려가 깊은 사람이라 여겨진다. 그와 함께 고변하여 출세한 정상은 기고만장하다가 나중에 먼 곳으로 쫓겨가기에 이르렀지만, 송사련은 네 임금을 거치는 동안 고위 관직에 있으면서 아무런 잡음도 내지 않았다. 앞서 언급한 『동소만록』에서도 그에 대하여 재주가 많아 음양 술수를 비롯한 모든 방면의 잡기에 능통하다고 했다. 가계에 얼녀가 끼었으니 과거에 문과는 응시할 수 없고 잡과로 나아갈 수밖에 없는 처지이다. 그래서 잡과 쪽 공부를 했을 터인데, 출중하다는 평가를 받은 것이다. 다른 방면의 길이 있었으면 그쪽도 잘했을 것이다.

송사련이 음양과에 합격한 것은 1519년(중종 14)으로 기묘사화가 일어난 해다. 곧이어 안당이 파직되고 그 세 아들까지 파방罷榜되니, 안씨 가문은 뒷배가 되어주기는커녕 불이익으로 작용할 수도 있던 때이다. 그런데도 직무 능력이 뛰어났는지 그는 2년이 지난 시점에, 곧 1521년 7월 서른도 훨씬 안 된 나이에 판관이 되었다. 빠른 출세일 뿐 아니라 얼자 집안에서 큰 경사이다. 안가에서도 집안의 크고 작은 일을 다 맡길 정도로 일 처리가 믿음직했던 모양이다. 이는 본인의 능력 외에도 충실한 노력이 뒷받침되었기에 얻을 수 있는 신임이다.

송사련이 후대에 그를 헐뜯기 위해 쓰여진 문헌에서조차 그 능력은 인정받는 반면, 안당과 그 아들들은 당대에 반대파로부터 자질에 대한 비판을 받기도 하였다. 안당은 파직되는 과정에서, 그릇이 작아 인망이 없는데도 벼슬살이를 오래 한 덕에 순서에 따라 이조판서가 되었다는 악평까지 들어야 했다. 그의 세 아들은 일찍부터 특별한 재능이 없는데도 현량과를 통해 일거에 특채되었다고 하여 안당을 비판하고 공격하는 빌미가 되어왔다. 하지만 공신 반열에 들었던 안씨 집안의 위세는 기묘사화 전까지 등등했다. 송사련의 심사는 어땠을까. 이제까지의 출세면 충분히 제 분수라 생각하고 있었을까. 정승인 아버지 밑에서 노력에 비해 높은 사회적 지위를 누리는 듯한 지체 높은 사촌 형제들을 챙겨주는 처지에 대해 비애를 느끼고 있었을까.

잇따른 역모

심하게 이야기하자면 중종은 역모를 통해 옹립되었다. 이런 정권일수록 역적모의에 민감할 수밖에 없다. 다른 이들도 하지 말란 법이 없다. 실제로 반정이 일어난 바로 이듬해에 군사가 동원된 모반 사건이 터진다. 갑자사화로 전라도에 유배되어 있던 이과李顆는 1506년(연산군 12) 9월 2일에 동지들과 뜻을 모아 연산군의 폭정에 항거하여 거사하기로 계획을 세웠었다. 그런데 그 거사의 바로 전날인 9월 1일 밤에 박원종, 성희안, 유순정, 유자광 등이 먼저 일을 벌여 다음 날인 9월 2일에 진성대군을 즉위시켜버렸다. 이과 등의 거사 소문 때문에 앞당긴 것이라는 말도 있다. 반정 세력은 이과도 정국공신靖國功臣에 끼워주었지만, 그가 원하는 만큼 높은 관직은 주지 않았다. 불만을 품은 이과는 이듬해에 내금위를 끌어들여 권신들을 몰아내고 새로 임금을 세우려는 계획을 세웠다. 실제로 중종의 어가 행차를 들이쳤으나, 그것은 함정이었다. 이미 밀고가 있었던 것이다.

집권 초기의 대사건이 아닐 수 없다. 이를 막아낸 신하들은 또다시 정난공신定難功臣이 되었다. 여기에는 이과의 옥사를 처리한 관원들까지 들어갔다. 안당도 이때 정난공신 3등이 되었다. 이미 반정 직후인 1506년 9월 6일에 공신들에게 벼슬을 내리는 인사에서 안당은 대사간이라는 고위직으로 승진한 바 있다. 반정 세력과 가까운 관계라 보아도 무방하겠다. 이런 공신들은 이후 관계官界에 진출한 조광조의 사림 세력과 대립시켜 훈구파로 분류하게 되는데, 이 범주에 따르면 서울 양반인 안당은 훈구 쪽으로 배정될 인물이다. 그런데 안당은 사림 세력에 우호적인 경향을 보였다. 조광조가 중심이 되어 추진한 현량과 설치, 정국공신들의 위훈 삭제 등을 지원하여 관철되도록 하였다. 이에 조광조 등도 우호적 대신의 승진에 힘을 보태곤 하였다. 거기다가 1519년(중종 14)에 실시된 현량과의 28명 최종 합격자에는 안당의 세 아들이 모두 포함되었다.

과거시험은 무척 어려운 시험이다. 예전 사법시험이 이에 비견되곤 했었다. 쉽지 않은 것이 시험문제가 난해하기 때문만은 아니다. 사실은 둘 다 치열한 경쟁률 때문에 그렇다. 아무리 노력해서 잘한들 극소수의 정해진 숫자만큼만 뽑는다. 그래도 합격 후의 과도한 혜택은 지원자가 끊임없이 구름처럼 몰리도록 만들었다. 과거의 꽃이라 할 수 있는 문과는 경전의 암기와 해석, 논술에 해당하는 고도의 능력을 시험하는 것이기도 하지만, 시험 과정 자체도 지난했다. 우선 과거시험의 첫 단계로서 생원이나 진사가 되기 위한 소과도 초시와 복시를 거쳐야 한다. 예외는 있지만 소과의 합격자들이 대과에 응시하게 된다. 대과에도 초시와 복시가 있는데 복시에서 최종 33명이 뽑는다. 이들이 최종적으로 다시 한 번 치르는 전시는 품계를 내리기 위해 등수를 정하는 시험이다. 성적에 따라 정7, 8, 9품을 받는다. 장원은 특별히 종6품이다.

현량과의 발의는 기존의 과거가 글재주만 시험할 뿐 관료로서의 재능이나 인품, 행실 등은 보지 못한다고 비판하면서 제기되었다. 각처의 추천을 받은 명망 있는 인재들을 국왕이 직접 면접하여 선발하자는 것이다. 암기 위주의 학습력을 테스트하는 학력고사에서 벗어나야 한다고 하여 수학능력시험 체제로 왔지만, 다시 그것으론 재능이나 가능성을 보지 못한다고 하면서 면접 위주의 수시모집으로 가게 된 논의와 비슷하다. 우리 사회에서 이런 식의 선발은 문제를 일으키지 않은 예가 없다. 우여곡절 끝에 시행하게 된 현량과에서는 최종 28명이 합격하였다. 장원이 현량과 발의자

소과 응시

조선시대 과거는 시험문제 자체도 어렵지만 몇 단계에 걸쳐 치르는 과정도 까다롭다. 이 그림은 조선시대 작자 미상의 평생도 10폭 병풍 중 하나로, '소과 응시'를 그린 것이다. 송암미술관 소장. 38.5×119cm

조광조의 절친인 김식. 후원자 안당의 세 아들은 전원 합격. 다른 합격자들도 태반이 이런 식이었던 데다 품계도 일반 과거보다 더 높게 책정되었다. 정적들의 빌미가 되지 않을 수 없다. 당연히 조광조의 자파 사림 세력 키우기 수단이라는 비난이 인다.

기묘사화는 이렇게 갑자기 커져버린 사림 세력이 실각하는 사건이다. 대신들에 의해 옹립된 임금인 중종은 사림을 대거 기용함으로써 훈구 세력을 견제하여 자신의 입지를 넓히려 했고, 그 목적이 어느 정도 달성된 상황에서 이들이 오히려 세력을 형성하려 하자 토사구팽을 했다고도 볼 수 있다. 애초에 사림을 말살하려는 의지는 세지 않았다. 강경한 중종을 중신들이 달래는 형국이었다. 처음부터 사화의 확대를 막아오던 영의정 정광필鄭光弼(1462~1538)은 물론이고, 신무문을 통해 불려가 기묘사화의 주모자로 꼽히는 남곤까지도 극력 변호하여 처벌의 범위를 줄이려 하였다. 하지만 남곤은 이후 벌어지는 거사 모의에서 심정, 홍경주 등과 함께 척살 대상 1호에 오른다. 임금을 직접 겨냥할 수는 없는 것이므로 총대를 멨던 이들을 타깃으로 삼을 수밖에 없는 일이기도 하다. 반정하고 나서부터는 셀 수 없이, 조광조와 관련해서는 세 번째로 들려온 정변의 기미에 임금과 중신들의 동요는 컸다.

불만 세력

조광조와 관련된 옥사가 주된 한 사람만 처형하는 데 그치고 중심인물들을 유배하는 선으로 마무리되었다는 사실은 그 정치 세력을 배제시키려는 것이 주요 목적이었음을 보여준다. 직후에 김식이 도주하면서 기획하였다는 모의에서 대신들을 없애고 군사를 일으키려는 의도가 떠올랐을 때도 실효성이 별로 없는 무의미한 역모 계획이라 여긴 듯하다. 김식 사건에서 비로소 가담한 두셋 말고는 기묘사화 때의 관련자들이 아무도 사형에 처해지지 않았다는 점은 그 반증이 될 것이다. 조광조의 당파라 몰릴 만한 많은 이들이 처벌을 면하였다. 조광조의 잔당을 쓸어버리겠다는 강한 의지는 감지되지 않는 분위기라 할 수 있다.

그렇더라도 살아남은 사람들의 상황은 예전과 같지 않았다. 우선 현량과의 과거 합격이 취소되었다. 과거는 관직의 근거가 되는 것이니, 등과가 무효로 되면 벼슬자격증인 직첩 또한 회수되어 어렵사리 뚫은 벼슬길이 일단 막혀버린다. 안당의 세 아들도 현량과 출신이니 품계가 박탈된 것은 두말할 나위도 없다. 조광조의 동조자이긴 하지만 훈구 계열 쪽에 있다고 할 안당 자신은 화를 입지도 않았고 정승의 자리도 일단은 지켰다. 그렇지만 곧바로 대간의 탄핵이 끊임없이 이어졌다. 중종은 짐짓 그를 감싸는 듯했으나 그해 12월 마침내 파직하였다.

조광조가 이끄는 유교적 이상을 좇아 새로운 정치를 해보려다가 날개가 꺾인 이들은 가슴속에 실망과 울분이 가득 찰 수밖에 없었다. 가끔은 함께 모여 쌓인 울분을 서로 토해내기도 하였을 것이다. 이때 가장 모이기 좋은 곳이 안당 집안일 수 있다. 이 집안은 신진 사류가 아니라 누대에 걸친 관료 가문이다. 벼슬을 잃었다고는 하나 정승 집안의 위세와 경제력은 갖추고 있다. 끈 떨어진 이들 가운데 독보적인 직위를 지닌 안가는 그들의 구심점이 될 만하다. 실제로 안당은 벼슬이 떨어진 2년 뒤인 1521년 9월에 품계까지 박탈되었는데, '나라를 그르친 간사한 무리의 수괴'라는 것이 그 이유로 들어졌다.

실의한 사림의 실질적 리더는 나이 든 안당보다는 비슷한 연배인 맏아들 처겸이 되겠다. 그로서는 자신은 물론 형제들과 아버지까지 관직을 잃었으니 분함이 가장 큰 경우이기도 하다. 현량과 파방으로 동변상련인 사람들은 여기에 함께하기 십상이다. 이들이 모이면 친목을 도모하기도 하겠지만, 어느 정도 술이 오르면 차마 임금을 입에 올리지는 못하고 남곤, 심정, 홍경주 이런 놈들을 쳐 죽이고 나라를 바로잡아야 한다고 떠들었을 것은 자명하다. 실제로 이것은 다들 인정하는 부분이기도 하다. 모임은 대체로 소격서동昭格署洞, 곧 현재의 삼청동 관할 소격동에 있는 안처겸 본가에서 있었다. 궁궐 바로 옆이다. 이런 일이 크게 잡히거나 하면 집사 격인 송사련도 바빠졌을 것이다.

안처겸이 중심으로 형성된 이 모임을 바라보는 송사련은 어땠을까. 기묘당파로 몰려 실각한 안당에게 자신은 어쨌든 조카 항렬이다. 판단력도 좋고 아직은 벼슬을 하고 있어 조정의 분위기를 파악할 만한 송사련은 이러한 상황이 무척 불안했다. 거사와 관련하여 궐내의 상황을 전하는 역할도 하고 있다. 이 일이 사건이 될 때 자신은 연루되지 않으려야 않을 수 없는 처지이다. 벼슬이 떨어지는 것만으로 끝나지 않을 전망이다. 형님들에게 자중할 것을 권했으리라. 그랬는지 안처함도 아버지께 알렸다고 하며, 이로 보아 그도 또한 불안함을 느꼈던 모양이다. 실록이 전하는 안처함의 진술은 이렇다.

송사련이 속삭였습니다. "사림의 화가 또 일어나게 생겼습니다." 저는 놀라서 "무슨 얘기라도 들었나?" 하니, 이렇게 대답합니다. "시산정이

이랬답니다. '예전 사림의 화는 오로지 신무문으로 들어와 아뢴 재상들이 한 짓이야. 이 재상들이 계속 권세를 쥐고 있으니 국정이 나날이 잘못되는 것이지. 각자 재상들 집에 가서 그들을 때려죽인 뒤에 상감께 보고하는 것으로 해야 하네. 임금께서는 저절로 혼미함이 풀리실 게야.'" 저는 아버지가 들을까 싶어 부채를 휘둘러 막으면서 "그 말은 또 어디서 들었나?" 하고 물었지요. 사련은 "이 일은 처남 정상이 처겸 형님께 들었고, 처겸 형님은 시산정께 들은 것이랍니다. 이런 말이 발각되기라도 하면 시산정은 선비 쪽이라서 사림의 화가 극심할 겁니다." 하고는 돌아갔습니다. 저는 형네 집에 찾아갔지요. "사련이 해준 말이 무척 안 좋습니다. 형님은 그런 말을 들었기로서니 뭣 하러 정상에게 전합니까?" 형은 "난 정상한테 말한 적 없어. 정상이 직접 시산정에게 들은 거지." 하고 말한 뒤에 들어가버렸고, 저는 더 말을 못하고 돌아왔습니다. 그 뒤에 들으니 시산정이 한밤중에 처겸의 집에 와서 오랫동안 이야기를 나누었다고 합니다. 전에 들었던 말을 했으리라 여겨졌습니다. 사화가 일어날까 두려워 아버지께 낙향하도록 권했을 뿐, 따로 듣거나 의논한 것은 없습니다.

저는 송사련이 전하는 시산정의 말 때문에 화가 일어날까 염려되어 아버지를 고향에 내려가도록 하였을 뿐, 처겸 형이 하는 일은 알 수 없었습니다. 한칼로 함께 죽자는 말은 그저 노비들이 들었다는 말일 뿐이지 제가 직접 들은 것은 아닙니다. 뜰에서 구타하는 소리라니요? 형제간에 어떻게 그런 일이 있겠습니까. 형이 그저 취해서 저를 꾸짖었을 뿐입니다.

— 『중종실록』 권43, 중종 16년 10월 12일

시산정은 시산부정詩山副正 이정숙인데, 그와 안처겸 사이에 거사에 대한 내용과 논의가 꽤 구체적으로 이루어지고 있으며 그들의 실행 결의도 굳다는 인상을 준다. 그러면서도 엄격히 입단속을 하려 하지 않는 허술한 보안도 느껴진다. 또 내부적으로 이를 우려하는 움직임도 강했다는 것을 알 수 있다. 그 때문에 형제간에 치고받고 싸우기까지 한 모양인데 남들이 알 정도이다. 송사련은 사안의 중대성을 간파하고 있었다. 사화로 번질지도 모른다! 나중에 그의 예측은 정확했던 것으로 증명된다. 돌아가는 정세도 정확히 본 듯하다. 성공 가능성도 낮고, 언제고 들통날 일이다! 안당, 안처함도 같은 생각이었다. 처겸을 시골로 끌고 내려가 말렸다.

그런데 이것이 과연 역모였을까. 후대의 저술에서는 송사련이 없는 일을 꾸며 고발한 것이라 한다. 그리하여 오늘날은 이때의 옥사도 무고誣告로 말미암은 신사년 형사사건이라는 의미로 신사무옥辛巳誣獄이라 부르기도 한다. 하지만 이후 관련자들의 진술, 그리고 안처함의 진술 내용과 그에 따른 감형 등의 사정을 보면 역모의 단계까지 나아갔을 가능성도 충분하다. 무엇보다도 사회 불만 세력이 안씨 집안을 구심점으로 하여 결속되는 모습을 보이고 있다는 실질 자체가 그냥 지나칠 수 없는 매우 중대한 사안인 것이다. 그것이 드러난 것만 해도 집권 세력에게는 경악할 일이다. 척결 모의가 대수롭지 않은 김식류의 수준이 아닌 것이다. 단순히 조광조 세력을 정치에서 배제시키는 정도로 그치려 했던 정책을 바꾸지 않을 수 없는 상황이 되고 만다.

고변

1521년(중종 16) 10월 11일 송사련은 처남 정상과 함께 법사法司에 나아가 대신을 제거할 거사가 계획되고 있다며 고변하였고, 이는 승정원을 통해 국왕에게도 보고되었다. 아마도 정상은 매부 송사련을 도와 안씨 집안의 일을 거들고 있었던 모양이다. 정상을 데려온 것은, 살려야 할 처남이기도 했겠지만 두 사람의 관여자가 진술하면 고변의 신뢰도를 높이는 효과도 있었다. 그 둘은 거사에 서로 달리 간여한 부분을 알렸다. 송사련은 안처겸 등이 모의하여 거사일까지 정한 사실과 함께 안당이 말리게 되는 경과를 보고하였다. 이를 보면 그는 사건의 중심에 깊이 관련된 듯하다. 정상은 구체적이고 실무적인 내용을 진술하였다. 곧, 시산부정 이정숙, 안처겸, 권전 등이 무사를 모집하고 있던 상황을 세밀히 진술하였다. 시산부정은 왕족으로서 국왕이 될 자격도 있는 인물이다.

송사련과 정상의 고변으로 다음 날부터 관련자들이 잡혀오기 시작하였다. 미리 알아채고 도주한 이들도 얼마 지나지 않아 체포되어 압송되었다. 안처겸은 13일에, 이정숙은 15일에 잡혀와 신문을 받았다. 사건에 가담한 이들을 밝혀내기 위해 피의자들을 심하게 문초하는 것은 상례이다. 이때 사법기관은 고변만으로는 수사의 방향을 잡기 쉽지 않고, 잡혀온 이들은 고문에 못 이겨, 또는 자신의 혐의를 면하고자 관련자들을 무한히 확대하기도 한다. 안처겸의 옥사에서는 다행인지 불행인지 그에 대한 나름대로의 물적 증거자료가 있었다. 송사련이 100여 명의 이름이 적힌 명단을 제출한 것이다.

안당은 거사 계획을 저지하기 위해 송사련과 함께 처겸을 데리고 충청도 음성으로 내려갔다고 한다. 이런 사실에서도 송사련이 안씨 집안의 대소사를 관장하는 믿음직한 인물로 여겨졌다는 것, 그리고 거사 모의가 진행되는 데 대하여 깊은 우려를 갖고 막아보려 했다는 것을 짐작할 수 있다. 송사련은 안처겸의 집으로부터 돌아가는 길에 요기를 하려고 도시락을 풀었다. 그 집에서 싸 준 점심이다. 도시락을 싼 포장지를 풀면서 사련은 놀란다. 종이에 이름들이 빼곡히 적혀 있는 것이다. 모두 넉 장이었다. ① 친지, 계 모임 성원 등 43인의 성명과 자후, ② 모친의 묘역을 관리하는 인부들 60명 남짓, ③ 길일을 정하는 내용, ④ 안씨 부자의 생년월일이 적힌 서면들이었다. 여기에 오른 사람들은 조사 대상이 되지 않을 수 없었고, 거사의 동조자와 실행할 무력이라 여겨질 만했다. 길일로 적힌 날짜들은 거사 일자를 뽑기 위한 자료로 보기에 적당했다. 훗날 안가에서는 이 종이를 두고 전년에 있었던 어머니의 장례 때 문상객과 일꾼들의 이름을 적어놓은 것이라 하였는데, 이때는 그런 말이 없었다.

첫 번째 문서에는 이 사건의 주모자급에 해당하는 사람들이 포함되어 있었고, 나머지에도 조광조의 당파라 할 수 있는 사람들이 올라 있었다. 안처겸과 친분이 있는 이들의 명부라면 당연히 그랬을 것이다. 더군다나 여기에는 다수의 무인들까지 포함되어 있었다. 거사가 구체적이고 실질적으로 계획되고 있었다는 혐의를 받기에 충분하였다. 김식 사건에 이어 또다시 터져 나온 조광조 잔당들의 거사 계획은 대신들과 임금을 긴장시키기에 족했다. 조광조를 제거하려는 것이 중종의 계획이었다는 것은 짐작될 만한 일이라 하겠고, 역모 혐의를 피하기 위해 임금의 성총을 흐리는 대신들을 제거한다는 명분을 세운 것이니, 종국에는 국왕도 위험한 지경이 될 것이다. 국왕이 가장 신임하는 수족을 제거하고 정권을 장악하겠다는

정난靖難의 모의 자체가 사실상 역모이다. 계유정난(1453) 이후 결국 단종
도 왕위를 내놓고 죽지 않을 수 없었던 것이다. 그런 차에 시산부정 이정
숙이 잡혀오자 중신 제거 모의에 대한 조사는 결정적 국면으로 진행되었
다. 그의 자백을 거치면서 이들의 모의는 종국적으로 중종을 몰아낼 수도
있다는 내용이라 조사되었다. 버젓한 역모 사건이 된 것이다.

안처겸 옥사

고변이 있고부터 관련자들이 잡혀와 신문을 받기 시작하였다. 도주자들
의 체포도 신속히 이루어졌다. 중신들에 대한 척살 모의는 결코 작지 않은
엄중한 사안이다. 그것도 처음이 아니다. 더구나 한결같이 조광조 일파가
벌이고 있다. 신문은 혹독할 수밖에 없다. 조광좌趙廣佐, 권전은 문초 중에
죽어나갔다. 안처겸의 동생 처근도 신장을 맞다가 사망하였다. 피의자들은
중신들 제거 계획에 대해서는 대체로 순순히 자백을 하였다. 하지만 그 이
상의 이야기는 나오지 않았다. 안당을 불러 물었지만, 그는 처겸이 술자리
에서 대신들을 모해하려는 언동을 했다는 것을 처음으로부터 들었다고 인
정하면서도 자신이 만류하여 거사를 중지시켰다고 진술하였다. 10월 15일
이정숙은 고문이 동반된 22차례의 신문을 받은 끝에, 거사가 이루어진 뒤
임금이 듣지 않으면 폐위시키기로 했다는 자백을 하였다.

조광조 세력의 연이은 정변 모의는, 이들에 대하여 그냥 둘 수 없는 불
안 요소라는 인식을 심어주는 데 부족함이 없었다. 중종은 분노가 컸다.
불안감은 더 컸을 터다. 반정으로 즉위한 임금으로서는 정권에 불만을 품

은 사회 지도급 인사들의 결속이 존재한다는 사실에 엄청난 위기의식을 느낄 수밖에 없다. 기묘년(1519)에도 중종은 조광조 세력을 완전히 숙청하길 바랐지만, 영의정 정광필 등이 극력 반대하고 남곤이나 심정과 같은 사화의 주모자로 꼽히게 되는 대신들도 온건한 처리를 선호하는 바람에 생각보다 가벼운 처벌로 마무리했었다. '이번에는 기필코…' 하고 생각하였을 것이다. 대신들도 연거푸 자신들을 척살하겠다는 움직임에는 마음이 굳어질 수밖에 없다. 조정에서는 이번만은 곱게 넘어가서는 안 되겠다는 분위기로 꽉 차게 된다. 그 다음 날 곧바로 사형이 집행되었다. 중종은 이를 '막대한 경사'라 말하며 특별사면까지 베푼다. 벼슬이 있는 이들에게는 품계도 한 등급씩 올려주었다. 아래의 사면령에서는 중종이 기묘사화를 비롯한 일련의 관련 사태를 어떻게 규정하는지 읽힐 뿐 아니라, 스스로가 그 과정에서 주역이었음을 직접 밝히는 모습도 나타난다.

하늘은 존귀하고 땅은 비천하듯이 군주와 신하의 나뉨도 이미 지엄한 것이다. 의리를 침범하고 위를 해하는 데는 그 벌이 무겁지 않을 수 없다. 그리하여 『춘추』는 어버이나 임금에 대하여는 시역하려는 마음만 먹어도 처벌하도록 강조하며, 한漢나라의 법은 모반과 대역에 대하여 그리 엄하였던 것이다. 내가 부족한 몸으로 외람되이 왕조를 이어받아 나라를 위하는 길을 깊이 생각하였고 반드시 제왕의 학문을 기본으로 하였다. 그래서 의리와 이치를 연구하여 다스림의 경지에 이르고자 하였다.

한데 뜻하지 않게 사림 가운데 경박한 무리들이 허위를 떠들고 시비를 왜곡하며, 성현의 말씀을 구실로 벼슬을 농단하는 길을 내었다. 별도로 과거 항목을 두어 현능한 이들을 등용한다면서 몰래 자기 당파를 심어 요직에 벌여놓도록 만듦으로써 자신들의 권세를 중외에 뻗치고 임금을 외롭고 위태롭게 만들었다. 이에 한두 대신과 더불어 깊이 의논한 끝에, 나라를 그르친 죄를 확정하고 그릇된 임명장을 회수하며 따로 설치된 과거 항목을 폐지함으로써 겨우 위기를 안정시키고 변란을 다스릴 수 있었다.

그런데 종실 이정숙이 권력을 추종하여 정사에 간여하다가 직을 잃은 것에 앙심을 품고, 안처겸 등도 또한 과거 합격이 취소되고 그의 당파가 세력을 잃은 것을 분하게 여기면서 반역을 공모하고 불순한 무리를 끌어들여 이달 9일 종묘에 일이 있을 때 대신을 제거하고 사직을 위해하려 하였는데, 선왕들의 음덕에 힘입어 흉계가 발각되었다. 이정숙, 안처겸, 권전, 안형, 신석, 황현, 윤세영, 안처근 들을 능지처참하고 가산은 몰수하며 그 자녀들과 연좌된 이들은 모두 법에 따라 처결하라. 이성간은 참형에 처하라. 참람한 재앙이 싹트려다 사그라졌으니 국가 대계가 무궁히 안정되었도다. 이는 참으로 막대한 경사이니 마땅히 특별한 은사를 베풀지어다.

— 『중종실록』 권43, 중종 16년 10월 16일

10월 15일에 역모가 드러나자 바로 이튿날인 16일에 이정숙, 안처겸, 권전, 안형, 신석, 황현, 윤세영, 안처근이 능지처참되고, 이성간에게는 참형이 집행되었다. 신고가 접수된 지 닷새 만에 벌어진 일이다. 역모에 대해서는 예외적으로 절차가 빨리 진행될 수 있긴 하지만, 이처럼 신속한 집행은 그리 흔치 않은 일이다. 그만큼 사안이 중대하였고, 집권층, 특히 중종이 격분했음을 짐작할 수 있다. 애초부터 그냥 두지 않겠다는 마음가짐이었다고도 볼 수 있다. 안당도 교형에 처해졌다. 역모를 알리지 않은 죄다. 정광필, 김전, 남곤 등의 대신들이 불고지죄不告知罪는 부자지간에 적용하기 곤란하다는 점과 역모를 말린 정상을 참작하자는 의견을 냈지만 중종은 묵살하였다. 조광조 세력을 뿌리 뽑겠다는 심산이었다. 옹립된 왕이, 그것도 왕권이 무엇인지 보여주려던 이복형 연산군을 몰아낸 신하들이 세운 임금이, 그동안 신료들의 눈치를 보느라 제 목소리조차 힘겹게 내면서 군림해온 국왕이 늘 외치고 싶었던 속내는 바로 위 하명의 머리를 장식한 이 말이었으리라.

> 하늘은 존귀하고 땅은 비천하듯이 군주와 신하의 나뉨도 본원적으로 지
> 엄한 것이다.(天尊地卑, 君臣之分旣嚴)

조광조 일파로 기묘사화 때 유배되어 김식의 사건에 얽혔다가 간신히 목숨을 부지했던 김정과 기준에 대해서도 사형이 집행되었다. 김식처럼 도주하여 일을 벌일 가능성이 있기 때문에 본보기를 보여야 한다는 것이다. 유배되어 있던 한충韓忠도 신문을 받기 전날 의문의 옥사를 당하였다. 문초 중에 죽은 조광좌와 귀양 가는 길에 죽은 이충건李忠楗도 조광조와의 깊은 교분 때문에 모진 매질을 겪었던 것 같다. 송사련이 제출한 첫 번째 인명록에 올라 있는 43인은 거의 죽거나 유배되었고, 그 밖에도 조광조 일파라 여겨지는 많은 이들이 연루되어 형을 받았다. 두 번째 문서의 인부들은 구체적인 역모 혐의가 나타나지 않은 듯한데도 모두 전가사변全家徙邊형을 받았다. 전가사변은 온 가족을 북쪽의 변방으로 이사시키는 형벌이

다. 동조할 만한 세력의 여지를 남기지 않겠다는 뜻이리라.

　조정의 불안 요소가 될 수 있는 대규모 조직을 사전에 정리할 수 있게 된 데는 송사련과 정상의 고변이 결정적이었다. 사실 그런 불순한 움직임은 어느 정도 정권에 감지되고 있었을지도 모른다. 손볼 계기를 찾고 있었을 수도 있다. 눈치 빠른 송사련은 이런 분위기를 느끼고 안처겸을 자제시키려 애쓰다가 결국 자신이 휘말릴 것이 두려워 고변한 듯하다. 송사련과 정상은 공을 인정받아 출세의 길이 열렸다. 정상에게 벼슬이 주어졌다. 이미 관직에 있는 송사련은 절충장군折衝將軍의 품계를 받아 당상관이 되었다. 얼손인 그는 일반적인 경로로는 당상관이 될 수 없다. 공신이 되었기에 가능하게 된 것이다. 갑작스런 출세에 분수 모르고 설치다가 전가사변된 정상과 달리 송사련은 유능하고 원만한 평가를 받으며 지냈다. 그는 자식들도 잘 길러서 아들 모두가 똑똑하다는 소리를 들었고 딸도 왕실로 시집보냈다.

　반면에 안당의 집안은 삼부자가 죽임을 당하고 재산이 몰수되었으니, 남은 가솔은 피눈물을 흘리며 흩어졌을 것은 짐작하고도 남을 일이다. 더욱이 이것이 믿었던 송사련의 고변으로 일어난 일이라는 사실을 알게 되었을 때는 속이 뒤집어졌을 것이다. 안가의 사람들은 다시 집안을 일으키고 조상의 명예를 회복하기 위해 끊임없는 노력을 이어갔다. 그러면서 송사련에 대한 원한도 함께 키워갔다. 다행히도 얼마간 시간이 흐르자 분위기가 우호적으로 돌아가기 시작했다.

상황의 변화

기묘년부터 잇따른 옥사로 말미암아 사림의 세는 일시 약해졌다. 중종의 국정 주도권이 한층 강화되었다. 조정을 다시 장악하게 된 권신 세력도 초기만 못했던 것이다. 이미 신진 사림의 견제에 따른 위훈 삭제 등으로 힘은 상당히 빠져 있었고, 선비들을 공격한 탓에 명분도 잃었다. 거기다 질병과 고령화에 따른 도태까지 진행되었다. 외척으로 권세를 휘둘렀던 홍경주는 신사년 안처겸 사건이 일어날 때는 이미 죽고 없었다. 그 6년이 지나지 않은 1527년(중종 22)에는 남곤도 죽었다. 다시 3년 뒤에는 심정도 유배되었다. 그의 실각을 주도한 이는 김안로金安老이다. 그는 예전에 아들이 부마인 것을 이용하여 권력을 남용하다가 남곤, 심정, 이항李沆 등의 탄핵을 받아 유배되었던 인물이다. 심정의 탄핵에 성공하고 유배에서 풀려난 뒤 김안로는 빠르게 조정의 실권을 장악하였으며, 여러 차례 옥사를 일으켜 정적을 제거하였다. 그러면서 훗날 인종이 되는 세자 호峼의 후견 역할을 자임하였다. 중종의 계비繼妃이자 세자의 어머니인 장경왕후 윤씨는 출산 후유증으로 죽어 없는 상황이었다. 다음 계비는 명종의 어머니로서 그 유명한 문정왕후이다. 왕자까지 낳은 새 왕비는 세자에게 위협이 될 만하다. 김안로는 그녀의 폐위를 시도하다가 도리어 1537년(중종 32)에 쫓겨나 죽임을 당하였다. 무서운 김안로가 죽자 사림이 들썩이기 시작했다.

김안로가 쫓겨나자마자 홍문관의 전한典翰 김광진金光軫 등이 상소를 올려 조광조 처벌에 대한 절차상의 문제를 제기했고, 이를 필두로 해서 기묘사화 피해자의 사면과 복권을 요구하는 상소가 이어졌다. 중종은 그해부터 기묘사화 관련자들이나 현량과 출신의 유배를 풀어주는 등 사면을 해주기도 하고, 벼슬을 내리거나 직첩을 돌려주도록 하는 조치들을 단행하였다. 1540년(중종 35)에는 신사년 사건의 주모자 안처겸까지 사면되었다. 이런 조치는 국왕의 특은으로 처벌에서 구제해주려는 것일 뿐, 죄 없는 이들을 처벌하였다고 인정하는 것은 아니다. 다시 말해, 신원伸冤이나 복권까지는 이르지 않은 것이다. 그렇게 할 경우 중종은 스스로 잘못을 저질렀다고 고백하는 셈이 될 터이니 국왕으로서는 할 수 없는 일이다. 그리하여 핵심 인물인 조광조, 김정, 김식, 기준은 사면에서 제외되었다. 조광조가 사면되지 않은 만큼 상소는 끊임없이 이어졌지만, 중종은 끝내 들어주지 않고 승하하였다. 재위 기간이 8개월밖에 되지 않은 인종이 등극하여 마침내 이들의 신원을 결정하였지만 마무리짓지 못하고 세상을 떠났다. 이어 인종의 이복동생인 경원대군이 즉위하였다. 명종이다. 12세였다.

어린 국왕을 보좌하여 어머니 문정왕후가 수렴청정하였다. 발을 드리우고 임금 뒤에 앉아 정사를 돌보았으니 사실상 조정의 실권은 그녀에게 있었다. 이 문정왕후를 동생인 윤원형尹元衡이 도왔다. 명종이 즉위하자마자 윤원형은 장경왕후의 오라비로서 인종의 지지 세력이었던 윤임尹任과 그 일파를 제거하였다. 좁은 의미의 을사사화는 명종 즉위년(1545)의 이 사건이다. 이 일을 사림이 포진되어 있는 삼사三司(사헌부, 사간원, 홍문관)에서 항의하였다. 어질기로 소문난 선왕 인종은 새롭게 선비들을 등용하며 천거제를 부활시키고 조광조 등을 복권시키려는 등 사림에 우호적인 정책을 폈기 때문에, 사림들은 기대가 컸었다. 이런 사림들의 부푼 희망이 인종의 단명과 윤원형의 집권으로 꺾이게 된 것이다. 2년이 지난 1547년(명종 2)부터 사림 세력에 대한 대대적인 숙청이 단행된다. 그해 양재역에 문정왕후를 비판하며 궐기를 선동하는 대자보가 붙었다. 윤원형 세력은 이를 구실로 윤임의 잔당을 뿌리 뽑겠다고 달려들었다. 송인수宋麟壽와 이약빙李若氷이 죽고, 권벌權橃, 노수신盧守愼, 백인걸白仁傑, 유희춘柳希春, 이언적李彦迪, 정자鄭滋 등이 유배되었다. 이후에도 옥사가 이어져서 수많은 선비들이 귀양살이를 하게 되었다. 넓은 의미의 을사사화는 이러한 일련의 과정을 모두 포함한다.

윤원형의 권력은 1553년(명종 8) 명종이 친정을 하면서부터 부침은 있었지만 1565년 문정왕후가 죽기까지 계속되었다. 그해에 윤원형이 사라지자 사림은 다시 커나가기 시작했고 신원 사업도 재개되었다. 마침내 이듬해에 안당 삼부자는 신원, 복권된다. 조광조 또한 1568년(선조 1)에 영의정으로 추증되어 찬란하게 신원되었다. 신원이란 억울함을 풀어준다는 것이니, 이는 곧 안씨 일가가 역모를 꾀하지 않았는데도 억울하게 처형되었음을 확인해주는 것이 된다. 따라서 이를 고변하여 처벌받게 한 송사련의 행위는 죄 없는 선비들을 무고한 짓이 되는 것이다. 선조대에 들어서면서 조정은 완전히 사림의 세상이 된다. 이때부터는 훈구파로부터 사림이 화를 입은 사건이라는 의미인 사화라는 말은 정계에서 사라진다. 훈구파라 할 만한 세력이 없어졌다는 의미다. 이제 사림 사이의 정쟁이 시작된다.

동인과 서인

명종 말년에서 선조 연간에 과거를 통해 새롭게 조정에 들어선 신진 사림들은 조광조를 복권·추증하면서 그가 꿈꾸었던 유교적 이상국가를 실현하고자 하였다. 이들은 영남 쪽 산림에 물러나 교육에 힘쓰던 이황李滉(음력1501~1570)이나 조식曺植(1501~1572)으로부터 그들이 저마다 발전시킨 성리학을 수학하고서 정계에 진출한 선비들이 주류를 이루어, 대체로 뒤에 동인이라는 세력을 형성한다. 이 명칭은 1874년(선조 7) 무렵 심의겸沈義謙(1535~1587)과 김효원金孝元(1542~1590)이 대립할 때 후자를 편든 데서 유래한다. 김효원의 집이 동쪽에 있었다고 한다. 그의 집은 건천동(현재 인현동)이다. 서쪽에 있다는 심의겸의 동네는 정릉이라 하는데, 지도로 확인해보면 그곳은 오히려 건천동보다 좀 더 동쪽이다. 이럴 수가?

실은 당시에 정릉이라 하는 곳은 현재의 덕수궁 뒤쪽에 있는 정동이다. 원래 태조의 계비 신덕왕후 능인 정릉이 거기에 있으면서 정릉동 또는 정동이라는 지명을 남겼고, 태조의 승하 직후에 지금의 정릉으로 이장된 것이다. 동·서 당명의 통용이 단순히 이 두 사람의 집 위치 때문만은 아닐 듯하다. 김효원을 비롯한 동인들이 주로 동남쪽인 영남 지방 출신인 데 비하여, 심의겸의 고향은 서울의 서쪽인 파주의 광탄으로 그의 동년배인 이이, 성혼, 송익필 들이 살던 지역이어서 동인과 서인의 명칭이 자연스럽게 받아들여졌다고 추론해볼 수도 있다.

동인들은 심의겸을 윤원형과 연결된 훈구 외척 세력이라 공격하였다. 그런데 심의겸은 명종의 왕비인 인순왕후의 동생이긴 하지만 오히려 외척 권신인 외삼촌 이량李樑의 전횡을 견제하여 사화를 막는 데 애썼고 스스로도 선비의 길을 걸은 것으로 평가된다. 이황의 문인이기도 하다. 그러므로 명종 때부터 고생했던 사림은 많이들 심의겸을 지지하였다. 이들이 대체로 서인이라는 정파로 자리 잡게 되는데, 계통도 단일하지 않고 걸출한 스승도 없고 해서 결집력도 약했다. 기호지방, 곧 서울 중심의 기존 사림이다 보니 동인보다 신선함이 떨어지는 면도 있고, 적폐에 가담했던 이들이

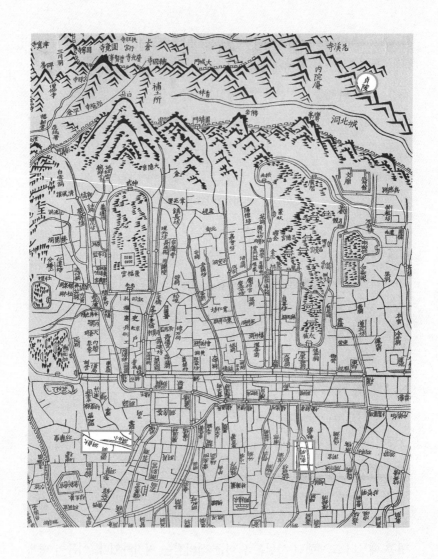

수선전도首善全圖**의 일부**

1840년 무렵의 서울 지도이다. 오른쪽 위가 정릉貞陵, 아래 왼쪽이 정동(대정동大貞洞·소정동小貞洞), 아래 오른쪽이 건천동乾川洞이다. 김효원은 건천동에, 심의겸은 정동에 살아, 그로부터 동인과 서인이라는 명칭이 생겨났다. 국립중앙박물관 소장.

아주 끼지 않은 것도 아니었다.

　이이는 중립을 지키면서 당쟁을 조정해보려 했다. 노수신과 함께 건의하여 심의겸과 김효원을 모두 외직으로 돌리는 조치가 이루어지게도 하였다. 동·서 양당이 서로를 소인배라 헐뜯을 때 율곡은 모두가 군자일 수 있다면서 함께 정치할 수 있는 사이라 역설하였다. 하지만 동인이 강성한 상황에서 동·서 균형을 맞추고 화해를 추구하려는 그의 태도는 서인을 편드는 것으로 비쳐졌다. 이이의 우인이나 제자들이 서인 쪽에 많기도 하였다. 서인의 중추가 된 송강 정철은 율곡과 동갑내기 벗이고, 강맹한 조헌은 이이의 친구인 성혼의 제자였다. 그러니 성혼도 서인으로 여겨졌다. 성혼과 친한 윤두수尹斗壽(1533~1601)는 대표적인 서인 영수이기도 했다. 이이를 편든 영의정 박순朴淳(1523~1589)도 서인이 되어버렸다. 동인의 대척에 서면 서인이 되는 판국이다. 사실 서인의 형성에는 그런 면이 있다. 그러다 보니 선조가 신임하는 이이가 동·서 조정 역할을 하는 동안은 서인이 어느 정도 동인과 맞설 만해졌다.

　이이의 학문적 성취는 거의 독학에 가까운 것이라 평가받지만 10대 때는 휴암休菴 백인걸白仁傑(1497~1579) 밑에서 수학하였고, 이때 성혼과 사귀게 되었다. 백인걸은 조광조·김식의 문하에 있다가 기묘사화 이후에는 김안국金安國(1478~1543)을 찾아가 성리학을 공부하였으며, 명종조에 문정왕후를 비판한 일로 파직되어 파주 월롱月籠으로 낙향하였다. 성혼의 아버지 청송聽松 성수침成守琛(1493~1564) 또한 조광조에게 수학하였다가 기묘사화 이후 파주에 있는 파산坡山, 곧 파평산坡平山에 은거하여 경서를 읽으며 후학을 양성하였다. 그의 호 가운데 하나가 파산청은坡山淸隱이다. 파산을 낀 골짜기 우계는 아들 혼의 호가 되었다. 동문수학한 사이라 할 청송과 휴암

이 한고을에 자리 잡았으니 서로 교류가 잦았을 것이다. 성혼은 자연스레 이 두 학자로부터 배웠다. 백인걸 밑에서 함께 배운 이이는 잘 알려져 있듯이 강릉 오죽헌에서 태어났지만, 여섯 살 때 파주의 율곡栗谷으로 옮겨 와 거기서 자랐다. 율곡이란 호는 여기서 딴 것이다. 실로 이 대학자들이 서로 말달려 30분도 안 되는 거리에 떨어져 살았던 것이다.

독자적으로 일가를 이루었다고 할 만한 송익필이 자리 잡아 학문에 정진하고 후학을 양성한 곳은 교하交河에 있는 구봉산이다. 그의 호 구봉도 여기에서 땄다. 이곳 또한 파주에서 서남쪽으로 멀지 않은 곳이다. 현재 파주시에 속해 있을 정도다. 이이와 성혼은 구봉과도 깊은 교분을 맺게 된다. 차례로 한 살 터울이기도 하다. 얼녀가 낀 송익필의 가계, 그의 아버지가 백인걸과 성수침의 스승 조광조의 당파를 파멸시켰다는 사실 따위는 그들의 돈독한 우정과 교분에 아무런 장애가 되지 않았다.

이이는 조광조는 물론 스승 백인걸에 대해서도 비판될 만한 것은 지적하였다. 백인걸도 이런 태도를 스스럼없이 받아들였다. 이들은 유연했다. 성수침은 퇴계退溪에게서도 배웠고, 성혼 또한 남명南冥 조식과 이황을 찾아뵙고 이치를 논하기도 하였다. 이이도 퇴계를 존경하고 교류하였으며, 이황 또한 율곡에 대해 후생가외後生可畏(뒷사람의 성취가 두려워할 만하다)란 말이 틀리지 않다고 하였다. 율곡과 우계가 서인으로 분류되자, 이들의 친우인 구봉도 자연히 그쪽에 서게 된다.

이들은, 스승의 학문에 대하여 교조적인 경향을 보이고 또 그 때문에 남·북으로 갈라지게 된 동인과는 기질이 맞지 않았을지도 모른다. 실제로 구봉, 우계, 율곡은 서로 치열한 견해 대립을 보이는 일도 적지 않았다. 한 예로 서모庶母의 지위에 대한 세 사람의 논쟁은 6년이나 이어졌지만 결국

파산서원坡山書院

1568년(선조 1) 백인걸과 이이의 노력으로 창건되었고, 성수침을 배향하였다. 이후 성혼, 백인걸, 성수침의 동생인 성수종成守琮이 추가로 배향되었다. 임진란 때 건물이 불타고 광해군 때 복구되었지만 한국전쟁 때 다시 소실되었다. 1966년에 사당 건물이 복원되었다. 흥선대원군의 서원 철폐령에서 제외된 47개 서원 가운데 하나다. 위의 사진은 1933년의 서원 모습이고(『동아일보』 1933. 10. 1), 아래 사진은 현재 모습이다. 경기도 파주시 파평면 소재.

용주서원龍洲書院
백인걸을 배향하는 서원으로 1598년(선조 31) 그의 집터에 세워졌다가 오래가지 못하고 철폐되었다. 1924년에 중건되어 조감, 김행, 신제현, 백유함도 함께 모시고 있다. 파주시 월롱면 소재.

합의를 보지 못했다. 조선 성리학의 근본 화두이자 퇴계와 율곡의 대립으로 잘 알려져 있는 리理·기氣 논쟁에서도 성혼은 이황의 이론을 지지했을 정도다. 이 때문에 1572년(선조 5)에 성혼은 이이와 아홉 차례의 편지를 주고받으며 사칠이기설四七理氣說을 따진 적도 있다. 동인에 가담하지 않은 이 쟁쟁한 당대 최고의 대학자들이 서인에게 환영받는 것은 당연했다. 서울의 서쪽에 자리한 파주는 서인의 근거지처럼 보였을 것이다.

이이의 죽음

관료로의 길이 막힌 송익필은 학문 연구와 후학 양성에 힘을 쏟았다. 성혼도 교육과 수양에 힘써 칭송을 받았고 그로 말미암아 자주 임금의 부름을 받았지만, 사양하는 일이 다반사였다. 관료 생활을 꾸준히 이어간 사람은 이이였다. 장원급제만 아홉 번을 하여 구도장원공九度壯元公이라 불리는 율곡에게 우계는 무슨 과거를 그렇게 자주 보냐고 하였고, 구봉은 조정에 있으면서 무슨 공적을 냈냐며 은근히 힐책하기도 하였다. 이이는 하늘의 이치를 자신에게 실현하는 수양과 세상에 실천하는 경세가 서로 분리되는 것으로 보지 않았다. 관직에 있으면서 국정을 올바르게 개혁하려 애썼고, 그 때문에 툭하면 바꾸려고 한다는 비판을 받았다. 선조에게는 『성학집요聖學輯要』를 지어 올려 올바른 도가 조선에 실현되도록 노심하였다. 선조의 신임도 두터웠다. 공격을 받아 물러나게 되면 학문을 닦았다.

퇴계 이황이나 남명 조식과 같은 명망 있는 학맥을 갖지 못한 서인들은 이 맑고 뛰어난 사대부들이 떠밀려오자 세를 가다듬을 수 있게 되었다. 이이와 성혼의 학설은 자신들이 표방할 수 있는 이념으로 부족함이 없었고, 거기다 예학의 최고 권위자 송익필도 있었다. 이들이 서인의 이념적 지주였다는 사실은, 조선 후기 서인의 맥이 조정의 실권을 장악하게 되자 1682년(숙종 8) 성혼과 이이를 문묘에 배향케 하고, 이어 6년 뒤인 1688년에 구봉 예학의 진전을 이은 김장생을 배향토록 한 것만 봐도 알 수 있다.

송익필은 관직의 길을 버리고 학업에만 힘을 쏟고 있지만, 동인들은 그를 눈여겨보지 않을 수 없었다. 탁월한 식견은 말할 것도 없고 훤칠한 풍채에 늠름한 태도로 사람들을 빨아들이는 데다, 이이, 성혼과 절친이다 보니 수많은 서인과 친교를 맺고 또한 존경까지 받고 있는 것이다. 대표적으로 정철과의 친분은 더없이 깊었다. 정계에는 율곡과 송강이 전면에 나서면서 우계도 간혹 참여하는 상황인데, 거기에 구봉은 얼굴을 끼울 수 없다. 하지만 이들 사이의 소통은 당연한 일이며, 그 때문에 송익필은 배후라는 의심을 자주 받았다. 나중에 이귀李貴(1557~1633)의 상소문은 문장이 정연하다는 이유로, 조헌의 상소에는 송익필을 천거하는 글월이 있다는 까닭에, 구봉은 그 배후 조종자로 지목되었다.

이이는 많은 국정 개혁 과제를 제시했는데, 그 가운데 서얼허통庶孼許通, 곧 서얼에게도 과거를 볼 수 있게 하고 벼슬길을 열어주어 널리 인재를 등용하자는 것도 주장하였다. 이 또한 구봉을 진출시키려는 작전으로 의심을 받았다. 서얼허통은 이미 조광조도 주장했던 사안이다. 더구나 병조판서로서 이이가 주장한 정책은 변방 근무를 조건으로 하여 서얼의 허통과 노비의 속량을 허용하자는 제한적인 것이었고, 임진왜란이 일어났을 때는 채택하지 않을 수 없었던 실천적인 제안이었다. 이이는 서자로 하여금 자신의 대를 잇도록 한 인물이다. 신분 의식에 얽매이지 않는 그의 태도는 교유 관계에서와 마찬가지로 일관된다. 《경국대전》에, 적장자가 없으면 서자로 하여금 집안을 잇도록 한다는 규정이 있고, 적자와 서자가 모두 없을 때 양자를 들이도록 되어 있기는 하다. 하지만 이 규정은 잘 지켜지지 않았고, 후대로 갈수록 사대부들은 서자가 있더라도 흠 없는 조카뻘을 양자로 들였다. 이이가 한 일은 당시에도 매우 드문 일이었다. 이 때문에 서얼허통은 율곡이 사심을 가지고 건의했던 것이라는 비판도 있었다. 그러나 선조는 이이가 어찌 적자 없이 일찍 죽을 줄을 미리 알고 그랬겠느냐며 꾸짖었다.

『계갑일록癸甲日錄』은 1583년(선조 16) 6월부터 1584년까지 8월까지 14 개월의 일기이다. 지은이는 추연秋淵 우성전禹性傳(1542~1593)으로서, 뒷날 동인이 남·북으로 분당할 때 남인이란 명칭은 그의 집이 남쪽에 있다고 하여 붙여진 것이다. 그런 핵심 인물의 저술인 만큼 사료적 가치도 높다. 시작 부분인 1583년 6월 기사에는 율곡이 일곱 차례나 사직을 요청하는 것이 확인된다. 그리고 그보다 훨씬 많은 퇴임 압박 공세가 나타난다. 율곡은 심신의 과로가 심했을 것이다. 꿈쩍도 하지 않던 선조가 21일에 결국 사임을 받아들였는데, 떨떠름하고 불편한 기색을 감추지 않는다. 7월 3일 사헌부에서 글을 올렸을 때는 "이이가 해임되었으니 그만하면 통쾌하지 않느냐. 지난 일은 더 따질 것 없다."라고 말한다. 빈정거리는 투가 느껴진다.

6월 22일에 율곡은 파산(파주)으로 출발하였다. 23일에 병조판서는 심수경沈守慶이 되고, 정철이 형조판서가 되었다. 우성전은 이때 이이 집의 해주·파주 농사가 망해 굶어 죽게 될 지경이라는 소식을 듣고 측은히 여기기도 한다. 이이가 낙향하였는데도 이후 그에 대한 비난과 공격은 끊이지 않는다. 젊어서 중이 되었던 일을 비롯하여 여러 행적을 들먹이면서 소인배의 행실이라 비판한다. 선조는 짜증을 낸다. "이이는 나라를 그르치는 소인배에 지나지 않고, 나는 경망스러운 군주에 지나지 않는다. 너희들이 이런 사안들만 가지고 싸워서야 어디 오랑캐 니탕개를 잡을 수나 있겠는가?"(7월 9일 기사) 동인들의 파상 공세는 이어진다. 이이가 스스로 당黨을 만들고서는 시비에 물들지 않은 척한다는 비판에 대하여도 선조는 신경질적으로 힐난한다.

이이가 당을 만들었다고? 그런 말로 내 뜻을 흔들 수 있을까? 헐! 참으로 군자라면 그런 당黨을 걱정할 게 아니라 그 당에 사람이 적을까 걱정해야 한다. 나도 주희朱熹의 말을 본받아 이이·성혼의 당에 들어가고 싶구나. 이제부터는 너희가 나를 이이·성혼의 일당이라 해도 된다. 너네들, 또 할 말 있느냐?

—『선조실록』 권17, 선조 16년 9월 3일

철인정치 국가 조선의 임금이라는 하이레벨의 기준에서 보자면 거의 막말 수준이다. 이조좌랑吏曹佐郎이 직을 걸고 상소한 사안인데, 그에 대해 대꾸할 것도 없이 사직이나 받아주라 하고 마무리를 지었으니, 대놓고 감싼다고 해야 할 정도다. 이이나 성혼을 헐뜯는 이는 반드시 처벌하고 절대 용서하지 않아야 하는데 특별히 봐준다고도 하였다. 이이와 성혼이 한 세트로 취급되고 있던 것도 볼 수 있다. 이이를 편든 박순은 영의정에서 물러나야 한다고 탄핵되었다. 정철도 견디지 못하고 여러 차례 사직을 청한다. 8월 12일에는 신립 장군의 형 신급申礏이 올린 상소를 임금이 극찬하는데, 16일에 우성전은 이 글이 송익필이 지은 것이라는 보고를 받는다.

이이는 병이 깊었다. 공격당하는 빌미가 되었던 것도 갑작스런 현기증으로 말미암아 임금의 부름에 나아가지 못했기 때문이다. 병세는 날로 악화되었다. 소식을 들은 선조는 1584년(선조 17) 1월 12일 의원에게 약을 들려 보냈고, 『계갑일록』은 여기에 "관례에 따른(隨例)"이라는 수식어를 붙인다. 이때 이이는 서울에 있었고 힘겹게 국방에 관한 자문 요청에 응하기도 했다고 한다. 1월 16일(양력 2월 27일) 이이는 결국 일어나지 못하고 세상을 떠나고 만다. 만 47세의 한창 나이다. 동인의 기록은 "들으니 어젯밤에 숙

이이의 묘

경기도 파주시 법원읍 동문리에 율곡선생유적지가 있다. 이 유적지 안에 율곡 이이의 가족묘와
이이의 위패를 모신 자운서원, 신도비가 있다. 아래 사진은 이이와 부인 곡산 노씨의 묘이다.
송익필이 학문에 정진하며 후학을 양성했던 교하 구봉산과 이이가 살던 파주는 멀지 않다. 서로
가까운 곳에 살던 이이, 성혼, 송익필은 돈독한 우정을 나누었다.

헌叔獻(이이의 자)이 세상을 떠났다고 한다. 임금은 '나는 매우 놀랍고 슬프도다. 따로 부의하게끔 상고하여 아뢰라.' 하고 전교하셨다."라며 덤덤하게 전할 뿐이지만, 율곡을 아는 수많은 이들은 비통의 눈물을 뿌렸다. 말할 것도 없이 없이 송익필은 피를 토한다. 그를 비롯하여 성혼, 정철, 윤두수가 이이를 위한 제문을 썼다. 하지만 구봉의 글이 길이도 몇 곱이나 길거니와 더더욱 처절하다. 애끓는 슬픔의 소용돌이 속에서도 문장이 뛰어나다.

> 아아! 슬퍼라. 어찌하여 하늘은 그대에게 따뜻, 넉넉, 화목, 풍류, 깨끗, 시원, 맑음, 소통의 바탕을 내리고선 할아비로 늙어갈 목숨의 여유는 함께 주지 않았단 말인가? 어찌하여 하늘은 그대에게 어짊, 공감, 정성, 밝음, 차분, 포용, 순수, 정밀의 학문을 이루게 하고는 세상에 펼칠 복은 더불어 베풀지 않는단 말인가?
>
> ―「율곡을 장사지내는 글(祭栗谷文)」의 시작 부분

2장 안씨 집안

안가의 노력

동·서 붕당의 균형을 위해 노력하던 율곡의 죽음으로 동인의 기세는 더욱 거세졌다. 박순, 정철, 심의겸 등에 대한 퇴임 압박이 이어졌다. 이발李潑(1544~1589) 등의 등쌀에 심의겸은 실제로 파직되어 파주에 낙향해 살다가 3년 뒤에 세상을 떠났다. 성혼도 사직하고 파주로 갔다. 이런 공세는 죽은 이이에 대한 비판을 기반으로 하였고, 이에 많은 이들이 율곡을 변호하였다. 이귀는 이이와 성혼이 모함된 사연을 밝히는 상소를 올렸다. 글이 훌륭했고, 선조도 그 뜻에 동의를 나타냈다. 동인들은 이런 글은 구봉이라야 지을 수 있다고 의심하였다. 이이는 죽었고, 뒤를 이어 서인 세력을 주도할 만한 성혼은 정치에 야심이 없는 깨끗한 선비. 그러니 송익필이 문제다. 헌연한 풍채에 학식과 지모가 뛰어난 인물. 관직은 없지만 수많은 재상들과도 친교를 맺는 재사. 그들뿐 아니라 뭇 선비들의 추앙을 받는 거목. 이 기둥을 쓰러뜨리지 않고는 서인의 세력은 꺾이지 않는다. 한데 방법은 있었다.

송익필의 집안에 씻을 수 없는 원한을 품고 있는 가문이 있다. 말할 것도 없이 안씨 가문이다. 안당과 그 아들 처겸·처근이 익필 형제들의 아비 때문에 죽어나갔으니. 그런데 이미 중종 때(1537년, 중종 32)부터 일부 기묘사화 관련자들에 대한 사면이 이루어지기 시작했고, 1540년에는 연좌된 안씨 집안 사람들을 풀어주는 조치가 이루어졌다. 다음 임금인 인종은 그 짧은 재위 기간에 현량과 파방을 철회하는 등 기묘사화 관련자들의 사면을 결정하였다. 조광조의 복권을 명한 다음 날 세상을 떠나는 바람에 마무리짓지는 못했지만, 선왕의 유명遺命이 있었던 만큼 명종조에 들어서부터 이들의 사회적 평가는 달라지게 된다. 이런 가운데 안당은 1566년(명종 21) 완전히 복권된다. 선조대에 들어서서는 완전한 사림의 세상이 된다. 조광조는 바로 복권이 되고, 1575년(선조 8)에는 안당에게 정민貞愍이라는 시호까지 내려지는 것이다. 그런 반면, 역모를 알려 사직을 지킨 공신 송사련은 사림을 죽음으로 몰아넣은 사악한 천출로 내몰리는 분위기가 되어갔을 것은 자명하다.

가문의 회복을 위해 안당의 자손들은 쉼 없이 노력하였고, 정계를 장악한 사림의 호의를 얻기 위해 애썼다. 안처함의 아들 안윤安玧(『기묘록속집』에는 '안구安玖'로 나오는데 안윤의 오기인 듯하다)은 상소를 올려 1566년 안당이 복권되는 데 애를 썼다. 그뿐만 아니라 1579년(선조 12) 기묘년이 다시 돌아오는 것에 맞춰서는, 안처겸의 아들인 안로의 주도 아래 현량과 때 천거되었던 120명의 명단과 약력을 기록한 「천거방목薦擧榜目」이 만들어진다. 불합격자들이지만 이미 명망이 있어 천거된 이들이라 하여 "잊히지 않도록 하기 위해" 명단을 작성하였다고 하니, 그 후손들로부터는 은의를 사는 일이 될 뿐 아니라 안가와의 동류의식을 심어주고 재확인함으로써 우호 세력의 저변을 더욱 넓게 확대하는 의미까지 가진다. 더욱이 그 발문을 당대의 명신인 노수신에게 부탁하였는데, 이 또한 정계의 인맥을 넓히려는 것이라 할 수 있다. 안가는 율곡, 구봉, 송강 들을 못 잡아먹어서 안달인 동인들에게만 공을 들이는 데 그치지 않고, 송익필이 떡 버티고 있는 서인 쪽에도 노력을 기울인다.

안당에게 시호가 내려지자 안씨 가문에서는 신도비를 세우고자 했다. 이 비문을 율곡에게 써달라고 부탁한다. 구봉과 막역한 지기인 이이에게는 난감한 일이다. 여러 차례 사양했다고 하는데, 결국 써준 것을 보면 안씨들이 여간 집요하지 않았던 모양이다. 사실은 안윤의 아들인 안수기의 딸이 이이의 조카와 혼인한 사이였다. 다시 말해, 이이는 안가와 사돈지간이기도 하니 마냥 거절할 수만은 없었을 것이다. 그런 관계에 있으면서도 구봉과 평생지우로 지냈으니 참으로 위인이다. 1584년(선조 17)쯤에 안로는 『기묘록보유己卯錄補遺』라는 책까지 완성하여 세상에 전파한다. 책의 이름에서 '기묘록'을 보완하였다는 것을 알 수 있는데, 기묘록은 사재思齋 김정국金正國(1485~1541)이 지은 『기묘당적己卯黨籍』을 가리킨다. 이 『기묘록보유』를 분석해보면 안가의 주도면밀한 꾸준함이 극치를 이루는 것을 발견할 수 있다. 가문의 복권을 넘어서서 송가에 대한 복수까지 치밀히 기획되고 있었던 것이다. 안가는 그 실현에 동인의 배경뿐만 아니라 사림 전체의 지지를 이끌어내려 하였다.

붕당의 죄

『기묘록보유』가 보완하였다는 『기묘당적』은 중종 때의 명신으로서 기묘사화에 관련되어 파직되었던 김정국의 저작이다. 그때 형인 김안국金安國도 함께 벼슬을 잃었다. 김정국이 1541년(중종 36)에 죽었으니, 책은 중종조 말기에 지어졌을 것이다. 활발히 유통된 것은 명종 때로 보인다. 기묘사화와 관련하여 화를 입은 사람들의 생년, 급제 사항, 관직 등을 간략히 기록하였다. 그런데 책의 제목이 놀랍다. '기묘당적', 곧 기묘당의 당원 명부라는 뜻이다. 기묘당은 조광조 일당을 가리키는 말이 될 수 있는데, 그를 죽게 만든 죄목이 바로 붕당朋黨을 만들었다는 것이다. 그러므로 '우리가 기묘당이요' 하고 외치는 것은 붕당죄를 저지른 범죄자임을 스스로 인정하는 셈이고, 또한 조광조에 대한 죄목이 잘못되지 않았다고 선언하는 것이 된다. 이를 천명하고자 자신의 이름도 들어 있는 명부를 만들었을 리는 없을 터이니, 의아스러운 것이다.

중종은 처음부터 조광조를 붕당의 죄를 물어 사형시킬 생각이었다. 이는 기묘사화의 전개 과정에서 명확히 드러난다. 중종 14년(1519) 11월 15일 새벽 경복궁의 서문인 연추문延秋門(영추문迎秋門)에서 근정전까지 군사가 도열하였고, 그 앞에는 병조판서 이장곤李長坤을 비롯하여 판중추부사 김전金詮, 호조판서 고형산高荊山, 화천군 심정, 병조참지 성운成雲 등 대신들이 있었다. 놀란 승지 윤자임尹自任 등이 까닭을 묻자, 이장곤은 임금께서 긴급히 표신으로 불렀다고 말한다. 윤자임은 승정원을 거치지 않고 어찌 그럴 수 있느냐며 항의하였지만, 곧이어 내려온 국왕의 명령으로 같이 숙직하던 공서린孔瑞麟, 안정安珽, 이구李構 등과 더불어 옥에 갇히었고, 성운

조광조 영정
조선 후기의 화가인 정홍래가 1750년에 그린 조광조 영정이다.

이 새로운 승지로 임명되었다. 이어진 명령은 의금부로 하여금 우참찬 이자李粍, 형조판서 김정金淨, 대사헌 조광조, 부제학 김구金絿, 대사성 김식, 도승지 유인숙柳仁淑, 좌부승지, 박세희朴世熹, 우부승지 홍언필洪彦弼, 동부승지 박훈朴薰을 잡아 가두게 하였다. 기묘사화의 시작이다.

　이런 기세를 보면 조광조 세력은 바로 쓸려나갈 듯했다. 수사에 대한 지시만 봐도 국왕의 강한 척결 의지가 읽힌다. 사건 당일 중종은 직접 법 적용의 대상과 방향을 지시한다.

> 조광조, 김정, 김식, 김구 들은 서로 붕당을 결성하여 저희에게 붙는 이는 천거하고 저희와 뜻이 다른 자는 배척하여 명성과 세력을 서로 키워 나갔으며, 권세 있는 요직을 기반으로 하여 후진을 끌어들이고 이런 어그러진 행태를 관행으로 만들어 마침내 국론과 조정이 날로 그릇되게 하였는데, 조정의 신하들은 그 세력이 드센 것을 두려워하여 감히 입을 열지 못하였다. 그리고 윤자임, 박세희, 박훈, 기준 들은 이 같은 어그러진 행태의 논의에 부화뇌동하였다. 이들을 조사하라.
>
> ──『중종실록』 권37, 중종 14년 11월 15일

　이는 처벌 대상을 두 집단으로 구분하여 정해주면서 《대명률大明律》의 '간당姦黨' 조를, 그 안에서도 제3문, 바로 붕당을 조성한 죄를 적용하라고 명하는 내용이다. 형률을 조회하던 신하들은 깜짝 놀랐으리라. 신하로서 붕당을 짓는 행위는 참형에 해당하는 죄로 올라 있는 것이다. 중종은 처음부터 면밀하게 준비를 갖추고서 조광조와 그 핵심 세력을 완전히 제거할 생각이었다고 할 수 있다. 법 적용을 따져보면서 이러한 중종의 뜻을 확인

하게 되는 것은 당연하다. 아연실색했을 것이다. 형법의 해당 조항은 이러하다.

> 조정의 관원이 붕당을 결성하여 조정을 문란하게 한 경우에는 모두 참형에 처하며, 그 처자식은 노비로 삼고 재산은 몰수한다.
>
> —《대명률》〈이율吏律〉, 직제職制, 간당姦黨

다음 날 김전, 이장곤, 홍숙은 법률 조회 결과를 아뢰었다. 꼭 들어맞는 조문이 없어 위 조문을 유추해 적용하였다고 밝히면서 형벌이 매우 과중하여 놀랐다고 말한다. 더구나 오직 임금을 믿고 나라를 위한 마음뿐이었다는 조광조의 말을 들어보니 차마 시행치 못할 지경이라며 선처를 바란다는 말도 덧붙이고 조광조의 옥중 상소도 바쳤다. 임금에게 올린 법률 적용 결과는 이렇다.

> ① 조광조, 김정, 김식, 김구 들은 붕당을 맺어 저희에게 붙는 이는 천거하고 저희와 뜻이 다른 자는 배척하여 명성과 세력을 서로 키워나갔으며, 권세 있는 요직을 기반으로 하여 후진을 끌어들이고 이런 어그러진 행태를 관행으로 만들어 마침내 국론이 뒤집히고 조정을 날로 그릇되게 하며 조정의 신하들이 그 세력이 드센 것을 두려워하여 감히 입을 열지 못하게 하였다. 그 죄로 모두 참형에 처하며, 그 처자식은 노비로 삼고 재산은 몰수한다.
> ② 윤자임, 기준, 박세희, 박훈 들은 조광조의 어그러진 행태의 논의에 부화뇌동하였다. 그 죄는 종범에 해당하므로 1등급을 감경하여 장杖

《대명률》의 '간당' 조

《대명률》은 조선시대 일반 형법전의 역할을 하였다. 중종은 조광조 세력에 대하여 《대명률》의 '간당' 조를 적용하도록 명하였다.

100에 유류流 3,000리에 처하고 고신告身은 모두 회수한다.

— 『중종실록』 권37, 중종 14년 11월 16일

'간당' 조는 관리를 규율하는 〈이율吏律〉 안에서 직무 관련 범죄를 다루는 '직제職制' 장에 편성되어 있다. 이 조문은 네 개의 문장, 곧 네 개의 구성요건으로 이루어져 있는데, 위 규정은 제3문이며 관원들이 붕당을 짓는 것에 대한 규정이다. 중종은 미리부터 이 붕당 조항의 적용을 작심하고 있었다. '당黨'이라는 공격은 계유정난(1453) 때 상대방을 숙청하는 데도 동원되었듯이 아주 없지는 않았고, 성종 9년(1478)에는 '간당' 조의 조항들 가운데 제1문, 곧 "간사한 무리가 참언을 올려 사람을 죽게 만든 경우에는 참형에 처한다."는 조문의 적용 문제를 구체적으로 논의하기도 하였다. 하지만 김전 등은 제3문의 규정을 적용해보는 것이 처음이거니와, 그 형벌이 참형이라는 데 놀랐을 것이다. 더욱 경악했을 일은 중종이 미리부터 치밀하게 이를 준비하고 있었음을 알게 된 것이리라.

중종이 이런 조항까지 이미 알고 있었다는 점은 평소에 법률 공부도 열심히 하였다는 방증으로 보아야 할까? 중종의 근면함과 치밀함을 보면 충분히 그럴 수 있다. 그런데 바로 그해의 3월에 이미 이 규정을 접하였다. 당시 무인武人 김우증金友曾이 불량배와 어울려 개혁파 사림을 모해하려 했다가 제지된 일이 있었다. 이 사건에서 '간당' 조 제3문의 적용이 검토되었는데, 중종은 알맞지 않은 것으로 결론을 내린 바 있다. 그때 법 조항을 보면서 힌트를 얻었는지도 모른다. 소격서 폐지 등에서 보여준 조광조의 집요함은 김정국조차 심하다고 할 정도였는데, 이번 현량과에서 그 일파가 대거 특채되자 중종은 이것이 '간당' 조에서 말하는 붕당 결성의 행태라 여기고 위기를 느낀 듯하다. 이러한 인식이 신사년 옥사를 처결한 뒤 반포한 사면령에서 "별도로 과거 항목을 두어 현능한 이들을 등용한다면서 몰래 자기 당파를 심어 요직에 벌여놓도록 만듦으로써 자신들의 권세를 중외에 뻗치고 임금을 외롭고 위태롭게 만들었다."라는 말로 표현되고 있는 것이 아닐까.

법률의 적용

김전, 이장곤, 홍숙 들이 한 법률 적용에 대해서 짚어보아야 할 것 같다. 이해가 필요하기도 하지만 정확한 적용인지도 살필 여지가 보이기 때문이다. '간당' 조는 명나라 이전의 형률, 예를 들면 당률이나 송률에는 없던 조항이다. 강력한 왕권의 집중을 도모했던 명 태조 주원장朱元璋(홍무제, 재위: 1368~1398)의 의지가 빚어낸 것으로 보인다. 모반으로 이어질지 모를 신하들의 결속을 막으려는 목적이 읽히는 데다 형벌 또한 가장 무거운 참형으로 하는 데서 강력한 경고가 보이는 것이다. '간당' 조에서 "모두 참형에 처한다(皆斬)"고 강하게 규정한 데 대해 모든 명률 해설서들은 '정범과 종범을 구별하지 말고' 모두 목을 벤다는 의미라 풀이한다. 그렇다면 조광조, 김정, 김식, 김구는 물론이요, 윤자임, 박세희, 박훈, 기준도 마찬가지로 사형이어야 한다. 하지만 몰라서였는지 일부러 모른 척했는지, 앞쪽 넷만 모두 참형이라 하고, 윤자임 등의 처벌에 관해서는 종범이라는 이유를 들어 1등급 감경 조치하여 장 100 유 3,000리로 하고 있다.

《대명률》에서는 다음과 같이 사형 2등급, 유형 3등급, 도형 5등급, 장형 5등급, 태형 5등급으로, 총 5종 20등급의 형벌을 규정한다.

사형	참	
	교	
유형	장 100	유 3,000리
	장 100	유 2,500리
	장 100	유 2,000리

도형	장 100	도 3년		
	장 90	도 2년 반		
	장 80	도 2년		
	장 70	도 1년 반		
	장 60	도 1년		
장형	장 100		태형	태 50
	장 90			태 40
	장 80			태 30
	장 70			태 20
	장 60			태 10

　장형杖刑과 태형笞刑은 형량과 형장刑杖(매)의 형태가 다를 뿐 모두 볼기를 치는 신체형이다. 도형徒刑은 노역을 부과하는 형벌로서 징역과 비슷한 면이 있다. 오늘날 중국에서도 징역형을 도형이라 칭한다. 자유에 제한을 받고 노역을 해야 한다는 점에서 도형은 지금의 징역형과 같다. 그런데 형량까지 고려해서 보자면 노역장 유치의 형벌에 가깝게도 느껴진다. 현재 벌금형을 대신하는 노역장 유치는 최대 3년까지로 되어 있고, 과거 도형은 금품을 바쳐 면할 수 있었다는 점에서 그렇다는 것이다.

　범죄자를 올바로 이끌어 사회에 복귀시킨다는 취지를 담은 교도소矯導所라는 명칭은 매우 현대적인 형법 이론을 반영한 이름이다(한국 교도소의 공식 영문명은 Correctional Institution이다). 감옥은 죄인을 가둬두는 수감 시설이라는 의미이다. 일제강점기에는 형무소라는 명칭이 들어왔다. 형벌로 죗값을 치르는 곳이라는 뜻이겠다. 지금은 독립공원이 된 서대문형무소는

1908년 경성감옥으로 시작하였는데, 징역·금고형 이상을 선고받은 이들을 수감하고 그들의 노역을 관리했다. 당시로서는 근대적 형태의 새로운 감옥이었다. 이를 1923년에 서대문형무소라 한 것이다. 해방 후에 서울형무소가 되었고, 1961년에 형무소라는 명칭을 교도소로 바꾸는 〈행형법行刑法〉 개정이 이루어져서 서울교도소가 되었다. 전통시대에는 현대적 의미의 징역과 교도소는 없었다고 해야 한다. 당시의 감옥 시설은 오늘날의 구치소처럼 미결수를 수용하거나 사형수를 형이 집행될 때까지 가둬두는 역할을 하는 곳이었다. 도형수들은 일터가 있는 지역에 배치되어 소금이나 기와, 숯을 굽기도 하고 종이를 만들거나 대장간 일을 하였다. 가족이 내왕하는 것도 허락되었다.

유형流刑은 중앙으로부터 먼 곳으로 보내는 형벌이다. 흔히 귀양이라 하며, 유배 생활을 귀양살이라 한다. 정적들을 중앙 정치에서 배제시켜 고향으로 돌려보내는 점잖은 형벌로 많이 이용되었기에 '귀향歸鄕'이라 표현되던 것이 음운 변화하여 '귀양'이 되었다고 한다. 유형을 선고받아 배소로 떠나는 것을 유배流配 간다고 하였고, 도형을 선고받아 일터가 있는 지역으로 가는 것은 도배徒配라 하였다. 유배는 오지로 쫓아내는 것 자체를 큰 벌로 삼은 것이라 노역이 부과되지는 않는다. 하지만 유형에는 기한이 없다. 풀어주는 결정이 나기 전까지는 평생 살던 집이나 중앙으로 돌아가지 못한다. 죽기까지 배소에 있는 경우도 흔하며, 아예 자손을 낳고 거기서 뿌리내리게 되기도 한다. 제주도에서 주민의 시조로 알려진 고·양·부씨를 제외한 다른 성씨들은 대체로 자신들의 선조를 다른 데서 건너왔다는 의미로 입도조入島祖라 부른다. 그런데 이들이 입도한 사유에는 유배가 많다. 도형은 앞서 보았듯이 기한이 있다. 청나라 때 도형은 노역의 의미가 퇴색하여 사실상 기한이 정해진 단기 유배처럼 여겨지기도 했다.

"카추샤는 떠나간다~♬" 최초의 대중가요로 평가받기도 하는 〈카추샤의 노래〉의 모티브인 톨스토이의 『부활』에서 카추샤라 불리는 마슬로바가 페테르부르크(당시 러시아의 수도)를 떠나 유배 간 곳은 러시아의 가장 유명한 유형지, 동쪽 머나먼 시베리아다. 이처럼 유배는 수도로부터 멀리 보내는 형벌이다. 조선의 경우는 서울에서 북쪽 끝이나 제주도까지 보내봐야 2,000리도 안 된다. 그리하여 900리, 750리, 600리를 기준으로 삼아 일정한 지역을 유 3,000리, 2,500리, 2,000리에 해당한다고 정해놓는 방법을 썼다. 북변이나 남쪽 섬들이 유 3,000리 지역에 포함되는 것은 당연하다. 조선에서는 변방으로 보내는 형벌로 전가사변이란 것도 있었다. 범죄자뿐만 아니라 그의 온 가족까지 모두 북쪽 변방으로 보내는 형벌이다. 조선 초에 새로 개척한 사군四郡·육진六鎭 등의 국경을 채우려는 국방 정책적 성격도 갖기에 그 적용 대상은 갈수록 늘어갔고, 온 가족이 연좌된다는 점에서 가혹한 형벌이라 하지 않을 수 없었다. 백성의 원성이 늘고 북쪽 국경이 어느 정도 채워지자, 1744년(영조 20) 7월 6일 마침내 영조는 전가사변을 폐지한다. 이틀 뒤 대신들과 논의하는 자리에서 임금은 이렇게 말하였다.

전가사변을 없애던 날 밤에 나는 다리를 쭉 펴고 잤다.

사형死刑은 목을 매다는 교형絞刑과 머리를 베는 참형斬刑 두 종류가 있었고, 신체가 분리된다는 점에서 후자가 더 중한 형벌이었다. 능지처참이 빠진 것이 아닌가 하고 많이들 의아해할지 모르겠다. 이 형벌은 《대명률》

사형

《대명률》은 사형 형벌을 참형과 교형의 2등급으로 구분하였다. 왼쪽은 『형정도첩』에 묘사된 참형이고, 오른쪽은 교형이다.

에서 기본 5형에는 들어가 있지 않지만, 모반대역의 죄를 죄었거나 강상윤리를 무너뜨리는 범죄에 대해 예외적으로 규정하고 있다. 예를 들면 부모 등 직계존속을 살해한 경우에는 다른 살인죄와 달리 능지처사凌遲處死로 사형을 집행하도록 한다. '처사'는 사형에 처한다는 뜻이고, 그 방식으로서 '능지'는 느리게 욕보이며 진행한다는 뜻이다. 곧, 살점을 조금씩 도려내가 며 뼈를 바르고 팔다리를 하나둘 자르면서 매우 서서히 고통스럽게 죽음에 이르도록 하는 잔혹하기 짝이 없는 형벌이다. 능지처참이라고 하는 것은 마지막에 목을 치는 일이 있어서다. 중국에서는 이 형벌이 일찍부터 있었으며 청나라 말기까지도 시행되었기 때문에 집행 장면을 찍은 사진도 전해진다. 조선에서는 차마 시행하지 못했는지 사지를 찢는 거열車裂로 대체하였다. 그래서 우리나라에서는 능지처참이라고 하면 몸을 조각내는 형벌로 알려져 있다.

감형

사형은 가장 무거운 형벌일 수밖에 없고, 살인죄에는 이를 적용해야 한다고 보는 것이 동서양을 막론한 전통적인 인식이다. 현행 형법 제250조 제1항에서도 "사람을 살해한 자는 사형, 무기 또는 5년 이상의 징역에 처한다."라고 규정하여, 법관은 살인죄에 대해 5년의 징역부터 사형까지의 범위 안에서 형량을 결정할 수 있다. 이 범위는 더욱 넓어질 수도 있다. 법관에게는 여러 사정을 참작하여 형량을 2분의 1까지 감경할 수 있는 재량, 이른바 작량감경의 권한이 주어져 있기 때문이다. 게다가 3년 이하의 징역형에 대해서는 집행유예를 선고할 수도 있다. 그러므로 살인죄에 대해 징역 2년 6개월의 형벌과 함께 집행유예를 선고하여 피고인을 풀어주는 것도 가능한 일이며, 실제로도 없지 않다. 조선의 형법은 이와 달랐다. 《대명률》〈형률〉 '인명人命' 장의 '모살인謀殺人' 조를 예로 들어본다.

1. 공모하여 사람을 살해한 경우, 주모자는 참형, 따라가서 실행에 가담한 이는 교형, 따라갔지만 실행에 가담하지 않은 이는 장 100 유 3,000리에 처한다.
2. 피해자가 상해에 이르고 죽지 않은 경우, 주모자는 참형, 따라가서 실행에 가담한 이는 장 100 유 3,000리, 따라갔지만 실행에 가담하

지 않은 이는 장 100 도 3년에 처한다.

3. 피해자가 상해에 이르지 않은 경우, 주모자는 장 100 도 3년에 처한다. 따라간 이는 장 100에 처하며, 공모한 이도 마찬가지로 처벌한다.

4. 주모자는 직접 실행하지 않았더라도 정범으로 처벌한다. 모의하고 따라가지 않은 이는 따라간 이의 경우에서 1등급을 감경한다.

5. 재물을 탈취한 경우에는 강도죄의 경우와 마찬가지로 정범과 종범 모두 참형에 처한다.

여기에 나타난 특징으로 하나의 범죄에 하나의 형벌만이 규정되고 있는 것을 볼 수 있다. 모의한 살인에 대하여 생길 수 있는 여러 경우마다 일일이 해당 형벌을 규정하는 것이다. 이에 대해 법관의 재량으로 감경할 여지는 없다. 이처럼 하나의 구성요건에는 하나의 형벌만이 적용되는 것이 조선을 비롯한 동아시아 전통 형법 체계에서의 원칙이다. 무엇이 범죄가 되는 행위인지, 그에 대해서는 어떤 형벌이 부과되는지를 법률로 정해놓음으로써 사회 일반이 뚜렷이 인식하여 행위규범으로 삼을 수 있도록 하자는 죄형법정주의의 이상에는 더 가깝다고 볼 측면도 있다. 현행 체제는 법조문에서부터 처벌의 수위를 다양하게 정하고 있어 형량이 명확히 예측되지 않는다. 더구나 법관의 온정적 재량이 특정 계층에만 작용한다는 의심마저 널리 퍼져 있다 보니, 전관예우니, 연수원 동기니, 대학 동기니 하면서 들먹이는 사법 관행이 아직도 사라지지 않고 있다. 이런 풍토는 과거의 제도에 대하여도 한 번쯤 눈이 가도록 만든다. 현재 대법원은 양형 기준을 정하여 형의 선고에 일률성이 확보되도록 노력하고 있으며, 외부 인사가 포함된 관련 위원회도 운영한다.

조선에서 작량감경의 권한을 가진 이는 오직 국왕뿐이며, 수령이나 고위 대신이라도 임의로 형을 감면할 수는 없다. 정해진 대로의 형벌만 선고하여 집행하는 것이 원칙이다. 위의 '모살인' 조 제4문에 나오는 감경 조항도 실은 형의 감경을 위한 것이 아니다. 모의에는 가담하였지만 따라가지 않은 이에 대해 제1문, 제2문, 제3문에 나타난 모든 경우의 구성요건과 그 해당 형량들을 일일이 법전에 또다시 써주는 노력을 덜려는 입법 기술상의 기법일 뿐이다. 곧, ① 피해자가 죽은 경우(제1문), ② 죽지 않고 다친 경우(제2문), ③ 다치지 않은 경우(제3문)라는 모든 사항에 대하여, 따라가지 않은 이의 형량을 하나하나 써주는 일이 번거롭기 때문에, 따라간 이의 경우에서 1등급을 감경한다고 간단히 규정한 것이다.

일일이 서술할 경우에 실제로 어떻게 되는지를 한번 따져보자. 위에서 ③의 경우, 곧 피해자가 다치지 않은 경우에 따라간 이의 형량은 장 100이다. 이보다 한 등급 아래의 형벌은 앞서 본 형벌 분류상 장 90이 된다. 그러므로 따라가지 않은 이의 형량은 장 90이 된다. ②의 경우, 곧 피해자가 상해를 입은 경우에 따라갔지만 실행에 가담하지 않은 이의 형량은 장 100 도 3년이다. 여기서 1등급을 감한 형벌은 장 90 도 2년 반이고, 이것이 따라가지도 않은 이의 형량이 된다. ①의 경우, 곧 피해자가 사망에 이른 경우에 따라갔지만 실행에 가담하지 않은 이를 장 100 유 3,000리에 처한다. 이것의 바로 아래 등급은 장 100 유 2,500리이다. 그런데 이것이 따라가지 않은 이에 대한 형량으로 되는 것은 아니다. 이때는 장 100 도 3년이 된다.

감형을 할 때 유형과 사형의 경우에는 예외를 둔다. 유형의 세 등급은 묶어서 한 등급으로 보고, 사형 또한 두 등급을 한데 묶어 하나의 단계로 취급하도록 한다. 곧, 사형에서 1등급 감경하면 유형이 되고, 유형에서 1등급 감경하면 도형이 된다. 유형에 대한 감형은 어느 등급에서 이루어지더라도 도형이 되는 것이다. 하지만 형을 가중할 때는 유형 3등급과 사형 2등급에 대해 감형할 때처럼 동종을 하나로 묶지 않는다. 그 다섯 등급이 그대로 유지되면서 한 등급씩 오르는 방식을 적용한다. 이런 원칙 아래 적용을 해보면, 장 100 유 3,000리는 유형이기 때문에 그에 대한 1등급 감형은 도형이 되어, 도형 가운데 가장 무거운 장 100 도 3년의 처벌이 되는 것이다.

《대명률》은 '모살인' 조에서처럼 입법의 기술상 감형의 문구를 이용하기도 하지만, 실제로 감형하는 사유를 규정하는 일반 조항도 갖고 있다. 한 예로 《대명률》에서 일반 원칙들을 싣고 있는 〈명례율名例律〉의 '공범에서 정범과 종범의 구분(共犯罪分首從)'이라는 항목에는 이러한 내용이 있다.

공범의 경우 주모자는 정범으로 처벌하고 종범은 1등급을 감경한다.

김전, 이장곤, 홍숙 들은 이 규정에 따라 윤자임, 박세희, 박훈, 기준을 종범이라 하여 1등급 감경하는 법 적용을 올렸다. 정범인 조광조 등이 참형인데 거기서 한 등급을 낮추면, 위에서 살핀 대로 교형이 아니라 장 100 유 3,000리다. 타당해 보이지만, 정확히 따지면 어그러진 법 적용이다. 구체적 적용의 조항이라 할 수 있는 '간당' 조의 조문은 붕당 행위에 대해 "모두 참형에 처하며(皆斬)"라고 규정하는데, 이 '모두(皆)'의 의미에 대하여는 《대명률》의 첫머리에서 정범과 종범을 구분하지 않는다는 뜻이라 설명하고 있는 것이다. 이를 몰랐다기보다는 짐짓 외면한 것이라 여겨진다. 중종도 모른 척해준 듯하다. 김전 등으로서는 원래 형률이 참형인 것도 지극히 과중하다고 보는 판에 이들마저 사형에 처하는 것은 알맞지 않다는 생각이었을 것이다. 중종이 처음부터 조광조 등과 윤자임 등을 구분해준 의미를 읽은 것일 수도 있다. 무엇보다 대신들은 엄히 처벌할 의지가 강하지 않았고, 그 경향이 법 적용에서도 나타난 것이라 볼 수 있다. 실제로 신료들의 거센 반발 때문에 중종은 일단 모두 유배 보내는 것으로 감경 조치하였다가, 연말에 조광조에게만 사약을 내렸다.

기묘당 선언

당을 지었다는 죄목으로 수괴인 조광조는 죽고 관련자들까지 처벌된 상황에서 그 '당적'이라는 것은 결국 범죄 집단의 당원 명부라는 뜻이 된다. 거기에 들었다는 것은 〈형률〉 간당 조의 죄를 저지른 범죄자라는 말이 된다. 실제로 김식이 죽을 때 품고 있었다는 상소문 초안에는 "마침내 사림의 화를 엮어, 선비로서 이름이 있으면 모두 '당적'에 편입하였습니다."라며 억울함을 호소하고 있다. 당적에 든다는 것은 조광조와 붕당을 지어 간당 조를 범한 죄인으로 처벌된다는 뜻임을 알 수 있다. 김정국의 다른 글인 『척언摭言』에는 아예 기묘당적이라는 말이 나온다. "사재 이자는 '기묘당적己卯黨籍'에 걸려 파직되었다" 하고, "(기준은) 기묘당적에 걸려 호서로 유배되었다"고 한다. 여기서 기묘당적에 걸렸다는 말은 자신의 다른 저작인 『기묘당적』에 올랐다는 뜻이 아니다. 말할 것도 없이 조광조 사건에서

사재 김정국 묘역

김정국이 낙향했던 고양의 이웃 고을인 파주 진동면에 소재하는데(경기도 파주시 진동면 하포리 산 123), 임진강 북쪽이라 접근이 어렵다.

계배繼配인 경주 이씨의 묘와 함께 쌍분으로 조성되어 있으며, 묘소의 석물로 묘표, 상석, 향로석, 망주석, 장명등, 문인석 등이 있다. 묘표에는 '嘉善大夫禮曹參判金正國之墓가선대부예조참판 김정국지묘 貞夫人慶州李氏之墓정부인경주이씨지묘'라고 씌어 있다.

그 일파로 연루되었다는 뜻이다. 그런데 결국 김정국은 훗날 이를 제목으로 하여 자신까지 포함된 명부를 책으로 엮었다. 기묘사화로 처벌이나 불이익을 받은 사람들의 명단을 만들었다는 것, 그러면서 제목에 '당적'이라는 말을 넣는다는 것은 공개적으로 우리는 기묘당입네, 하고 자백하는 셈이 된다. 일견 제정신이 아닌가 싶기도 하다. 이런 기묘당 선언은 어떤 까닭일까.

중국 송나라 신종神宗(재위: 1048~1085) 때 재상 왕안석王安石(1021~1086)

은 신법新法을 통한 개혁으로 부국강병을 실현하려다가 지배층 사대부들의 큰 반발을 샀다. 원풍元豊 8년(1085)에 신종이 죽고, 원우元祐 연호를 쓰게 되는 철종哲宗(재위: 1085~1100)이 뒤를 잇자 신법은 모두 폐지되었다. 이후 신법파와 구법파의 치열한 당쟁이 이어지고, 전자는 원풍당인으로, 후자는 원우당인으로 불리기도 하였다. 나중에 명나라 태조 주원장은 이 같은 당파 간의 정쟁이 싫었는지 형법에 간당 조를 신설하여 붕당 결성 자체를 엄벌하려 한 것이다. 송대에는 간당 조와 같은 법은 없었다. 하지만 간당이라는 말은 제대로 부각하였다.

송의 휘종徽宗(재위: 1100~1126)은 채경蔡京(1047~1126)을 등용하여 신법을 강하게 추진하였다. 종실은 원우당인과 혼인도 못하도록 명할 정도였다. 나아가 1102년 9월에는 사마광司馬光을 비롯하여 소철蘇轍과 소식蘇軾(소동파) 등 원우당인 120명을 원우간당으로 규정하고 그 이름들을 궐문의 돌에 새겼다. 명단에 오른 이들은 자손의 벼슬도 금지되었다. 다음 해 9월에는 '원우간당비元祐姦黨碑'를 전국적으로 세우도록 하였다. 숭녕 3년(1104)에는 관련자들을 309명으로 정리한 비석을 조정朝廷이 열리는 문덕전文德殿 문 앞에 세웠다. 글씨는 채경이 썼고, 비의 이름인 '원우당적元祐黨籍'은 휘종이 몸소 썼다고 한다. 하지만 이후 조야의 맹렬한 반대에 부딪친 휘종은 비석을 모두 부수라는 명을 내리게 되었다.

후대에 왕안석에 대한 평가는 중국이나 한국 할 것 없이 전반적으로 좋지 않았다. 조광조도 경연에서 그를 두고 "문장으로 천하에 이름을 날렸지만 본래 학술이 없고 집요한 데다 고집이 세며, 군자를 배척하고 소인을 끌어들였다"고 비판하였는데, 기묘사화 시기에는 자신이 왕안석에 자주 비유되었다. 주희도 사마광을 편들었다. 정이程頤도 원우당적에 들었으니 당

암벽에 새겨진 원우당적

중국 광시좡족자치구广西壮族自治区 구이린시桂林市의 계해비림박물관桂海碑林博物馆(위 사진)에는
다양한 석각과 탁본 등이 있는데, 그중에는 사마광, 소동파, 황정견 등 309명의 이름이 새겨져 있
는 '원우당적'(아래 사진)도 있다. 위 사진에서 화살표(/) 표시한 것이 원우당적이다.

연할 것이다. 이처럼 신법파에 대한 인식은 중국이나 한국에서 전통시대 내내 좋지 못했다. 채경은 『송사』의 「간신전」에 들어가 있다. 이후부터는 원우당적에 들었다는 사실이 간사한 신하들의 반대편에 섰던 쟁쟁한 인물이라는 인증으로 여겨져, 전혀 부끄러운 일이 아닐 뿐 아니라 오히려 내세울 만한 자랑거리가 되었다.

오늘날 원우당적비의 비문이 전해지는 것은 그 명단에 9번째로 올라 있는 양수梁燾의 증손 양률梁律이 1198년에 모본模本을 이용하여 바위에 중각하였고, 역시 원우당적 인물인 심천沈千의 증손 심위沈暐가 1211년에 집안에 소장된 탁본으로 복원하여 암벽에 새겼기 때문이다. 당적에 오른 집안에서 오히려 탁본을 소장해오고 있었다는 사실, 90여 년이나 지나서까지 단단한 바위에 새겨 후대에 남기려 했다는 사실에서 당시의 분위기를 충분히 알 수 있다. 간당의 무리에서 출발한 원우당적은 현신賢臣의 명단이 된 것이다.

성리학의 나라 조선에서 이런 사정을 모를 리 없으며, 김정국이 '기묘당적'이라 서명을 정한 것은 원우당적을 염두에 둔 것이 분명하리라. 간당으로 취급받아 원우당적이 만들어졌지만 후세에는 자랑스러운 명단이 되었듯이, 간당 조의 적용으로 죽고 유배 가고 파직되는 등의 불이익을 입은 선비들을 『기묘당적』으로 기록하여 잊히지 않도록 한다면 뒷날 재평가되리라는 생각에서 저술한 것이라 하겠다. 이런 의미에서 기묘당인들의 신원이 시작되기 전부터 『기묘당적』은 쓰여질 수 있고, 오히려 그래야 했다고 보이며, 실제로 그런 것으로 보인다. 책이 지어진 때와 관련해서는 그 내용에서 완성 시기를 가늠할 수 있다. 그리고 점진적인 추기를 거쳐 이루어졌을 것이라는 짐작도 할 수 있다.

『기묘당적』은 1537년(정유년, 중종 32)에 자신의 형인 김안국을 비롯하여 박영, 유인숙, 신광한, 정순붕, 이청, 이약빙, 윤구, 임권, 윤광령이 다시 서용된 사실(丁酉復敍)을 기재하고 있다. 임권의 서용은 1538년 1월 21일에 결정되었고, 윤광령은 1524년(중종 19)에 이미 벼슬을 뺏지 않는 것으로 결정되었다. 김정국의 서용은 1537년 12월 15일에 김안국, 이약빙, 정순붕, 신광한, 유인숙, 박영, 이청과 함께 결정되었다. 김안국은 이날 바로 겸동지성균관사兼同知成均館事에 제수되기도 하였다. 그런데 이때 윤구는 명시적으로 제외되었다. 그 이듬해 2월 21일에서야 위의 사람들과 함께 직첩을 돌려받는다. 그러므로 윤구의 복권까지 기록하는 『기묘당적』의 완성은 이날 이후라 볼 수 있다. 1538년에는 김정국도 복직되었는데, 자신의 항목에 그 사실을 넣지는 않았다.

신광한은 1538년(중종 33) 3월 15일에 성균관 대사성에 제수되었다는 기사가 보이며, 직첩이 환급된 이들은 그해 4월 무렵이면 대부분 관직에 있게 된다. 이때부터는 김정국도 전라 감사에 임명되는 등 중외의 관료로서 활발히 움직이게 된다. 그런데 이러한 기사들은 『기묘당적』에 보이지 않는다. 따라서 이 직전에 책이 완성되었다고 추정할 만하다. 다만, 이청의 기사에서만큼은 문제가 있다. "관직이 경상 감사에 이르렀다.(官至慶尙監司)"라는 서술이 붙어 있는데 그가 경상 감사가 된 것은 김정국이 죽은 뒤의 일이니, 이는 나중에 누군가 가필한 구절이라고 보아야 한다. 특히 "官至慶尙監司"와 같은 글귀의 위치가 다른 이들의 서술에서 놓이는 자리와 달리 맨 마지막인 것을 봐도 그렇다. 이로써 보면 『기묘당적』은 조금씩 내용이 덧적혀가면서 완성된 저작이라 여겨진다.

이렇게 살핀 바로 미루어보면 김정국이 저술을 마무리한 것은 1538년

(중종 33) 3월 초 즈음으로 추정할 수 있다. 그렇다고 해서 이 시기에 저술을 시작하여 곧바로 완성하였다는 것은 아니며, 이미 어느 정도 완성된 원고의 해당 부분에다 추가 사항을 짧게 기재하고 마무리했다고 보인다. 그래서 "정유년에 다시 서용되었다"는 문구는 해당자에 대한 서술의 마지막에 간략히 삽입하는 형태로 되어 있다. 그해 2월 말이면 김안국의 경우와 같이 어느 관직을 받았는지 알 수 있는 상황인데도 그것을 적지 않는다. 이때부터는 수시로 변동 자료를 수집하여 첨가해갈 여유도 없었을 것이고, 복권된 마당에 굳이 그렇게 할 필요도 크지 않았기 때문이라 할 수 있다.

저술을 시작한 것은 1520년(중종 15) 경기도 고양으로 물러간 이후일 수밖에 없다. 좀 더 가늠해보는 데는 이 시기에 지어진 다른 저술인 『척언』이 참고가 된다. 이 책에 나오는 '기묘당적'이라는 낱말의 의미는 조광조 사건의 연루자들로서 '기묘당'의 명부나 조광조 일파라는 의미에 머문다. 그러나 『기묘당적』이라는 저술에서는 이런 의의를 넘어서서 한층 광범위한 '기묘사림'이라는 설정까지 하고 있다. 『척언』에서는 기묘당적을 언급하지만 저서로서의 『기묘당적』을 전제로 하고 있지 않은 서술을 한다. 따라서 『척언』을 더 이른 저작으로 보아야 하겠다. 거기에는 "벼슬이 떨어져 시골에 살게 된 지 10년"이라는 말이 나온다. 이로 보아 『척언』의 저술은 1530년(중종 25)부터 했을 일이 된다. 그러니 『기묘당적』을 짓기 시작한 일 또한 빨라야 1530년 이후라고 짐작해볼 수 있다.

결국 『기묘당적』은 1530년이 지난 어느 시점에 시작하여 1538년 3월 초쯤 완성된 저작이라고 정리할 수 있겠다. 낙향한 김정국은 사적을 수집하고 세사를 되새기고 글을 쓰면서 자신의 처지를 원우당적에 비겨 희망의 불씨를 지폈다. 그런 의미에서도 김정국의 『기묘당적』 저술 행위는 일종의

'기묘당 선언'이라 할 수 있다. 그리고 뒤에 보겠지만, 정확히는 '기묘사림'의 설정으로 보아야 한다.

기묘당적

　김정국의 문집인 『사재집』에 실려 전해지는 『기묘당적』에는 모두 94명이 실려 있다. 그런데 마지막 3명의 기사에는 이름 부분이 빈칸으로 되어 있다. 아마도 문집 간행 때 저본으로 쓰인 책의 마지막 장이 닳아버린 상태였던 듯하다. 그러나 이 이름들은 『기묘록보유』를 통해 복원 가능하다. 『기묘록보유』는 『기묘당적』의 원문에 생년 등을 보완한 것 외에 추가된 내용은 '補보'라는 표지를 붙여 기록하고 있다. 따라서 '補'라는 표지가 붙은 '전傳'들의 앞부분은 『기묘당적』의 기사를 담고 있는 것이다. 이에 따라 빠진 이름 부분이 현감 민세정縣監閔世貞, 직장 김옹直長金顒, 생원 경세인生員慶世仁이라는 것을 알 수 있다. 이런 식으로 하면 아예 기사가 통째로 떨어져 나간 한 인물도 복원된다. 그는 진사 이영進士李翎이다. 따라서 『기묘당적』에는 〈도표〉와 같이 모두 95명의 인물이 실려 있었다고 할 수 있다.

　인물의 기록은 정광필부터 시작하여 안당, 최숙생, 이장곤, 김안국, 이자순으로 이어진다. 그런데 당수 격이라 해야 할 조광조는 12번째로 올라 있다. 가장 높이 오른 벼슬이 정광필은 영의정(정1품), 안당은 좌의정(정1품), 최숙생과 이장곤은 우찬성(종1품), 김안국과 이자는 우참찬(정2품)인데, 이런 차례로 올라 있으니 최고 관직순으로 기재되었다는 것을 알 수 있다. 그리고 정광필, 이장곤 등과 같이 처벌하는 위치에 있던 사람들까지 올라

〈도표〉 『기묘당적』 수록 인물 분류

기묘당적 연번	기묘당적 이름	기묘록보유 연번	기묘록보유 권호	비고	기묘당적 연번	기묘당적 이름	기묘록보유 연번	기묘록보유 권호	비고	기묘당적 연번	기묘당적 이름	기묘록보유 연번	기묘록보유 권호	비고
1	정광필鄭光弼	1	상권		35	이희민李希閔	34	상권		69	조우趙佑	68	추록	
2	안당安瑭	2	상권		36	장옥張玉	33	상권		70	이연경李延慶	69	추록	
3	최숙생崔淑生	3	상권		37	구수복具壽福	43	상권		71	안처근安處謹	70	추록	
4	이장곤李長坤	4	상권		38	윤구尹衢	44	상권		72	김명윤金明胤	71	추록	
5	김안국金安國	5	상권		39	심달원沈達源	45	상권		73	안정安珽	72	추록	
6	이자李耔	6	상권		40	채세영蔡世英	49	상권		74	권전權磌	74	추록	
7	김정金淨	7	상권		41	임권任權	47	상권		75	안처겸安處謙	73	추록	
8	김세필金世弼	8	상권		42	김광복金匡復	35	상권		76	신잠申潛	75	추록	
9	유운柳雲	9	상권		43	정원鄭源	50	상권		77	정완鄭浣	76	추록	
10	문근文瑾	10	상권		44	이구李構	51	상권		78	민회현閔懷賢	77	추록	
11	권벌權橃	11	상권		45	허백기許伯琦	52	상권		79	안처함安處諴	78	추록	
12	조광조趙光祖	12	상권		46	박상朴祥	38	상권	기묘사림	80	박훈朴薰	79	추록	
13	윤세호尹世豪	16	상권		47	윤자임尹自任	28	상권		81	김전金錢	80	추록	
14	신상申鏛	18	상권		48	안처순安處順	48	상권		82	신준미申遵美	81	추록	
15	박영朴英	13	상권		49	조언경曺彦卿	46	상권		83	김신동金神童	82	추록	
16	이윤검李允儉	14	상권		50	윤개尹漑	42	상권		84	강은姜㶏	83	추록	
17	최명창崔命昌	15	상권	기묘사림	51	양팽손梁彭孫	40	상권		85	방귀온房貴溫	84	추록	현량과 파방
18	이사균李思鈞	19	상권		52	박소朴紹	53	상권		86	유정柳貞	85	추록	
19	이계맹李繼孟	17	상권		53	권장權檣	54	상권		87	박공달朴公達	86	추록	
20	유인숙柳仁淑	20	상권		54	김필金珌	55	상권		88	김대유金大有	88	추록	
21	신광한申光漢	21	상권		55	성수종成守琮	56	상권		89	이부李阜	87	추록	
22	정순붕鄭順朋	22	상권		56	김식金湜	67	추록		90	도형都衡	89	추록	
23	이성동李成童	23	상권		57	김정국金正國	30	상권		91	송호지宋好智	90	추록	
24	유용근柳庸謹	24	상권		58	이약수李若水	57	상권		92	민세정閔世貞	91	추록	
25	박세희朴世熹	29	상권		59	조광좌趙廣佐	58	상권	기묘당인	93	김웅金顒	92	추록	
26	김구金絿	25	상권		60	윤광령尹光齡	59	상권		94	경세인慶世仁	93	하권	
27	공서린孔瑞麟	26	상권		61	안찬安瓚	60	상권		95	이영李翎	94	하권	
28	한충韓忠	27	상권		62	하정河挺	61	상권						
29	이청李淸	31	상권		63	홍순복洪順福	62	상권	김식사건					
30	최산두崔山斗	32	상권		64	심풍沈豐	63	상권						
31	정응鄭應	36	상권		65	박연중朴年中	64	상권						
32	기준奇遵	37	상권		66	이신李信		속집						
33	이충건李忠楗	39	상권		67	구수담具壽聃	65	추록	기묘당인 옹호					
34	이약빙李若氷	41	상권		68	이준경李浚慶	66	추록						

있어, 조광조와 함께 죄를 받은 사람만 수록한 것이 아니라 그들을 감쌌던 이들까지도 포함한다는 것을 알 수 있다.

김정국은 당시 황해 감사로 있어 대사헌 조광조와 같은 품계의 관직(종2품)을 갖고 있었는데, 57번째로 기재되어 있다. 그러면서 그 위의 다른 이들과 달리 머리에 '불초不肖'라 달고 있다. 못난 자신을 맨 마지막으로 기재한다는 글쓴이로서의 자세. 그런데 이 뒤로도 38명의 인물이 등장한다. 이는 김정국이 앞에 놓인 57명과 그 뒤의 인물들을 구별하고 있다는 것을 의미한다. 그 까닭을 알기 위해서 일단 뒤쪽의 사람들을 살펴볼 필요가 있겠다. 특히 이들은 사안에 따른 그룹으로 분류, 배치되고 있다는 특징이 나타난다. 그런 점에서 보면 그들의 앞부분도 하나의 분류일 것이다.

〈도표〉에서 뒷부분인 69~95번까지의 27명은 현량과 급제자들이다. 이들만 이름 앞에 유학, 생원, 진사, 직장, 참봉, 좌랑, 정랑 등이 붙어 있는데, 현량과 급제 방목榜目에 적혀 있던 사항일 것이다. 안당의 세 아들 처겸, 처함, 처근도 모두 이 안에 들어 있다. 이 점은 신사옥사가 있기 전에도 불공정의 시빗거리가 되었고, 이후 안당이 작당의 혐의로 공격받아 파직되는 빌미도 되었다. 이 기묘년(1519)의 천거과는 파방이 되어 그에 따른 관직 임용은 할 수 없게 되었다. 그러나 다른 과거에 합격하거나 음서 등을 통하여 등용되는 길은 열려 있었다. 따라서 기묘사화 자체의 피해자라기보다는 그 영향으로 현량과가 취소된 데 따른 불이익을 입은 이들이라 할 수 있다.

이렇게 현량과 파방자 27명이 몰려 있는데, 당시 합격자는 28명이었다. 차이가 나는 한 명은 장원을 한 김식이다. 누락된 것이 아니다. 56번째로 김정국 바로 위에 올라 있다. 그만 따로 빼어 앞쪽에 배치되었다는 사실은, 맨 앞의 그룹이 특별한 의미가 있으며 또한 다른 부류보다 우선한다는 것을 보여준다. 일단 김식은 일찍이 조광조와 함께 천거되었으며, 현량과와 기묘사화가 있던 때 이미 대사성(정3품)이라는 높은 관직을 하고 있었고, 사화의 대표적인 직접적 희생자이기 때문에 다른 파방자들과 달리 특별히 앞쪽에 와 있다고 추정해볼 수 있다. 그런데 저자를 마지막으로 배치한 1~57번에서 김식의 순위는 56번으로 사실상 가장 마지막이다. 그의 관직으로 보자면 정상적인 배치가 아니다. 왕명을 어기고 귀양지를 이탈한 사유를 반영한 것이라 여겨진다.

62~66번이 김식 사건과 관련된 이들이다. 하정, 홍순복, 심풍은 김식과의 공모 혐의 때문에 죽거나 유배되었다. 박연중은 몸을 숨기고 나타나지 않았다. 문제는 이신이다. 김식을 열심히 따르며 핵심적인 역할을 하다가, 그를 신고하여 상을 받은 사람이다. 그런데도 김식 사건의 가담자라 하여 '당적'에 올랐다. 『기묘당적』이 갖는 당원 명부의 성격을 보여준다고 할 수 있겠다. 뒤에 살펴보겠지만 『기묘록보유』에서는 이신이 완전히 다른 취급을 받는다. 또 특기할 것은 이윤검으로서, 영해부사로 있으면서 김식을 숨겨주었다가 잡혀가 신문을 받고 파직되었는데, 이쪽 부류에 있지 않고 16번으로 올랐다. 실은 이 사건의 핵심인 김식부터 여기에 있지 않고 앞쪽에 있다. 『기묘당적』이 앞쪽 명단의 편성에 주안점을 두고 있음을 알게 해준다. 그런데 김식과 함께 앞쪽에 실린 이윤검은 그와 달리 기묘사화의 직접적인 피해자가 아니다. 이 그룹의 성격을 좀 더 면밀히 살펴야 할 것 같다.

58~61번에서 이약수는 조광조의 처벌에 대한 성균관 유생들의 항의를 이끌었고, 조광좌와 윤광령은 기묘사화에 연루되어 벼슬을 잃었으며, 의사醫師 안찬도 나중에 당인으로 몰려 모진 신문을 받고 유배 가던 중에 죽었

다. 이렇게 보면 58~61번까지는 기묘사화의 직접적인 피해자라 할 수 있다. 이와 관련된 근거가 67~68번에서 보인다. 이 둘은 구수담과 이준경으로, '기묘당인己卯黨人'의 복직을 청하다가 파직되었다고 실려 있다. 그러니 적어도 이들은 기묘당인이 아니라는 이야기가 되므로 『기묘당적』은 기묘당인만 수록한 책이 아닌 것이다. 기묘당인이란, 다음 장에서 보겠지만 기묘년에 당파로 몰려 처벌을 받은 이들로 당시에 인식되었다. 58~61번은 버젓한 기묘당인이 된다. 그렇지만 1~57번은 척 봐도 기묘당인이 아닌 이들이 넘쳐난다. 그런데도 가장 특별한 취급을 받는다. 가장 앞쪽에 설정한 이 명단은 과연 어떤 기준으로 설정된 부류일까.

기묘당인

실록에는 『기묘당적』에 등장하는 '기묘당인'이란 말은 나타나지 않고, '기묘당己卯黨'이 보이는데, 역시 기묘당인을 비호하는 구수담과 이준경에 관련하여 나타난다. 따라서 기묘당과 기묘당인은 같은 뜻으로 쓰인 말이라는 것을 알 수 있다. 중종 27년(1532) 5월 심언광沈彦光 등이 차자를 올린 데 대하여 이렇게 해설이 붙어 있어 기묘당인의 의미를 알게 해준다.

> 차자에서 이르는 "궁벽진 시골에서 외롭게 여러 해를 갇혀 있다거나 무거운 법 적용을 받았지만 그 정상은 가볍다."라고 하는 말은 기묘년에 죄를 입은 여러 사람(己卯年被罪諸人)을 가리키는 것이다. 처음에 홍문관에 모두 모여 차자를 지을 때 부제학 심언광은 동료들에게 "궁벽진 시

골에서 외롭게 갇혀 있다는 말은 무슨 의미인지 뚜렷하지 않으니 기묘 때의 일이라는 점을 바로 가리켜 드러내는 것이 어떠한가?'라고 말했는데, 찬성한 사람은 박사 구수담과 정자 이준경 두 사람뿐이었고, 나머지는 응하지 않았다. 이때 누군가 "근래 기묘당과 안로당安老黨이 서로 어울린다는 말이 돌고 있으니 기묘의 일이라는 것을 군이 잘 드러나도록 표현할 게 아니다."라고 하여 논의가 잦아들었다.

—『중종실록』 권73, 중종 27년 5월 12일

명종 초에 사관이 기록한 것일 터인데, 여기서 기묘당을 '기묘년에 죄를 입은 여러 사람'이라 정의하고 있다. 그와 함께 기묘당이 그리 좋은 뜻으로 불리는 것이 아니라는 정황도 나타난다. '기묘당', '안로당' 하면서 은근히 비난받는 분위기가 드러나는 것이다. 실록에는 김안로가 나라를 장악했을 때 백인걸은 기묘당이라는 비난을 받아 간신히 성균관 학유가 되었다는 설명이 있기도 하다. 조광조 등이 붕당의 죄로 처벌된 상황에서 '당'을 붙여 부르는 것은 좋은 의미일 수 없다. 기묘사화를 기묘당화己卯黨禍라 부르기도 했다. 『기묘당적』이 '기묘록'이라는 이름으로 유통되기도 했던 데는 이런 영향이 있을 것이다. 김정국의 기묘당 선언과 같은 의식이 보편적으로 받아들여진 후에야 그 기묘당이란 것이 드러내 내세우는 표현이 되었다고 해야 할 것이다. 그러나 사화의 인물들이 복권되기 전까지는 중립적인 용어로 '기묘인己卯人(己卯之人)'이라 지칭되었다. 특히 중종 때는 이 말처럼 적당한 표현이 없었을 것이다. 실록에서 이 용어는 중종 시기에 압도적으로 많이 쓰인다.

『기묘당적』은 기묘년 일에 연루되어 불이익을 받은 이들이라는 의미에서 기묘인에 대한 가장 구체적인 정보를 일찍부터 담고 있는 자료라 할 수 있다. 하지만 『기묘당적』의 등장인물들은 꼭 그 '기묘인'이나 기묘당과 일치한다고 볼 수만 없다. 앞에서 보았듯이 책의 수록 편제를 보면 당원의 층위와 범위가 있음을 살필 수 있는 것이다. 정리하자면, 〈도표〉의 명단을 분류해볼 때 아래와 같은 범위 설정이 가능하다.

【①군】 1~57 : 김정국의 동류로서 기묘사화 관련자(기묘사림)

【②군】 58~61 : 기묘사화의 기타 관련자(기묘사림이 아닌 기묘당인)

【③군】 62~66 : 김식 사건의 관련자

【④군】 67~68 : 기묘당인 신원운동 관련자

【⑤군】 69~95 : 현량과 파방자

67, 68번【④군】인 구수담과 이준경은 기묘사화가 일어난 지 13년이 지나서 기묘당을 비호하였다는 인물이니 기묘당일 수 없다. 『기묘당적』에서도 마찬가지로 기묘당인들을 다시 서용하자고 하다가 불이익을 당했다고 설명하여, 기묘당인이라는 범주를 김정국이 인식하고 있다는 것을 보여준다. 이뿐만 아니라 제1번으로 올라 있는 정광필에 대한 소개부터 "주도적으로 당인黨人을 구하려 하였다"가 파직되었다고 설명한다. 이사균(18번)과 이계맹(19번)도 당인儻人을 편들다가 불이익을 입은 이들이라 되어 있고, 의사 안찬(61번)은 당인들과 결성되었다는 이유로 잡혀가 신문을 받다 죽었다. 이렇게 보면 『기묘당적』에서 상정한 '기묘당인'은 실록에서 말하는 "기묘년에 죄를 입은 여러 사람(己卯年被罪諸人)"이라 지칭한 '기묘당'과 같은 의미라 할 수 있다.

『기묘당적』에는 기묘사화와 관련하여 입은 불이익을 '파罷', '피적被讁', '피척被斥', '사사賜死' 등으로 간략히 표기하고 있다. 다만 【⑤군】(69~95번)만 내용에 그런 기술이 없는 경우가 많다. 그것은 이 그룹이 기본적으로 현량과 파방이라는 불이익을 전제로 하면서 묶은 부류이기 때문이다. 더구나 이 불이익이라는 것은 원칙적으로 과거를 다시 보거나 음서를 통한 진출까지 봉쇄하는 것이 아니어서 직접적인 피해자들과 견주어 상대적으로 미약한 면이 있다. 이들의 수록 형태에서 보이는 특징은 이름 앞에 대체로 생원, 진사, 유학, 드물게 정랑, 좌랑, 참봉 따위가 붙어 있다는 점이다. 저마다의 내용에는 더 높은 벼슬을 한 기술도 있어, 이름 앞에 붙은 표시가 최고 관직을 나타내려는 의도라 볼 수 없고, 수록 순서 또한 관직이나 품계의 순으로 되어 있지도 않다. 이로 미루어 방목에 따라 적었으리라 여겨진다. 이들은 주관적 평가가 아닌 형식적인 이유로 맨 마지막에 들어간 명단이라 할 수 있다. 아마도 기묘사림이 될 뻔했던 사람들로, 곧 당원 후보로서 들어간 정도라 하겠다.

정리하자면, 【③군】(62~66번)은 엄밀히 볼 때 기묘사화 자체가 아니라 김식의 유배지 이탈 사건의 연루자들이며, 【④군】(67~68번)은 기묘년 사건이 있고 나서 훨씬 뒤에 복권운동을 하다가 불이익을 입었을 뿐이며, 【⑤군】(69~95번)은 현량과 파방자일 따름이다. 이들 명단이 뒤로 밀린 것은 기묘사화 관련성 면에서 모두 그럴 만한 까닭이 있다고 할 것이다. 문제는 조광조 사건 때문에 실질적으로 피해를 입었다고 할 수 있는 【②군】(58~61번)이다. 특히 의사 안찬(61번)의 경우는 이른바 당인과 결성되었다고 하여 잡혀가 죽기까지 하였다. 앞에서 본 기묘당인의 정의에 꼭 부합한다고 볼 수 있다. 그런데도 김정국이 분류한 앞쪽의 【①군】에 들지 못했다. 사실

【①군】에는 기묘사화로 불이익을 당했다고 보기 어려운 이들까지도 적지 않게 포진되어 있다. 이 부류의 성격을 따져보는 데는 안찬에 대해서만 의사라는 것을 굳이 이름 앞에다 붙인 점도 작은 실마리가 될 수 있다. 결론적으로, 자신들과 같은 사류士類가 아니라는 의미라 여겨진다.

기묘사림

김정국까지의 명단이 들어 있는 【①군】은 기묘년 당시에 당파로 몰려 처벌을 받은 이들을 기초로 하면서도 【②군】과는 구별을 지었으며, 또한 그와 다른 특징도 나타난다. 【①군】 그룹에서 눈에 띄는 점들은 일단 아래와 같이 들 수 있다.

1. 조광조를 중심으로 하고 있지 않아 그의 파당을 수록하겠다는 취지는 아니다.
2. 나아가 조광조 사건의 직접적 피해자, 곧 기묘당인으로만 구성되어 있지 않다.
3. 사화 당시에 이미 관직에 있거나 관직을 거쳤던 이들이다.

【①군】을 이루는 명단의 내용과 배치를 보면 『기묘당적』의 저술 목적이 붕당을 조성한 죄로 처형된 조광조의 당을 밝히려는 것이 아님을 알 수 있다. 기묘사화에서 조광조를 수괴로 한다는 것은 중종이 직접 지목한 바이기도 한데, 이 책에서 제1번으로 오른 이는 오히려 그와 자주 대립하기도

했던 영의정 정광필이다. 그는 기묘사화 당시의 피해자가 아니며, 그때 기묘당인을 비호한 인물로 수록되어 있다. 더구나 그 때문에 파직된 것처럼 읽힐 수 있게 쓰여 있지만, 실제 파직은 한참 이후에 다른 사유로 말미암은 것이다. 또 김정은 조광조를 머리로 하는 일파에 항상 따라붙는 인물인데, 7번째로 올라 있어 12번째인 조광조보다 훨씬 앞이다. 최고 관직순으로 배열한 때문이다. 조광조와 절친하다고 알려진 조광좌가 여기가 아닌 【②군】에 가 있는 것도 조광조를 중심으로 하는 당파를 기록하려는 것이 아님을 보여준다.

더욱 놀라운 것은 기묘년의 피해자로 보기 어려운 이들이 【①군】에 상당수 들어 있다는 점이다. 특히 4번째로 올라 있는 이장곤은 앞에서 보았듯이 조광조 일파를 잡아들이는 주역에 속해 있었을 뿐 아니라 그들의 죄를 따져 형률을 적용한 대신이기도 하다. 단지 그 과정에서 온정적인 태도를 보였을 뿐이다. 이 때문에 뒷날 허균은, 『기묘당적』에 있어서는 안 되는 기회주의자인데도 들어갔다고 호되게 비판했을 정도이다. 박소에 대한 기술을 보면 기묘년에 화를 면하여 관직이 사간에 이르렀고, 뒤에 다른 일로 파직되어 낙향하였다고 되어 있다. 이쯤 되면 기묘사화와 아예 무관한 인물이라 할 터인데도 52번째로 【①군】에 오른다. 심지어 14번째와 19번째로 오른 신상과 이계맹에 대해서는 유배나 배척 등의 불이익을 겪은 일은 전혀 없고 조정에 간신히 용납되었다고 쓰여 있다. 이처럼 이른바 기묘당인으로 몰리지 않은 이들이 다수 포함되어 있는 것이다.

『기묘당적』의 개별 서술 가운데 가장 긴 이계맹의 기사는 이 같은 【①군】의 부류에 대한 성격을 파악하는 실마리를 제공해주면서 중요한 사실도 알려준다.

이계맹

무인년생. 자는 희순. 기유년 급제. 성격이 호방하여 품행에 구애 받지 않아서 **기묘사인**己卯士人들이 그것을 단점으로 여기니, 스스로 시론時論에 부족한 줄을 알고 김제의 시골로 물러났다. 사화가 일어나자, 공이 그런 일 때문에 원망하고 있으리라 생각하고 급히 데려다가 **당인**들을 미워하는 데 함께하고자 하여 찬성 벼슬로 다시 불러들였다. 공은 대범하게도 예전 일을 마음에 두지 않고 매번 조정에서 **사림**을 다치게 하는 것이 옳지 않다고 외치며 그들의 금고를 풀어줄 방도를 모색하여 권세 가진 이들의 심기에 거슬렸는데, 노성하고 중망이 있었기에 대놓고 매척되지는 않았고 간신히 조정에 용납되는 지경이었다. 세태가 마음에 들지 않아 비분강개하다가 죽었다.

이계맹은 조광조로부터 마음이 흉포하다는 비판을 받은 바도 있긴 하지만 사관은 그의 졸기에서 군자라 평했고, 그가 찬성이 된 것은 기묘사화 이전에 병무兵務에 아는 것이 없다며 병조판서를 사임하려 하자 이루어진 조치라 하였다. 그 이후에는 죽기까지 줄곧 관직을 이어나갔고 김제에는 휴가 때 가보는 정도였으니, 위 인용 기사는 역사적 사실과 꼭 맞지는 않는다. 하지만 중요한 점은 김정국이 이계맹을 위의 서술처럼 인식하고 기록하였다는 것이다. 그 인식에 따르면 이계맹은 기묘년 전에 일찌감치 낙향한 상태여서 사화의 현장에도 없던 인물이다. 오히려 사화 덕분에 벼슬까지 하게 된 경우이고, 그 후에 사림을 편든 정도이다. 피해라 해봐야 같은 사유 때문에 귀양까지 가게 되었다고 적혀 있는 구수담·이준경【④군】보다도 도드라지게 적은 불이익이다. 더구나 기묘당인을 치기 위해 벼슬을 주어 불러들였다는 이계맹인데도 【①군】에 올랐으니 『기묘당적』이 기묘당인들을 수록하려는 게 아니라는 것을 여기서도 알 수 있다. 【①군】의 편성 성격은 과연 무엇이란 말인가. 그것을 알게 해주는 단서가 '기묘사인', '당인', '사림'이다. 일찍이 기묘사인들이 계맹을 아쉽게 여겼고 그것이 관직을 떠나는 계기가 되었다고 하는 데서, 기묘사인은 이미 기묘년 이전부터 관료로 진출해 있던 사림 세력이라는 점을 짐작하게 해준다.

잘 알려진 대로 중종은 반정을 주도한 성희안, 박원종, 유순정 등이 일찍 죽은 상황에서 자신을 보좌할 인재를 늘릴 목적으로도 사림파를 적극 등용하였다. 그리하여 연산군 때부터 관계에 진출해 있던 사림 출신을 중용하고 신진 사림도 적극 기용하여 새로운 기풍을 일으키려 하였다. 조광조는 이런 분위기에서 1515년(중종 10) 전격적으로 등장하였다. 이때 김정국은 예조참의나 대사간 같은 정3품의 벼슬을 하고 있었고, 형인 김안국은 그보다 더 일찍 관료로 진출해 있었다. 이들은 중종을 보필하여 유교적 이상을 실현하려 애쓰는 인사로 여겨지고 있었다. 사실 조광조는 뒤늦게 사림 관료에 합류한 인물이다. 훨씬 먼저 출사하여 청요직을 섭렵한 김정국 등은 조광조가 추구하는 도학 정치의 실현에 이미 뜻을 두고 있던 사류였고, 그렇기에 조광조의 입각 이후 그의 정치적 노선에 동조한 것이라 할 수 있다. 결국 【①군】은 김정국이 자신과 뜻을 같이하던 동류들을 우선적으로 설정한 범주이다. 그리고 이들이 바로 『기묘당적』에서 기묘사인, 사림으로 표현하고 있는 사류들이라 할 수 있다.

일반적으로 기묘사림은 '중종반정 이후에 등장하기 시작하여 기묘사화를 전후한 시기까지 개혁 정치를 담당했던 사림과 계열의 관료들'로 인식되고 있다. 김정국이 『기묘당적』으로 설정한 기묘사림은 이러한 정의에 제대로 부합한다. 그렇지만 그가 설정한 시한은 기묘사화 이전까지다. 기묘년에 김정국 또한 물러났기 때문에 그와 함께 개혁의 이상을 실현하려 했다가 그해의 사화로 불이익을 입은 이들이 기묘사림인 것이며, 그 이후에 동조하여 가담했거나 희생된 사람들은 제외되는 것이 당연하였다. 또한 그 이전부터 사림으로서 정계에 진출한 관료들 가운데서도 그와 노선을 달리했던 인사들 역시 기묘사림에 끼우지 않는다. 이들은 기묘년에 해를 입었을 리 없으니 기묘당인에도 들지 않는다. 이렇게 볼 때 결국 김정국이 『기묘당적』을 지은 까닭은 자신과 함께 '기묘사화가 일어날 때까지 성리학적 이상에 기반한 개혁을 추구했던 사림 관료들'이라는 의미로서 기묘사림을 설정하고, 그들의 이름과 행적을 남겨 후대에 평가받겠다는 것이라 할 수 있다.

기묘록보유

『기묘당적』(이하 『당적』이라고도 함)이 세간에 유통된 이후에 또 한 종류의 책이 등장한다. 『기묘록보유』이다. 『기묘당적』은 '기묘록'이라 하기도 했으니, '기묘록보유'는 이 『기묘당적』을 보유하였다는, 곧 빠뜨린 것을 보충하였다는 의미가 된다. 그런데 책의 저자가 심상치 않다. 바로 안로이다. 대신들을 제거하려다가 발각된 일에 연루되어 여러 선비들이 죽어나간 신사옥사의 핵심 안처겸의 아들인 것이다. 『대동야승』에 『기묘록보유』(이하 『보유』라고도 함)와 함께 그에 이어 『기묘록속집』(이하 『속집』이라고도 함)과 『기묘록별집』(이하 『별집』이라고도 함)도 싣고 있는데, 뒤의 둘에 대해서는 지은 이를 달지 않고 있다. 세 책이 순서상 밀접히 관계되면서도 서로 내용이 겹치지 않아, 안로 1인의 저작일 가능성이 크다. 『대동야승』에서도 일련의 같은 저술로 보고 맨 앞 책에만 저자를 기록했을 것이다. 『보유』와 『속집』이 안로의 저술이라 하는 기록도 있고, 국외에는 『보유』, 『속집』, 『별집』이 한 책으로 묶여 있는 『기묘록보유』가 전해지기도 한다. 그 밖에도 이들 셋이 하나의 기획으로 지어졌다는 증거는 많아서 동일한 저자의 작품으로 보아도 무방하겠다.

저술 시기는 대체로 선조 때로 본다. 선조에 대하여 묘호를 쓰지 않고 '금상今上'이라 부르고 있고, 안당이 시호를 받은 사실(선조 8)뿐만 아니라 선조 12년(1579)에 일어난 사건까지 적고 있기 때문이다. 그런데 사실은 저술 시기를 구체적으로 알게 해주는 표지가 『보유』의 내용에서 보인다. 거기의 「백인걸전」은 아들 백유함白惟咸이 현재 이조정랑이라는 사실을 전하는데, 『계미기사』나 『계갑일록』과 같은 책도 일치하여 선조 16년(1583) 11월 3일에 그가 이조정랑이 되었다는 기사가 있다. 이미 선조 1년에 조광조가 영의정으로 추증됨으로써 기묘사화와 관련된 복권이 극한까지 완료되었다고 할 수 있던 터에 7년 뒤 안당까지 시호를 받았다는 것은 신사옥사까지도 명예 회복이 되었다는 이야기다. 적어도 정변을 도모하는 실체가 어느 정도는 형성되어 있었다고 할 만한 신사년 사건의 관련자들까지 찬란히 복권되었다는 사실은 성장 가도를 달리는 사림 세력이 국정을 완전히 장악하게 되었음을 보여주는 것이기도 하다.

율곡이 죽은 해이기도 한 1584년에 안로는 『기묘록보유』를 완성하여 유통시켰다. 이 무렵에는 이미 『기묘당적』이 김정국의 바람대로 성리학의 이상을 실현하려다 고초를 겪은 현신賢臣의 명부가 되어 있었다. 기묘당이 되었다는 것을 내세우는 시대가 된 것이다. 더구나 이제는 간당 조의 붕당 죄를 전혀 두려워하지 않고 사람들이 동인이나 서인이라는 당파를 스스럼 없이 표방하는 세상이 되었다. 사형 규정까지 둔 이 조항은 완전히 사문화 되었다. 이때 안로는 무엇이 빠졌다고 해서 『기묘록보유』를 냈을까. 그의 심중에는 신사년 사건을 다시 규정하고, 그를 통해 할아버지, 아버지, 삼촌 들을 비롯한 가문의 명예를 회복하고자 하는 열망이 강렬히 자리 잡고 있 으리라는 것은 전혀 무리 없는 짐작이다. 『기묘록보유』를 세심히 분석해보 면 그것이 보인다. 단순히 『당적』이 소략하여 보충하려는 정도가 아니라, 그런 겉치레 뒤에 깔려 있는 치밀한 의도와 기획들이 확인되는 것이다. 사 실은 그것들이 진정한 목적이며, 보완은 허울이다.

『보유』가 보이는 형식상 가장 큰 특징이라 한다면, 명부의 형식으로 되 어 있는 『당적』을 기반으로 하여 새롭게 열전을 만들었다는 점이다. 곧, 『당적』에 기록된 인물 서술은 생년이나 출신 정도를 보완할 뿐 그대로 수 록하고, 그에 이어 '補보'라는 표식 아래 훨씬 긴 내용을 덧붙이는 방식으 로 수록 인물들을 저마다 하나의 '傳전'으로 구성하였다. 다시 말해, 『당 적』은 명부 형식인 데 비해 『보유』는 열전의 구성을 하고 있다는 것이다. 그런데 『보유』가 추구하는 보충은 여기에 그치지 않는다. 『당적』에 실린 인물들 외에도 32명의 인물들을 추가한다. 결국 ①기존 인물들에 덧붙일 만한 빠진 행적뿐만 아니라, ②들어갔어야 했는데도 누락된 인물들까지 보유補遺하고자 하는 태도이다. 이런 열전의 형식으로 편성하게 되자, 수록 된 127명은 모두가 한 부류처럼 인식되는 체제가 되었다.

『당적』은 인물들을 카테고리를 정해 분류하고 그것을 배열 순서로써 드 러나도록 했는데, 『보유』에서는 이러한 구분을 희석시키는 재구성을 한 것

田里。以薦選朝官至兵曹參判被斥為金海府使又
被捕受訊腳骨折僅免死歸。即治多方得不死丁
李允儉字子文中武科官至工曹參判巳卯為寧海
府使以容匿止人金漢章來受訊免放罷歸憂慎而
卒。
崔命昌字子惟登甲子及第官至叅判被斥居敝地
自金州府卒。拜弘文館副提學。挍論治儒人之不可
被斥居嚴後官至吏曹判書。
李繼孟戊寅生字希聖登巳卯百及第性放遯不拘行
撿巳卯士人以短之自知不足於時論退居金堤
田舍及禍起以公為懷愍緻緩援進欲同嫉儒人引

李思鈞傳

李思鈞辛卯生字重卿及第丁卯重試巳卯目金
州府尹洋弘文副提學椏論治儒人之不可挍所居散
班凌官至史曹判書
補性据彊不拘小卽興乙卯諸公不協屢挍揮論出
為金州府尹及禍起以公馬揀蒼冲莹頻遞除副提學
行邑汲與吾黨當死漢巳嘗挍諭在路中潤其
必親訪責其爲故聚此之實搔于府哭乃別書洋巳
挭陳不可罪之意挍所后散池辛卯三奸敗後始挍

要乙未年間以史曹判書興
義禁府事為特洪
領相遞以史事巳郎沉醉聽宿密欵取
非醉拘隔以迷挻揩作金安老曰遞至沉夢見柬上
有續經目春卽謂曰家君欵使君讀出書云
不知何意如不可不安老大慈欵訊問遞以及其
父訊改底卽并殺之道愛訊道公謙
左右曰還疑眯之章巳怛但逢二天官則當時名君
類也吾詳知廚父憂嬰置之以彀辭不服公謙後乃
莫非聖明之累郎使郎官言常呻其寬名右右
粲黙不語公强侵不巳有欵當同作金相公然後乃

「기묘당적」과 「기묘록보유」

김정국이 저술한 『기묘당적』(위)은 명부 형식으로 정리되어 있으며, 안로의 『기묘록보유』(아래)는
열전 형식으로 서술되어 있다. 위의 『기묘당적』에 보이는 인물은 이윤검, 최명창, 이사균, 이계맹
이고, 아래의 『기묘록보유』는 이사균전의 일부분이다.

이다. 인물들의 순서는 조광조(12번)를 지나서부터는 『당적』과 일치하지 않는다. 이것은 의도적인 것이라 해야 한다. 『당적』에서 김식은 현량과 장원임에도 불구하고 현량과 명단 쪽에 있지 않으며, 김식 사건의 장본인인데도 그 사건 관련자 항목 쪽에 배치되지 않고, 김정국의 앞쪽에 놓았다. 이미 살폈듯이 그는 김정국이 설정한 기묘사림의 일원이기 때문이다. 하지만 『보유』에서는 그를 파방자들의 머리로 배치한다. 이런 조치는 김식을 기묘사림으로 보지 않기 때문이 아니라, 현량과 파방자들도 기묘사림으로 보이도록 하기 위한 의도적인 변경이라 해야 한다. 또한 『보유』는 상권과 그 안에 편성된 추록, 그리고 하권으로 이루어져 있다. 현량과는 추록에, 그 앞의 명단은 상권에, 추가된 인물은 하권으로 깔끔하게 편집할 수 있는 것을 〈도표〉에 보이는 것처럼 일부러 두 명씩 앞뒤로 걸치게 하여 어그러뜨린다. 『당적』에서 설정한 구별을 일부러 모호하게 만들려는 조치라 해야 한다.

　『보유』가 이러한 편제로 『당적』에서의 구분을 무의미하게 하여 한통속으로 만들어버린 까닭을 짐작하려면 보유된 인물들도 살펴보아야 할 것이다. 추가된 인물들의 머리는 파릉군巴陵君이 차지한다. 종실로서 지체가 높기 때문일 것이다. 그는 배다른 형제인 학년鶴年과 함께 기묘년에 조광조를 비호하다가 해남으로 귀양을 가서 거기서 죽었다고 되어 있다. 여기에 등장하는 학년의 행적은 파릉군의 전傳에 그와 거의 동일한 분량으로 실린다. 학년은 기생인 어머니가 정식으로 첩이 되기 전에 태어나는 바람에 천인 신분이었던 것을 왕명으로 종량從良하게 되었으며, 이후 학문을 깨쳐 문사들과 교류하였고, 기묘년 일로 유배되었다가 신사년에는 사형에 처해졌다. 이처럼 그의 비중이 죽음을 불러올 정도로 혁혁하였다면 따로 전을 만드는 쪽이 매우 옳아 보인다. 그런데 「파릉군전」에 덧붙여 실릴 뿐이다. 배다른 형제라 하지만 노비를 겨우 면한 학년과 '군君'의 작위를 갖는 종실 적장자라는 신분 차이를 봐도 같이 묶이기 어려울 듯하다. 아무래도 『기묘록보유』에서 학년은 그의 행적에 견주어 제대로 대접을 받지 못하고 있는 듯하고, 이 책의 목적이 진정으로 행적이 누락된 이들을 보충하려는 것인가 하는 의문도 자아낸다.

보유된 인물들을 기묘사림이 아니면서 『당적』에 실린 이들과 견주어 보면 과연 수록될 만한 수준인지 의아스러운 경우가 많다. 「김덕수형제전金德秀兄弟傳」에 실린 김덕수와 김덕순은 김식의 아들이라는 것 말고는 달리 아무런 관련성이 없다. 목세평은 현량과에서 파방조차 아닌, 아예 붙지도 못하고 떨어진 뒤 과거를 보지 않고 한동네의 신명인과 함께 시와 술로 스스로를 즐겼다는 것이 『보유』에 오른 사유이다. 「신명인전」은 시와 사辭까지 수록하여 보유된 인물들의 전 가운데 가장 긴 장황한 서술인데, 그가 했다는 행적으로 나오는 것이라고는 김식의 시신을 수습한 정도이다. 고운과 같은 경우는 어안이 벙벙할 정도이다. 기묘년에 급제하여 산반으로 있다가 나중에 좌랑이 되어 그 벼슬로 끝났다는 것이다. 그러면서 아들 맹영은 문과에 합격하여 벼슬이 참의에 이르렀고, 손자인 고경명도 문과에 급제하였다는 사실을 붙인다. 마치 이런 이유로 수록되었다는 느낌마저 준다.

이처럼 기묘사림으로 보기도 어렵고 기묘당인이라 할 만하지도 않은 이들도 다수가 『보유』에 '전'으로 편성되어 들어가 있다. 그런데도 기묘당인이라고 할 만한 학년은 「파릉군전」에 부속된 형식으로 수록되었다. 형제이기에 그랬다고 하기에는 「김덕수형제전」과 같은 것이 있어서 설득력이 떨어진다. 『보유』가 지닌 특별한 의도가 여기서도 작용한 것으로 해석할 수 있다. 그 의도란 바로 기묘사화에 신사옥사까지 넣겠다는 것이다. 학년을 비롯하여 시산부정, 송호례, 최수성, 봉천상 등은 안처겸의 사건과 관련하여 죽음에 이른 이들이다. 모두 기묘사림이라 할 수 없는 이들이고, 학년을 빼면 기묘당인이라 하기에도 어려운 이력들이다. 이런 이들을 기묘사림과 연결하기 위하여, 기묘당인 정도가 될 만한 파릉군의 전에다 기묘년에 그와 행동을 함께했으면서도 신사옥사 희생자인 학년을 덧붙여 그 이후 이어지는 신사옥사 관련자들의 매개로 삼은 것이다.

파릉군 이후에는 시산부정, 숭선부정嵩善副正, 장성수長城守, 강녕부정江寧副正으로 지체 높은 종친의 열전이 이어지는데, 이들 모두 신사옥사 관련자이니 학년의 매개 역할은 매우 중요하다. 이런 학년의 전을 따로 만든다면 그것은 종실들의 행렬 사이에 끼울 수 없게 되고, 결국 파릉군 다음에 안처겸 사건 관련자들이 갑자기 등장하여 어색해진다. 그리하여 학년은 기묘사화와 신사옥사에 모두 관련되면서 죽음까지 이를 정도의 행적을 보였음에도 '전'이 만들어지지 못했다. 오히려 그 때문에 『기묘록보유』의 보유라는 저술 목적에 봉사하는 불쏘시개가 되어야 했다. 안가의 배경이 되어줄 만한 이들은 억지로 사유를 끌어다 열전으로 실어주고, 그렇지 못한 사람은 진정한 '신사당인'이 될 만해도 '전'은커녕 전략상의 수단으로 써버리는 데서 진정한 저술 목적이 엿보이는 것이다.

결국 『보유』의 이러한 편제가 지향하는 바는 『당적』에 실린 이들의 구분을 없애고 거기다 신사옥사 관련자들을 얹어 그 모두를 기묘사림으로 만들겠다는 것이다. 곧, 김정국으로서는 결코 기묘사림이라고 생각하지 않는 부류를 세간에 기묘사림으로 인식시키고자 하는 의도가 깔린 것이다.

역모의 재규정

기묘사화의 경우는 중종의 작심으로 추진된 면이 있다. 무엇보다 법 적용까지 미리 계획하는 중종의 치밀한 준비를 엿볼 수 있고, 오히려 신하들이 따라가지 못하고 있다. 하지만 안처겸의 옥사는 고변으로 적발된 실체가 있는 사건이다. 일정한 회합을 이루고 주요 대신들을 척결하고자 했다는 점에 대해서는 고변자나 주요 관련자들, 특히 안당이나 그의 아들들의 진술까지 일치하는 바이다. 더구나 기묘사화 때 관련자들의 무고함을 주장하고 그들을 극력 비호하던 신료들도 이 일에 대해서는 아무도 이의를 제기하지 않았다. 기묘년에 조광조를 있는 힘껏 감쌌던 정광필조차 사건 발발 다음 날 바로 임금에게 "안처겸과 시산부정이 그 악惡의 괴수이고, 그 다음은 권전과 안처근입니다." 하고 보고한다. 그는 가담자 처벌에도 중종보다 오히려 적극적이었다.

임금께서 말씀하였다.

"처겸은 필시 그 사람들을 아니까 종이에 썼을 것이나, 그렇다고 해서 그들 모두가 모의에 참여한 사람들이겠는가?"

정광필이 답하여 아뢰었다.

"광주에 있는 사람들은 반드시 거사할 때 불러 모으려 했던 이들이고, 서울 사는 이들 중에도 그 모의를 안 사람들이 있었다고 생각됩니다."

—『중종실록』 권43, 중종 16년 10월 27일

국왕을 폐위하는 일까지는 시산부정 이정숙과 학년의 진술에서만 나오므로 의심의 여지가 있기는 하다. 그러나 군주의 입장에서는 자신의 수족을 다 제거하고 그 자리를 차지하겠다는 것과 반역은 큰 차이가 없는 일이다. 이러한 실체를 당시에는 아무도 부정하지 않았다.

김정국도 신사옥사가 대신들을 척결하려는 모의가 적발된 사건이라는 점을 부정하거나 의심하지 않는다. 따라서 안처겸 역모 사건의 관련자들은 『기묘당적』에 싣지 않았다. 현량과 파방자 명단을 수록하다 보니 거기에 있는 신사년 관련자들이 포함되었을 뿐이다. 이들 행위에 대한 기술에서 『당적』은 그 입장이 확고하다. 예를 들면 안당의 항목에서 "아들 처겸은 왕의 측근들을 숙청하려고 난을 일으키려다가 발각되어 대역죄로 처벌되었다.(子處謙謀淸君側, 作亂事覺, 以大逆論)"라고 뚜렷이 서술한다. 안처겸의 항목에서도 마찬가지다. 더욱이 동생인 안처함에 관하여는 "형 처겸의 모의를 아버지 안당에게 알렸기 때문에, 일이 발각되었어도 공이 있다 하여 죄를 면하였다."라고 설명한다. 이렇게 무고라는 인식은 찾아볼 여지가 없을 뿐 아니라 기묘사화와는 확실히 선을 긋는다. 그리하여 『당적』이 설정한 기묘사림에는 신사옥사에만 관련된 이들을 찾아볼 수 없다.

김정국이 기묘사림에 끼울 생각조차 하지 않았던 안처겸 옥사 관련자들을 기묘사림에 포함하려는 것이 『기묘록보유』의 목적인 것이다. 이를 위해 『당적』을 보완하는 겉치레를 하면서 편제를 재구성하고 신사옥사의 주동자들을 대거 편입시켰다. 또한 방대하게 보충하는 내용에서는 틈틈이 신사옥사를 정당화하는 서술을 넣어가며 그때까지의 인식을 바꾸는 설명을 되풀이한다. 어떤 면에서는 왜곡이라 할 만하다. 안처겸에 대한 『보유』의 서술은 「안처겸전」에서 그의 현능함을 밝히는 내용과 함께 아래와 같이 보충된다.

신사년에 모친의 복服을 마쳤다. 이때 사림에 대한 권간權奸의 해독이
날로 심각하였다. 언제나 근심하고 두려워하다가 그에 대한 생각에 이
르면 말을 그치고 눈물을 흘리지 않은 적이 없었다. 처갓집에 있으면서
우연히 시산부정, 권전과 사귀게 되었는데, 이들 또한 강직하고 깨끗한
사람들이었다. 세상을 분하게 여기며 회포를 풀다 보니 도를 넘는 줄도
모르고 권간을 제거하여 사림을 달래야 한다거나 하면서 서로 화답하다
가 한담으로 넘어가기도 하였다. 송사련도 함께 말을 거들며 놀았는데,
되려 적심을 품고 남곤·심정에게 아부하여 상을 받을 요량으로 처남 정
상과 함께 이러한 잡담을 가져다가 대신을 모해한다고 고변하였다. 추
관은 이를 두드려 얽어서 억지로 대죄로 밀어넣은 것이었다.

비분강개하여 이야기하다가 도를 넘은 잡담을 가지고 송사련이 고변하
였고 추관들이 이를 키운 무고라는 것이며, 그 배후에는 남곤과 심정이 있
다는 것이다. 당시 중종과 조정이 조사한 사정, 바꾸어 말하면 실록에서
파악되는 내용과 사뭇 다르다. 심지어 『기묘록보유』가 완성되기 서너 해
전에 지어진 안당의 신도비 내용과도 어긋난다. 거기서는 "공의 아들 처겸
은 남곤과 심정이 사대부들을 해친 것을 분하게 여겨 임금 주변의 악을 제
거하려고 모의하였는데, 이때가 신사년이다."라고 한다. 따라서 『보유』가
쓰인 시기에도 안처겸의 모의에 대한 실체는 모두가, 더욱이 안씨 가문마
저 인정하는 사실이었다.
　이는 또한 『당적』에서의 인식이기도 하다. 『당적』은 안처겸 사건의 실

체를 부정하지 않는다. 신사옥사로 말미암아 일부 기묘사림들까지 희생되었는데, 그 경우에도 안처겸 때문이라 하지 송사련은 언급도 하지 않는다. 예를 들면, 이충건에 관하여 "얼마 안 가서 안처겸 옥사(安處謙獄)에 연루되어 신문을 받고 유배되어 가는 길에 죽었다."라고 기록한다. 이처럼 『당적』에서는 관련 항목마다 이때의 사건을 '안처겸 옥사'라고 기술한다는 것이다. 이것이 『당적』에서 안처겸이 빚어낸 사건으로 인식한다는 징표임은 김식 사건에 대한 표현에서도 확인할 수 있다.

『당적』은 김식 사건에 대해서도 그의 행적과 영향은 사실 그대로 기록한다. 곧, 김식 항목에서 "상주에 귀양 가 있다가 변이 일어나자 달아나 숨었고, 그와 관련되어 처벌된 이들이 매우 많았다."라고 서술한다. 기묘사림이기에 그쪽 부류에 수록은 했지만 왕명을 어기고 귀양지를 이탈한 흠을 감안하여 사실상 가장 마지막에 배치했고(56번), 그를 돕거나 숨겨주다가 피해를 입은 이들도 기묘사림으로 말미암은 희생자이기 때문에 『당적』에 실렸다. 특히 김식을 적극 돕다가 고변한 이신(66번)도 실었다. 좋은 내용으로 서술하고 있지 않은 점으로 미루어 김정국도 그를 배신자라 보는 듯한데, 국왕의 입장에서는 그렇다고 할 수 없어서인지 빼지 않았다. 그 나름의 명부 작성 원칙을 지키려는 것 같다.

중요한 것은 『당적』에서 이 사건을 '이신 옥사'라 부른다는 사실이다. 곧, 이신으로 말미암은 옥사로 보고 있다는 것이다. 김식이 유배지를 이탈한 것은 사실이지만 대신들을 제거한다는 것은 당위적 선언이거나 실효성 없는 계획 정도일 터이고, 이신이 이를 과장하여 고발한 탓에 생긴 사건으로 보는 것이다. 이신은 옥고를 치르기는커녕 상을 받았으니, 따지자면 이신 옥사라 부를 만하지도 않다. 그런데도 김정국은 그렇게 기록하였다. 만일 신사년 옥사도 그처럼 파악했다면 '송사련 옥사'라 표기했을 것이다. 하지만 『당적』에서는 그렇게 적지 않는다. '안처겸 옥사'라 기록한다. 이는 안처겸의 모의를 실질적으로 파악하고 있다는, 아니면 적어도 안처겸의 경거망동 때문에 빚어진 일로 보고 있다는 의미다. 반면, 『보유』는 이러한 당시까지의 인식을 바꾸려 하는 것이다.

　신사년 사건의 관련자들이 현신이 되려면, 그들은 정란을 모의한 것이 아니라 조광조 사건으로 말미암은 억울한 희생자여야 한다. 곧, 안처겸 옥사는 신사무옥이 되어야 하는 것이다. 그러기 위해서는 우선 남곤, 심정 등은 척결되어 마땅한 간신이 되어야 하고, 더욱 핵심적인 것으로서 이 사건은 송사련이 없는 일을 꾸며 얽은 것이 되어야 한다. 그래야만 신사옥사의 관련자들을 『기묘록보유』에 올려 『기묘당적』의 인물들과 엮을 거리가 생긴다. 그러다 보니 『보유』에 가장 많이 나오는 인명이 송사련이다. 무려 18명의 전에 등장하여 이들의 고초는 다 그 때문이라고 서술된다. 세뇌시키는 수준으로 보일 정도이다. 당연히 『당적』에서 안처겸 옥사 때문이라고 설명하는 항목에도 어김없이 '보'를 붙여 송사련의 무고로 벌어진 일이라고 설명을 단다. 그뿐만이 아니다. 『속집』 「화매禍媒」에는 송사련의 전도 만들어진다.

송사 준비

　『보유』는 어쨌든 『당적』의 기본 구성을 따르는 방식이고 『별집』은 주요 인물들의 상소 몇 편을 모아놓은 정도이지만, 『기묘록속집』은 안로 자신이 구성한 것으로서 그가 추구하는 실질이 가장 많이 담겨 있는 저작이다. 『속집』에는 『보유』에 관련된 자료들을 싣는 형식으로 되어 있어 「별과시 천거인別科時薦擧人」, 「신원소장伸冤疏章」, 「만력기묘 좌참찬 백인걸 소萬曆己卯左參贊白仁傑疏」 등처럼 기존의 문적들을 구해 수록하기도 하였지만, 「좌당인원坐黨人員」, 「구화사적構禍事蹟」, 「주간죄목誅奸罪目」, 「화매禍媒」와 같이 스스로 구성한 저술을 넣기도 하였다. 특히 후자 쪽에서는 저자가 추구하는 의도가 명시적으로 확인되며, 이들의 적절한 배열을 통해 그 목적을 극대화시키려 한다.

『당적』에서 김정국은 기묘사화 때까지 성리학적 이상을 실현하기 위해 함께했던 기묘사림에다 신사옥사 관련자들을 포함할 생각이 전혀 없었고, 안처겸 등이 모의한 사적에 대해서도 인정하고 있다. 안로는 이런 인식을 바꾸어 『보유』에서 안처겸 옥사를 기묘사화에, 그 관련자들을 기묘사림에 포섭시키려 한다. 이러한 의도는 『속집』에서 뚜렷해진다. 「구화사적」, 곧 사화를 얽은 사적에서 저자는 기묘사화와 신사옥사를 일련의 과정으로 엮으면서 심정과 남곤의 악행, 송사련의 무고를 그려낸다. 앞서 보았듯이 남곤 등은 조광조의 사형을 막으려 극력 애썼으며, 안처겸의 옥사에서는 남곤과 심정뿐 아니라 그 어느 누구도 관련자들을 구호하려 하지 않았다. 하지만 안처겸, 시산부정, 권전 등이 심정, 남곤 들을 숙청한다고 떠들다가 무함된 일이라고 주장하는 입장에서는 심정과 남곤은 악인이 되어야 한다. 이들은 기묘년에는 조광조를 없애기 위해 사화를 일으켰고, 조광조의 추종자들을 멸절하기 위해 신사년에 억지를 꾸민 이들이 되었다. 그리고 「구화사적」에 부기된 「주간죄목」에서 심정과 남곤이 뒷날 탄핵되는 과정을 사필귀정으로 설명한다.

「구화사적」에 이어지는 「화매」, 곧 사화의 매개자에서는 그렇게 지목된 이들을 열전의 형식으로 꾸몄으니, 거의 악인전이라 할 만하다. '심정전', '남곤전'이 머리를 장식하고 '홍경주전', '이항전', '이빈전', '성운전'이 이어진다. 서술에서 악감을 감추지 않는다. 『당적』에 실렸지만 『보유』에서 빠졌던 이신은 이들 다음에 '이신전'으로 엮인다. 이어 '송사련전', '정상전'으로 끝난다. 기묘사화, 김식 사건, 신사옥사의 기획자와 그 가담자들 순서로 엮은 모양새다. 세 사건을 일련의 과정으로 포섭함으로써 이들 피해자 모두를 기묘사림으로 편성하고, 특히 안처겸 옥사의 관련자들에 대한 정당화를 꾀하는 의도적 작품으로서의 성격이 여기서 극대화된다. 안처겸 등의 주된 척결 대상인 심정과 남곤은 모든 사건에 관계되는 데다 신사년의 모의 또는 비분강개를 정당화하기 위해서는 악인이 되어야 한다. 「화매」는 그것을 위한 편성인데, 당시 그 나름 명망이 있던 남곤에 공이 많이 들어갈 수밖에 없어서인지 '남곤전'이 가장 길다. 김식이 품고 있었던 상소문에서도 심정을 극렬히 비판할 뿐이고 남곤을 그에 덧붙이거나 하지 않는다.

중종의 입장에서 송사련은 당상관의 품계까지 내려줄 공신이었다. 그가 알린 정난의 내용이 적어도 대신들을 척살하려 했다는 구체적인 것이었다는 데는 당대의 이론 없는 인식일 뿐 아니라 기묘사림의 명부를 만들고자 했던 김정국 또한 명확한 표현으로 인정한 바이다. 이러한 신사옥사를 기묘사화에 붙일 만한 정당한 사유로 되도록 하기 위해서는 역모로 공인된 이 사건의 실체를 부정해야 하는 것이 필수적이다. 그래서 『보유』에서는 가장 많이 나오는 인명이 사련祀連일 만큼 거듭하여 그의 무고 때문이라는 이야기를 올렸고, 마침내 『속집』에서는 그것을 총정리한 '전'을 실었다. 이 '송사련전'은 그의 출신 배경부터 사후까지 서술하며, 분량도 '남곤전' 다음이다.

'송사련전'은 앞으로 문제가 되는 감정을 노비 중금이 안돈후에게 오기 전에 낳은 딸이라면서 어려서부터 행실이 나빴다는 서술로 시작한다. 곧, 송익필, 송사련의 조상인 감정이 안돈후의 딸이 아니라 근본도 모르는 불량한 계집종이라는 인식을 심어주려는 의도인 것이다. 「안가노안」에 보이는 안씨 집안의 소장訴狀에서는 감정의 아버지가 안돈후인 것을 처음부터 사실상 인정하는 것으로 보아, 진실이 아닌 기록이라 하겠다. 안로 또한 알면서 일부러 그러는 것이다. 송익필의 선조는 반편 양반도 아닌 음란한 천출이고, 따라서 그 행실도 비루하였으며, 그것이 자손의 행적으로 나타난다고 세상에 알리고 싶은 것이리라. '송사련전'에 기술된 감정은 이렇다.

성질이 교활하고 간사하여 열 너덧 살 때 무도한 말을 하였다. 어긋남이 점점 심해진다고 사예司藝가 노하여 아들 안총더러 발바닥을 세게 때리게 하니 발가락 몇 개가 부러지고, 배천의 외가로 보내졌다. 계묘년(1483) 사예가 세상을 떴다. 사예의 아들 정민공貞愍公, 그 형인 부사 안장, 정랑 안총, 의정 김응기의 부인을 모두 중금이 길러 혼인시켰기 때문에, 이들은 중금이 갈 곳이 없게 된 것을 가엾이 여겨 감정을 배천 사는 갑사 송작은쇠에게 시집보냈고, 그의 아들 린을 관상감에 소속시켜 관직이 주부에 이르게 하였다. 홍치 무신년(1488)에 사련이 출생하였고 커서 의관이 되려 했으나, 그 어미가 속량하지 못했다 하여 거부되었다. 그래서 천문학으로 들어갔는데, 그 아비가 이미 관상감 판관으로 있었고, 안린의 아우 안당이 그때 지리학 쪽으로 벼슬을 하는 데다 의정 김응기가 또한 제조였던 덕분이다.

감정의 아버지가 안돈후가 아니라고 한 것처럼 사실에 맞지 않는 기술이 여전히 많다. 감정의 남편은 송린이며, 그의 아버지가 송작은쇠이다. 송사련의 출생도 1488년이 아니라 1496년이다. 하지만 안로에게 그런 것은 중요하지 않다. 송사련이 비천해 보이도록 하면 되는 것이다. 그래서 계집종이라는 감정과 결혼한 이의 이름도 '린'보다는 천해 보이는 '작은쇠'로 한 것이다. 또 어미가 속량되지 않았다는 이야기를 하기 위해 신분 때문에 의관이 거부되었다는 이야기를 적어넣은 것이고, 그렇다면 송사련이 관상감 판관까지 되었다는 현실과 맞지 않는 데 대한 설명을 하기 위해 뒷배로 들어갔다는 장황한 서술을 하는 것이다. 송사련의 아버지나 외할아버지 모두 자식을 보충대에 입속시킬 자격이 있는 이들이다. 혹시나 감정이 속량되지 않았더라도 그의 남편 송린은 아들 사련을 속량시킬 수 있는 상황인 것이다. 벼슬까지 시킬 아들을 송린이 일부러 속량시키지 않을 이유가 있을까 싶다. 안로의 설명은 궁색하다. 그런데도 굳이 속량 문제를 언급하는 것은 이후를 위한 준비 때문이다.

버릇없는 계집종을 잘 돌보아 혼인을 시켜주고 그의 자식 사련은 벼슬까지 하게 해주었는데도 사련이 은혜도 모르고 상전댁을 배반하였다는 이야기가 이어진다. 그에 대한 비판이 담긴 김안국의 평도 싣는다. 김안국은 『기묘당적』의 저자 김정국의 형이다. 송사련의 죽음도 경연에서의 비판을 언급하면서 세간의 지탄 속에 맞이하게 되는 느낌이 나도록 서술한다. 이어서 자식들은 서얼인 주제에 법을 어겨 과거를 보려 했다가 정거停擧되어 풀리지 않고 있다는 것으로 끝맺는다. 그리하여 『기묘당적』에서 안처겸 옥사라 했던 것의 실체는 『기묘록속집』의 '송사련전'에서 아래와 같이 바뀌어버린다. 『기묘록보유』의 여러 전들에서 단편적으로 기술하던 것들의 정

『기묘제현전』

김육金堉(1580~1658)이 김정국의 『기묘당적』과 안로의 『기묘록보유』를 바탕으로 1638년(인조 16)
에 펴낸 책이다. 기묘사화 관련 수록 인원은 218명으로 크게 늘어났다.
김육은 김식의 4대손이다.

리이기도 하다.

신사년 겨울 처겸이 친우와 한담하면서 아무개를 제거하면 사람을 위로
할 수 있다는 말을 하였다. 사련이 듣고 요행히 계교를 얻었다고 여겨
우스갯소리를 하는 척하며 함께 말을 주고받았다. 이런 언사를 교묘하
게 꾸며 처남인 정상과 함께, '대신들을 모해하려 한다'고 고변하였다.
그 실체가 없다고 할까봐 처겸 어머니 초상 때의 조문명부와 초빈初殯·
장사 때의 인부 명단 등을 가지고 가서 거사를 위한 모집이라 하였다.
또 정상과 사귀는 무뢰배 4, 5인을 참모라 하였다. 영의정 정광필, 좌의

정 남곤, 의금부 지사 심정, 승지 윤희인, 조옥곤이 임금의 명을 받아 함
께 국문을 하여 옥사가 진행되었다. 남곤과 심정은 자신들을 건드리려
한 데 노하여 조밀하고 혹독하게 신문하고 대죄로 밀어넣었다.

우군들

『보유』와 『속집』에서는 송사련이 실체가 없는 일을 꾸미고 간신들이 확
대시킨 무옥으로 신사옥사를 재규정하여 그 관련자들까지 기묘사림으로
만들려는 목적을 뚜렷이 볼 수 있다. 그리고 거기에는 그에 못지않게 중요
한, 아니 사실은 이를 위해 여태까지의 작업을 한 것일지 모르는 다른 목
적이 도사리고 있다. 바로 복수이다. 곧, 안씨 가문을 한때 나락으로 빠뜨
렸던 송사련에게 맺힌 한을 풀고자 하는 것이다. 당시의 고변자는 죽고 없
으니 보복은 그 자식들에 대하여 이루어질 것이다. 송사련의 자식들은 모
두 뛰어난 명성을 얻고 있었으며, 특히 송익필은 성혼, 이이, 정철, 윤두
수 등 명망 있는 서인의 대가들과 두터운 교분을 가지며 대학자로 추앙받
고 있다. 거기다 김장생, 김집, 정엽과 같은 쟁쟁한 신진들이 제자로 몰려
든다. 그의 맏누이는 종실인 한원수漢原守와 혼인하였다. 이런 거목을 쓰러
뜨려야 하는 것이다. 일단 『기묘록보유』와 『기묘록속집』을 통해 이런 송씨
가문에 천한 피가 흐른다는 것을 밝히고, 그렇기에 비루한 배신과 무고의
행실을 하였고, 나아가 사실은 현재도 노비 신분이라는 인식을 세간에 뿌
려지도록 하였다. 하지만 송씨 집안을 흠잡고 헐뜯는 것만으로는 분이 풀
리지 않는다.

『보유』가 저술된 지 한두 해 뒤(1585·1586, 선조 18·19)에 안씨들은 송씨 집안 전체가 자기 집안의 노비이니 잡아다가 부리겠다는 내용으로 소를 제기한다. 그 이전에 이루어진 『보유』의 유통은 신사년 사건이 역모가 아니라 사화를 일으킨 난신들의 척결에 관련된 정당한 것이었으며, 그 옥사도 간악한 이의 무고로 말미암은 사건이라고 사회적으로 재인식시키는 데 기여했을 것이다. 곧, 사림의 세상에서 이 소송을 정正과 사邪의 대결, 선과 악의 결전으로 인식시키도록 만들었다. 이는 안가의 우호 세력을 확보하는 데도 기능하였다. 실제 소송도 안씨들에게 우호적인 분위기 속에서 진행되었다. 이는 『기묘록보유』를 저술하다 보니 생긴 부가적인 효과가 아니다. 이미 책에서 그것을 위한 실질적이고 구체적인 조치가 장착되어 있다. 이제는 영광스러운 명부가 된 『기묘당적』에, 이미 살폈듯이 32명이나 더 넣어준 것이다. 거기에다 현재 벼슬하고 있는 자손들까지 반영해주었다. 그런데 이에 그치지 않는다. 이 영광스런 전적에 실리는 이름은 더욱 늘어난다.

1519년(중종 14)의 현량과는 120명을 추천 받아 28명을 뽑은 것인데, 합격자들은 『당적』에 명단이 실렸고, 떨어진 이들 가운데 14명은 『보유』에 저마다의 전으로 수록되었다. 이들에 들지 못한 78명까지 실어주는 인명록이 「별과시 천거인」이다. 형식은 『당적』과 비슷하게 되어 있다. 간당의 무리를 기록한다고 하여 만들어진 원우당적이 후대에 자랑스런 현신의 명부로 여겨졌듯이, 간당 조의 형률을 적용받아 고난을 입은 이들의 명단으로 작성된 『기묘당적』은 기묘사화가 공식적으로 재평가되자 그때부터는 거기에 들었다는 사실을 자랑스러워할 수 있는 명부가 되어버렸다. 따라서 이를 기반으로 하면서 빠진 것을 보충한다는 『기묘록보유』에 실리는 것은 기묘사림과 동류가 되는 기꺼운 일이 된다. 그러니 『보유』에 전으로 들어간 경우는 말할 것도 없고, 그와 한데 묶여 있는 『속집』에다 "그 선행이 멸실될까 두렵다"면서 명단이 수록된 것은 관련자와 그 자손들이 쌍수를 들어 반길 일이다. 이들은 기꺼이 안씨 집안의 우호 세력이 되어줄 것이다.

안로는 이 작업을 꾸준하고 부지런히 해왔다. 한 예가 1579년(선조 12)에 작성된 「천거방목후발薦擧榜目後跋」이다. 이는 『기묘록보유』에서 편제에 어울리지 않는 형태로 수록되어 있는데, 안로가 일부러 두 번째로 돌아오는 기묘년에 맞춰 기획한 「천거방목」에 노수신이 쓴 추천사이다. 명사들에게 이런 부탁의 계기를 만드는 일 또한 우군의 저변을 넓히는 작전이 된다. 또한 『기묘록보유』를 만들기 위한 자료를 수집한다면서 관련자들을 일일이 찾아다니며 이야기하고 억울함을 호소하였을 것이다. 듣는 이들은 사림의 대의를 내세우면서 자신들의 명예도 높여주기 위해 애쓰는 아비 잃은 안씨 집안의 아들을 기꺼이 위로하고 돕겠다고 했으리라. 게다가 눈엣가시인 송익필과 송한필을 날리고자 하는 동인들도 적극적으로 손을 내밀었다. 안로의 『기묘록보유』는 가문의 권위를 회복하고 신장하며 원수를 갚으려는 지극히 개인적인 목적을 이루는 데까지도 훌륭히 이바지했다. 안씨 집안은 소를 제기할 모든 준비를 갖추게 되었다. 저술이 완성된 다음해, 드디어 안로의 아내인 윤씨를 필두로 안씨 집안 27인은 70여 인의 송씨 집안 사람들이 자신들의 노비라 주장하면서 소장을 제출한다. 조선을 뒤흔들 소송의 서막이 오른다.

言中有言 1

시효와 정의

시효라는 것은 권리를 희생시킬 수 있다는 점에서 정의와 충돌하는 면이 있다. 그래서 소멸시효 제도가 어떻게 정당화될 수 있는지는 오랜 논란 거리이기도 하다. 가장 잘 알려진 것은 "권리 위에 잠자는 자는 보호받지 못한다."는 말이다. 이는 사회 일반에서도 종종 입에 올릴 정도이다. 대학 시절 민법 시간에 교수님께서는 "권리라는 것의 성격에 비추어 볼 때 이 말이 타당한가. 권리는 그 위에서 잠잘 수 있는, 곧 마음대로 누리고 처분할 수 있는 게 아닌가." 하는 화두를 던지셨다. 그때 법 공부가 이래서 재미있구나 했기에 지금도 기억한다. 이 물음에 관하여는 법대생의 유명 교양서 『권리를 위한 투쟁』(1872)에서 예링(Rudolf von Jhering)이 한 대답이 있다. 권리의 포기가 저마다의 자유일 뿐이라는 태도로 나아가게 되면 권리가 경시되고 침해되는 경향이 일반화되어 마침내는 권리가 유린되는 사회가 되고 말 것이다, 권리의 행사는 의무이다! 이는 시효제도에 관한 가장 일반적인 근거로 되고 있으며, 위 법언法諺 또한 여기서 유래한다. 소멸 시효로 말미암아 권리를 상실하는 것은 의무를 방기한 데 대한 대가라는 것처럼 들린다. 하지만 예링은 피 흘려 얻어낸 근대적 권리에 대한 중요성을 강조하려 했던 것이지, 소멸시효가 의무 태만의 효과라는 이론을 세우려 한 것은 아니다. 법학적 사고를 자극하는 은사님의 화제도 이를 일깨우시려 했던 것이리라.

소멸시효의 근거로는 법정 안정성, 곧 현재까지 이루어진 사회질서의 안정을 위해서 필요하다는 이유를 들기도 하는데, 이것이 현실적인 근거일 수 있지만, 개인의 정당한 권리가 사회의 목적으로 희생되어야 한다는 것이기에 정당화의 논거로는 알맞지 않을 수 있다. 그래서 정당성과 현실성의 문제를 나누어서 생각해보고 싶다. 시효제도는 오랜 사회적 경험으로 인정된 개연성으로부터 유래한다는 데서 정당성을 찾을 수 있다고 본다. 일정한 상태가 오랫동안 안정적으로 지속되어오고 있다는 사실 자체는, 그것이 진정한 법률관계에 기반한다는 데 드높은 개연성이 있다는 것이기도 하다. 그렇기에 사람들은 의심 없이 그 기초 위에 새로운 권리—의무 관계를 쌓아가는 것이다. 이처럼 그 나름대로의 정당한 법적 인식이라는 토대가 있기에, 그 위에 성립되어온 법률관계를 근본부터 무너뜨려 재구성하는 것은 사회에 큰 부담이 되므로 허용하지 않아야 한다는 법적 안정성의 현실적 논리도 설 수 있는 것이다. 입증 곤란의 구체를 근거로 드는 데 대하여도 마찬가지로, 시간이라는 것이 증거의 보존을 어렵게 하는 요인이기도 하지만, 사회에서 인정되는 고도의 개연성이 주는 신뢰 때문에 오랜 세월 동안까지는 증거자료를 보존하지 않는 것이라 설명할 수 있다.

그러나 긴 시간 지속된 상태에 결코 정당성을 부여할 수 없는 실질적인 부당함이 뚜렷한 원인으로 작용하고 있는 경우에까지 시효라는 이름으로 그 상황을 인정해야 하는가 하는 문제가 지금도 종종 일어난다. 얼마 전에 있었던 일제의 강제징용 관련 판결에서도 소멸시효의 논란이 있었다. 종군위안부에 대해서도 그랬다. 더욱이 어느 일본계 다국적기업의 광고에서

"I can't remember that far back."이라 말하는 부분을 굳이 "80년도 더 된 일을 기억하냐고?"라는 번역 자막으로 한국 방송에 내보냈다. 우리나라에서 80년도 더 된 일이면 일제 말기에 일어난, 인류에게는 차마 잊을 수 없는 일이 떠오르는데, 당시의 사건들에 대해 왜 아직까지 기억하여 들먹거리느냐고 빈정거리는 것처럼 해석되기 쉬웠다. 은근히 소멸시효의 논리가 바탕에 깔려 있기도 하다. 비인도적 범죄를 저지르고 끊임없이 그에 대해 은폐하고 누출을 억압해오다가 시효가 지났다며 취급조차 않겠다는 태도에 대하여는 우리뿐 아니라 사해동포의 양심이 분노한다. 이런 사례들에 대해 일본의 하급심법원 중에서는 더러 소멸시효의 완성을 인정하지 않는 획기적인 판결을 내린 일도 있었지만, 상급법원에서 모두 뒤집혔다.

세계시민이 분노하는 일본의 태도에 대해서, 개인적으로는 우리도 함께 비난할 자격이 있는지 반성해보아야 한다고 생각한다. 대한민국은 비인도적 국가 폭력의 역사를 최근까지 써왔다. 그런데 이에 대한 대처는 일본 못지않다. 아니 더할지도 모른다. 1980년 국민에 대한 학살까지 자행하며 집권한 신군부는 사회 기강을 세운다는 구실로 이른바 삼청교육대에 불법으로 사람들을 감금하여 교화(?)시키는 사업을 진행하였다. 6만 명이 넘는 사람을 검거하여 4천 명가량을 집어넣었다. 교화 내용이라는 것은 수십 명이 죽어나갈 정도로 계속되는 가혹 행위뿐이었다. 1987년 민주화투쟁 이후에야 피해자들은 목소리를 낼 수 있었고, 1989년 노태우 대통령은 보상을 약속하는 담화를 발표하여 신청도 받았지만 결국 없던 일로 해버렸다. 이런 말도 되지 않는 일을 당하자 피해자들은 결국 사법부에 구제를 신청하였다. 이때 국가는 소멸시효가 완성되었다는 주장을 하였다. 소멸시효는 일반적으로 10년이지만 국가와 관련해서는 5년이 된다. 그리고 이 기간의 계산은 권리를 행사할 수 있는 시점부터 따진다.

우리 대법원은, 삼청교육대에서 구타를 당했거나, 거기서 풀려났거나, 계엄이 해제되거나 한 시점인 1980년부터 시효기간이 개시된다고 보아, 소멸시효가 완성되었다고 하여 피해자들의 청구를 배척하였다. 자신을 잡아간 서슬 푸른 군사정권 아래서 간신히 살아 나온 것만 해도 다행인 날이 손해배상 청구를 할 수 있는 상태가 된 시점이라는 것이다. 재판 청구 같은 짓을 했다간 다시 끌려 들어갈까봐 몸서리친다는 걸 온 국민이 다 안다. 대법원만 모른다. 소멸시효를 배제할 수 있는 다른 논리는, 그 주장을 하는 것이 신의성실 원칙의 위반이라거나 권리의 남용으로 금지된다고 보는 것이다. 국가가 국민에 대해 저지른 비인도적 범죄에 대하여 국가 스스로 소멸시효를 주장하는 행위는 그에 해당한다고 봐야 하지 않을까. 하지만 대법원은 이것도 인정하지 않았다. 대법원의 굳은 입장 때문에 하급심에서는 국가의 소멸시효 주장에 대하여 "구차한 방어방법"이라 비난하면서도 인정하지 않을 수는 없었다. 일부 법관들은 그간 대법원이 보인 태도와 법리에 비추어 봐도 옳지 않다는 비판의 글을 발표하기도 하였다. 국민과 유리된 사법부의 문제는 여기서도 엿볼 수 있을지 모른다.

국가가 인권유린을 자행하고 그에 대해 강압으로 침묵시키며 문제가 되자 배상의 제스처를 보이다가 유야무야시키고, 급기야 호소에 지친 피해자들에게 소멸시효를 주장하는 행태를 보이는 것을 국가 본연의 모습으로 받아들여야 할 것인가. 사적인 법질서 속에서는 국가도 사인처럼 다루어져야 한다. 그러나 이는 상하 관계의 고권적 지위에 서지 않는다는 의미이지, 저잣거리의 사람들과 똑같이 행동하라는 것은 아니다. 공공복리를 실현하는 사회 전체의 봉사자로서 국가의 성격이 이 영역에서만은 사라진다고 볼 수 없기 때문에, 국가는 다른 사적 주체들과 달리 공공성과 신뢰성을 갖고 행위해야 하며, 법질서 안에서도 당연히 그러한 존재로 상정되어 있다. 이렇게 볼 때 국가가 국민에 대해 저지른 비인도적 범죄에 대하여 국가 자신이 소멸시효를 주장하는 것은 행위라고도 인정되지 않아야 함이 마땅하다. 이후 국가 폭력에 관련된 사건에 대해 입법적 해결이 꾀해지기도 하고, 관련 위원회가 설치되어 지속적인 조사가 이루어지기도 했다. 대법원에서도 국가의 소멸시효 주장에 대해 신의성실의 위반 또는 권리 남용이라 하여 배척하는 판결들이 나오기 시작했고, 이는 이어져 일제 강제징용 판결에서도 소멸시효 주장을 인정하지 않았다.

하지만 미진한 점은 아직도 무수하다. 국가의 비인도적 폭력의 사례로 민간인 학살만큼 참혹한 것이 어디 있을까. 저항도 못하는 이들, 특히 어린이나 노인, 부녀들에 대해 자행된 집단 학살이 한국전쟁 중에 적지 않았다. 국제적으로 유명한 노근리 사건도 있지만, 거창 학살의 경우는 사건 당시에 이미 공식적으로 인정된 사안으로서 밝혀진 희생자 719명 가운데 15세 이하 어린이가 태반으로 359명이나 된다. 그런데도 그에 대한 보상 입법의 시도는 번번이 실패하고 있다. 민간인 희생자 유족 단체들의 배상 청구는 이제까지 법원에서 판결이 일관되지 않았다. 주로 소멸시효의 인정에 대한 차이 때문이다. 거의 같은 날에 상반된 판결이 나오기도 했다. 배상 판결에 대해서도 정권의 성향에 따라 국가는 상고하기도 하고 그러지 않기도 한다. 배상 액수도 사건마다 서로 차이가 나고 다른 인권유린 사건에 견주면 터무니없는 액수이다. 사죄와 배·보상에 대한 정부나 국회의 정책과 입법은 아직 없다고 해도 과언이 아니다. 비용이 많이 든다는 이유도 공공연하게 제기한다. 그것을 들먹이는 것 자체가 국제적 수치이지만, 그 재정 부담이라는 것이 과연 강에 푸르딩딩한 이끼를 만드는 데 몇 십 조를 붓는 나라에서 감당 못할 금액일까도 싶다. 기업을 살린다는 데에도 조 단위를 투입하지 않는가. 무엇보다도 우리 땅에서 자행된 비인도적 만행에 침묵, 외면, 억압하는 대한민국이 당당히 일본과 마주하여 인권과 인도주의를 외치며 일제의 악행에 피를 토할 수 있겠는가. 정부는 사법부 판결을 내세우며 뒤로 숨고 있다. 하지만 우리 법원 또한 그간의 태도에 대해 반성할 면이 적지 않은 존재이다.

사람들은 정의를 찾아 법정으로 온다. 소송에서 정의가 실현되는 것일까? 정의를 억누르는 수단이 되지는 않는가? 이런 물음은 과거라고 다르지 않다. 잘 보면 소송제도 자체의 문제가 아닐 수도 있다. 400년도 훨씬 전에 안씨 문중과 송씨 가문 사이에 벌어진 소송은 당시뿐 아니라 이후까지 이런 논란의 대상이었다. 정의를 실현한 판결이라는 쪽과 부정의하기 이를 데 없는 재판이라는 반론이 치열히 대립한다. 시효가 주요한 논변이었다. 이 사안에서 생각해보게 되는 시효제도의 존재 의의, 재판을 통한 정의 실현, 소송제도의 역할 따위는 오늘날에도 보편적인 고민을 하게 만드는 말머리가 될 수 있다.

3장 송사의 배경

소 제기

신사년 옥사에 대한 인식을 바꾸어 가문의 명예를 회복하고 송사련에게
사림을 도륙한 죄업을 지우는 데 결정적인 역할을 한 『기묘록보유』와 『기
묘록속집』이 완성되어 유통된 이듬해, 곧 1585년(선조 18) 말엽에 안씨 집
안은 소를 제기한다. 가세의 회복을 위해서 한평생 몸 바쳐 애써온 안로는
바로 얼마 전에 죽었다. 족보에 따르면 10월 13일이 제삿날이라고 하니,
제소는 거의 12월이 되었을 무렵일 게다. 제대로 송사를 일으킬 시기만을
살피면서 착실히 준비를 해왔던 안로는 결국 소장의 접수가 이루어지는
감격스러운 장면을 보지 못한 것이다. 향년은 일흔을 넘겼을 것으로 추산
된다. 소 제기에는 안당의 장손 안로의 아내 윤씨가 원고들의 머리를 장식
하고 여타 안씨 일족이 참여하였다. 안로를 도와 그의 사후까지도 실무를
맡은 이는 외교문서를 담당하는 승문원承文院 소속의 역관 안정란安廷蘭이

다. 송씨 집안의 주장에도 "안정란이 앞장서 족당을 이끌었다"는 말이 나온다.

안정란은 안씨 집안의 서얼이다. 앞서 안처함의 아들로 신원 상소를 올린 안윤이 안정란이라는 기록이 있고, 안윤에 대해서는 안처근의 아들이라는 이야기도 전한다. 『동소만록』에서이다.

> 그때 처겸의 아우 처근의 천첩이 임신한 채 도망하면서 감정에게 교부된 문권들을 몰래 품고 갔다가 아들 윤(일명 정란)을 낳았고, 훗날 장성한 그에게 문권과 유서를 주어 복수와 신원을 하도록 하였다. 명종 때 병인년(1566)에 글을 올려서 억울함을 호소하여 안당 재상이 비로소 관작을 회복하였고 처자식의 연좌가 풀렸으며, 선조 때에 이르러서는 을해년(1575)에 정민이라는 시호가 내려져 제사를 드리게 되었다. 윤은 해보려는 생각이 있었지만 고독한 얼자로서 걸쳐볼 세력이 없는 데다 상전은 약하고 노비는 강하여 대적하기 어렵기에 망설이다가 다시 4, 5년이 가도록 해보지 못하였다. 어미가 연로해지자 그 복수를 하지 못할까 두려워 마침내 문권을 겨드랑이에 끼고 장예원에 가서 소를 제기하였다. 이때 사련은 이미 죽었고, 그 아들 부필, 익필, 인필, 한필은 율곡, 우계, 송강과 더불어 그 권력의 기세를 한껏 일세에 구가하고 있었다. 송관들은 잇달아 회피하고 심리하지 않은 채 달포가 지났다.

이에 따르면 윤과 정란은 같은 사람으로서, 처근의 천첩에서 난 자식이다. 하지만 족보는 물론 이이가 쓴 안당 신도비에는 윤이 안처함의 아들이며 어머니는 종친부 전첨 벼슬을 지낸 윤수륜의 딸이라 하고 있어, 천하지도 않을 뿐 아니라 첩의 자식 또한 아니다. 율곡 스스로도 밝혔지만, 그의 조카가 안윤의 아들인 안수기의 사위이니 잘못 적었을 리 없다. 더구나 당대에 저술된 것인 데다 안씨 가문이 소장하는 기록이기도 하다. 150년이 지나 저술된 『동소만록』은 당쟁에 관련된 여러 기사를 전하는 중요한 자료인 점은 틀림없으나, 그 가운데에는 이처럼 검증이 필요한 내용들도 적지 않다. 다만 그런 자료들에서도 동인, 그중에서도 남인들에게 전해지는 이야기와 시각을 확인할 수 있다는 가치는 놓칠 수 없다. 곧, 안정란이 처근의 천첩 자손으로 알려져 있기도 하다는 것과, 소 제기가 이전부터 준비되고 더러 시도되기도 했다는 것을 짐작할 수 있다.

일반적으로 안정란은 안로의 조카로서 어머니 쪽이 천하여 안당의 얼속이라거나 안처겸의 얼손으로 소개되며, 현전하는 족보에도 안로의 동생인 율瑮의 아들로 되어 있다. 송사련도 사실상 안가의 얼자라는 점을 감안하면, 한집안에서 충직한 서얼이 배반한 얼손을 징치하는 데 나서는 모습처럼 보일 수도 있겠다. 일부러 이런 모습을 연출했다고도 할 수 있겠지만, 안정란은 문장이 뛰어나다는 평가도 받고 있었다. 1574년(선조 7) 허봉許篈(1551~1588)이 서장관으로 사절단을 이끌고 명을 다녀온 일기에는 "안정란에게 운을 주고 시를 지으라 하였더니 금세 제출하였는데, 문채가 청초하여 볼 만하였다."는 기록이 나온다.

안정란은 송사를 일으켜 송씨 집안을 노비로 삼겠다는 이야기를 공공연하게 하고 다닌 듯하다. 사회 분위기의 변화, 시호까지 내려진 안당의 찬란한 복권, 그간의 치밀한 소송 준비 등에 따른 자신감이었으리라. 정치적으로는 이이의 죽음으로 서인의 위세가 떨어지고, 자기들을 밀어주는 동인의 기세가 등등해졌다. 거기다 자신의 재능에 대한 자부심 또한 있었다. 하지만 그 역시도 얼자, 곧 노비의 자손이다. 송익필이 탁월한 식견에도 등 뒤에서 손가락질의 대상이 되기도 했듯이, 안정란도 훌륭한 기량에 으리으리한 뒷배까지 차고 있었지만 "저도 천한 것이 …" 하는 시선을 받지 않을 수 없었다. 이런 정황이 엿보이는 기사가 있어 슬프기도 하다. 안정란 또한 얼자이니 문과를 볼 수 없다. 잡과를 거쳤는지는 모르겠으나 기술 관료라 할 수 있는 승문원 역관이 그의 한계였다. 송익필에게 감화되었던 명재상으로 앞에서 들었던 김류는 박효성朴孝誠(1568~1617)과 친하여 아들 경정을 그의 딸과 혼인시킬 정도였다. 김류는 말년에 손자 진표를 앉혀놓고 승문원에서 박효성과 함께 있던 시절의 이야기를 해주었다.

하루는 대청에 모두 함께 앉아 있는데 마침 안정란이라는 한 학관學官이 들어왔지. 재상이었던 정민공 안당의 얼속으로 평소 자부심이 강해 대하기 어렵다고들 했다. 바야흐로 문으로 들어와서는 큰 소리로 말을 터뜨리더구나. "내가 만약 송 아무개로 하여금 채찍을 들고 내 말을 몰도록 하면 일시에 조정 신료들 태반이 내 말 앞으로 앞다투어 달려올 테지." 대체로 운장(송익필) 형제를 모욕하려 했을 터이지만 남들에게까지 욕이 되는 말이야. 듣는 이들이 다 놀랐지만 아무도 뭐라 하지 못했는데, 너희 외할아버지(박효성)가 사람을 시켜 이렇게 힐난했단다. "안대감께서는 언제 우리 승문원의 제조提調(기관장)로 되셨습니까?" 정란이 결국 말을 못하고 달아나버리니 앉은 사람들이 모두 통쾌하게 여겼지.

— 『구당집久堂集』, 「기문記聞」

仁祖大王反正一等功臣領議政昇平府院君
金瑬 大臣 撮形象

김류 영정

김류는 인조 때의 명신으로 손꼽힌다. 재상의 지위에 오르자 "내가 오늘에 이르게 된 것은, 아!
그날 구봉(송익필)께서 몸소 차근차근 가르쳐주신 덕분이다."라고 말했다 한다.

그림의 좌측에 "인조대왕 반정일등공신 영의정 승평부원군 김류 대신 촬형상仁祖大王反正一等功臣
領議政昇平府院君 金瑬 大臣 撮形象"이라고 기문이 씌어 있다. 그가 정사공신에 책록될 때 그려진 초
상화를 모사한 화첩본으로 추정된다.

격쟁

이미 앞머리에서 이 소송의 판결문, 이른바 「안가노안」이 전해지고 있다는 이야기를 하였다. 그리하여 송사의 진행 과정과 사건의 전말을 따져볼 수 있는 상황이다. 다만 그것은 최종심의 판결문이기 때문에 그 이전까지 이루어진 경과는 추측을 해볼 뿐이다. 아마도 노비 담당 부서인 장예원과 풍속을 관장하는 사헌부 양쪽에다 소지所志를 낸 모양이다. 관청에 내는 신청서를 소지라 하였다. 소지의 내용에 재판을 청구하는 신청이 담기면 오늘날의 소장처럼 되는 것이다. 노비라는 신분을 다투는 것이라서 장예원에, 그리고 절충장군 송사련이 신분을 속이고 주인을 배반하여 무고까지 자행한 행적을 규탄하기 위해 사헌부에도 소지를 올린 것으로 보인다. 사헌부에까지 제소한 것 또한 송씨 일문에 대하여 나쁜 인상을 심어주는 작전이 될 만하다.

이 사건에서 따져보아야 할 핵심적인 사실은 송사련의 어미인 감정의 속량 여부인데, 100년도 더 된 일이다. 안처겸 옥사만 해도 60년이 넘은 사건이다. 소멸시효가 지난 일이라면서 접수하지 않을 수 있다. 그뿐만이 아니다. 소송의 결과로 어느 한쪽으로부터 원망을 살 수밖에 없는데, 양쪽 다 쟁쟁한 집안이다. 또 팽팽한 양대 정당인 동인과 서인을 저마다의 배경으로 하고 있는 일이라 정치적으로도 매우 민감하다. 이런 사건은 피하는 게 상책이다. 법적인 명분도 있는 만큼 송관들은 회피하려 한다. 그렇기에 안로는 사전 작업을 열심히 해온 것이다. 그 결과 사회 분위기는 안씨 집안에 우호적으로 바뀌고 있었다. 마침내 소가 접수된다. 송가에서는 분위기가 좋지 않게 돌아가고 있다고 느꼈던 것 같다. 담당 관서로부터 닦달을 받고 있었는지도 모른다.

　1586년(선조 19) 2월 초(혹은 1월 말) 송익필의 조카 곤坤은 대궐 앞에서 꽹과리를 울리며 엎어졌다. 태종 때 백성들의 억울한 일을 들어주겠다고 그 유명한 신문고를 매달았는데, 정작 중요한 사건들은 오지 않고 생각지 않게 소송과 관련하여 억울하다는 사연만 밀려들자 도로 북을 내려버렸었다. 이렇게 임금에게 직접 호소하는 제도가 폐지되자, 그 대안으로 국왕의 행차 때 꽹과리를 치며 어가 앞에서 억울함을 하소연하는 격쟁상언擊錚上言이란 것이 등장하게 된다. 어진 임금들은 이런 무례한 행동을 하는 데는 절박한 이유가 있겠거니 하고 들어주다 보니 이 또한 관행이 되어버렸다. 하지만 이 역시도 대부분 송사 때문인지라, 사리에 맞지 않는 소송으로 격쟁하면 장 100 유 3,000리에 처한다는 규정이 만들어지기도 하였다. 송곤도 송사 때문에 대궐 앞에 엎어졌다.

　　저희 일족이 모조리 억울하게 죽게 생겼으니 원통하기 이를 데 없어 사
　　헌부에 호소하여도 받아주지 않고 임금께 올려도 닿지 않아 억울함을
　　풀 길이 없었습니다. 절박한 지경에 이르러 다른 사정을 돌아볼 겨를이
　　없어 꽹과리를 울렸나이다.

　이렇게 격쟁한 사유를 밝히고는 이어서 장문의 억울한 사연을 제출하였다. 선조는 사안을 해당 관서에 보내 처리하도록 하였다. 당연히 쟁송을 포함한 노비 관련 제반 업무의 담당 부서인 장예원이다. 그런데 공기가 냉랭하다. 2월 8일 장예원에서는 이렇게 아뢰어 올린다.

송곤의 진술에서 억울할 일에 관련된 것이라 말하고는 있지만, 무릇 소송의 곡직은 양 당사자가 기일에 출석하여 다투도록 하는 규정이 있거늘, 담당 부서를 거치지 않고 경박하게도 먼저 대궐의 뜰에서 격쟁부터 하는 것은 지극히 외람되며, 한쪽만의 주장을 쉽사리 옳다고 받아줄 수도 없는 노릇입니다. 진술의 사연을 수리하지 않는 것이 어떻겠습니까?

법정에서 다툴 일이지 무엇 하러 다른 경로로 위에다 찌르느냐 하는 불만이 읽힌다. 1586년 2월 16일에 위의 주청을 받아들인다는 임금의 결재가 났다. 송곤의 사연은 수리되지 않은 것이다. 이를 보면 송씨 집안에서는 안가의 소 제기에 대해 어쩔 수 없이 응소하면서, 다른 한편으로는 제소 자체가 범죄인데 이를 부당하게 받아주는 것은 위법하며, 이로 말미암아 일문이 멸족하게 될 위기에 처했다는 호소를 하고 싶었던 것으로 보인다. 하지만 이는 보기 좋게 퇴짜를 맞았다. 안씨 집안에서는 쾌재를 불렀을 것이다. 사헌부에서 각하된 소장에다 새로운 소지를 붙여서 다시 장예원으로 향했다.

원고의 주장

3월 10일 안로의 아내 윤씨를 비롯한 그 일가 11명, 그리고 안응달 등 친족 17명은 등장等狀을 올렸다. 여럿이 함께 올리는 소장을 등장이라 한다. 원고만 무려 28명이다. 다투는 것은 송사련의 모든 자손에 대한 신분이니, 그들이 모두 피고이다. 피고들 모두 원고들의 노비라는 것이다. 아마

광화문

삼군부
예조
정부서울
청사
중추부
사헌부
세종문화회관
병조
형조
공조
장예원

광화문
광장

의정부
대한민국역사
박물관
이조
미국대사관
한성부
KT빌딩
호조
기로소
교보빌딩

세종대로
사거리

장예원 터
掌隸院址
Site of Jangyewon Government Office

장예원은 조선시대에 노비 장부를 관리하고
노비 관련 소송을 담당하던 관청이다. 조선
초기에 설치되었고, 1764년(영조 40) 형조에
소속되어 보민사保民司로 바뀌었다.

2016년 4월 서울특별시

장예원

장예원은 노비문서의 관리와 노비소송을 관장하던 관서였다. 서울시 종로구 세종대로 세종문화
회관 근처에 장예원이 있었다. 위 사진에서 화살표(↘)로 표시한 것이 장예원 터 표지석이다. 전
방에 보이는 건물이 세종문화회관이다. 아래 왼쪽은 육조거리에 위치한 관서이다.

도 사헌부로부터 각하된 소지에는 장예원에 가서 해결하라는 결정 내용이 담겨 있었을 것이다. 윤씨들이 장예원에 제출한 소장의 글머리는 이렇다.

저희 집안 어른이셨던 증조부 사에 안돈후가 집안에서 부리던 계집종 중금을 우연히 거두게 되었습니다. 그녀는 딸 감정을 낳은 뒤 많은 음행을 저질러 고조부이신 한성부윤 안경安瓊의 처 정부인貞夫人 조씨가 장을 쳐서 내쫓았습니다. 계집종 중금은 그 딸 감정을 데리고 배천白 川 땅으로 돌아가 다른 남편을 얻어 사내종 장손長孫을 낳아 길렀고, 감정은 그 땅에 사는 송소철宋小鐵과 혼인하여 아들 사련을 낳아 길렀습니다. 증조부 안돈후는 감정이 자기 딸인지 아닌지도 확신하지 못할 뿐 아니라 그 어미 중금이 죄를 지은 것 때문에 관에 신청하여 속신贖身하지 않았는데도, 위 사련은 그 어미 감정과 마찬가지로 종량從良한 구석이 없으면서 관상감에 불법으로 소속되었습니다. 그렇지만 조부이신 정민공 안당 등은 사련이 얼매孼妹의 소생이라 하여 불문에 부쳤습니다. 사련은 본디 양인이 아닌데도 불법으로 소속되었고, 자기 소생들을 추심하여 부리면 어쩌나 하고 항상 의심 걱정하다가 정덕 신사년(1521)에 저의 시아버지 등을 거짓으로 꾸며 고변하여 마침내 멸문지화를 당하게 하였습니다. 다행히도 성스럽고 밝은 임금들께서 연이어 위에 계시면서 특별히 억울함을 풀어주시고 관작과 과거합격증을 회복해주시고 시호까지 내려주셨습니다. 위 사련이 양인인 아내와 낳은 노奴 인필, 한필 들은 이제 우리들과 촌수가 멀어져서 법상 당연히 부릴 수 있습니다. 이 다툼의 대상들을 상속분에 따라 나누어주시길 장예원과 사헌부에 신청하였는데, 노 인필 등이 굳이 흉한 꾀를 내어 요행히 특혜를 얻고자

조가 노 송곤으로 하여금 참람하게도 상언하고 또 격쟁을 하도록 하였습니다. 우리 일문을 또다시 무너뜨리려고 거짓으로 말을 꾸며 무고하니, 그 흉악함은 말로 형언할 수 없습니다. 이처럼 통분한 사유를 「후록」으로 조목조목 올리오니 세세히 살펴 가려주시고, 노 인필 등은 잡아와 그 소생들 하나하나까지 속히 판결하여주시옵기를 처분 바랍니다.

이태 전쯤에 안로가 펴낸 『기묘록속집』의 내용과 판이하게 다르다. 우선, 소장에서 감정은 중금이 데려온 자식이 아니라 중금이 안돈후와 함께하면서 태어났다고 하는 것이다. 책의 저술과 소송 준비가 함께 진행되던 때이기 때문에 착오로 말미암은 것이라 할 수 없다. 송사련의 가계를 더욱 비하하고 자기 집안과의 혈연적 관련을 희석시키기 위해 『속집』에서 고의적으로 왜곡한 것이라 할 수 있다. 하지만 소송에서는 보충대 입속과 관련해서도 중요한 법률문제가 되는 만큼 사실과 달리 쓸 수는 없었을 것이다.

중금에 관한 기술도 다르다. 『속집』에는 안돈후의 자식들을 중금이 다 길러 혼인시켰다고 하였다. 이는 안돈후의 피가 섞이지 않은, 애초부터 천한 감정의 아들이 관상감 판관이 된 이유를 설명하기 위해서이다. 곧, 중금으로부터 받은 은덕 때문에 송사련이 노비인데도 그 뒤를 봐줄 수밖에 없었다고 구성한 것이다. 중금이 안돈후의 자손들을 돌본 것은 사실로 보인다. 하지만 소장에서 감정이 안돈후와 중금 사이에서, 적어도 그 시기에 태어난 것을 인정하게 된 마당에는 상대방에게 유리한 사실을 적시할 필요가 없다. 그리하여 태도를 바꾸어, 중금도 일찌감치 쫓겨나 다른 남자와 살았다고 서술한 것이다. 이것이 실상이라면 『속집』에 싣지 않았을 리 없다. 사실과 다른 주장이라고 봐야 한다.

곧바로 이어지는 「후록」에는 원고들의 입장과 법적 논변이 전개된다. 앞서 송곤이 호소했던 내용에 대한 반박의 성격도 담겨 있다. 「후록」에서는 안로의 아내 윤씨가 원고들의 주장을 아홉 가지로 나누어 법률적으로 조목조목 내세우는 긴 내용으로 되어 있다. 요약 정리하면 아래와 같다.

① 노비 송사련은 권간에 아부하느라 상전을 고변하여 우리 집안이 멸문에 이르게 하였으나 이후 무고로 밝혀져서 모두가 복권되고 안당에게는 시호까지 내려졌으니, 송사련은 강상의 죄를 저지른 것이다.

② 시아버지 안처겸과 송사련이 사촌이라 하더라도, 고모(송사련의 어미를 가리킴)가 살아 있다면 몰라도 죽은 뒤 촌수가 멀어지면 법리상 당연히 부릴 수 있다.

③ 송사련이 당상관이었다고 하지만, 시할아버지가 복권되고 시호를 받은 마당에는 그를 무고한 공에 기반하여 받은 품계는 당연히 무효이다.

④ 송사련이 음양과 출신이라고 하지만, 그것은 노비로서 불법으로 응시한 결과이다.

⑤ 송곤은 감정이 종량되었다고 주장하지만, 그네를 속신해주지 말라는 안돈후의 유서가 있다.

⑥ 송씨들이 과거를 보아 훈도·가인의 등의 직을 맡고 있다고 하지만, 그 또한 노비로서 임금을 속이고 과장科場에 들어간 결과이다.

⑦ 원고들의 당연한 노비 상속 주장에 대해 피고들은 임금을 놀라게 하고 상전을 모함하였다.

⑧ 얼사촌 관계임을 주장하지만, 이는 양인이라는 것과 관계가 없다.

⑨ 안당이 관상감 제조를 할 때 송사련이 그에 속한 관리였다는 말이 있는데, 안당은 관상감 제조 벼슬을 한 적이 없다.

이어진 격쟁

윤씨들이 소장에서 주장한 ⑦의 사항은 송가에서 격쟁상언한 데 대한 비난이다. 그런데 얼마 지나지 않아 또다시 꽹과리 소리가 울렸다. 사내종 명손命孫이 자신의 상전을 위해 대리로 한 일이다. 그 상전은 종실의 어른 한원수漢原守로서, 앞에서 종실로 시집갔다고 한 송씨네 맏딸의 남편이다. 송인필·부필·익필·한필 형제들의 누이와 혼인한 이수린李壽麟은 한원수라는 작위를 가진 원로인 것이다. 종실의 작위는 끝에 대군大君, 군君, 도정都正, 정正, 부정副正, 수守, 부수副守, 영令, 부령副令, 감監 따위가 따라온다. '수' 자가 붙으면 정4품이다. 앞서 안처겸 옥사에 나왔던 시산부정 이정숙은 '부정副正' 자가 붙었으니 종3품이다. 이런 고위층은 몸소 소송하지 않는다. 일반적으로 종에게 시켰다. 이런 경우를 대노代奴라 한다. 내외를 해야 하는 양반 부녀도 마찬가지다. 안로의 아내 윤씨 또한 옥수玉守를 대노로 하여 소송행위를 하고 있다. 소송행위를 대리하는 것을 당시에는 대송代訟이라 했다. 따라서 대송하는 대노들은 오늘날의 소송대리인 역할을 한다고 볼 수 있다. 대리라는 것은, 행위는 대리인이 하지만 그 법률효과는 본인에게 생기도록 하는 제도이다. 명손이 격쟁하였지만 그것은 종실인 한원수의 행위가 된다.

지금은 변호사 자격을 가진 자이기만 하면 그로 하여금 소송대리를 하도록 할 수 있지만, 조선에서 대송은 가까운 친족이나 집안 대소사를 맡은 노비같이 당사자와 특별한 관계에 있는 이만이 할 수 있었다. 지체 높은 이들의 소송을 노비로 대리케 한 것은 품위 때문만은 아닌 실질적인 이유가 있었다. 알다시피 전통시대에는 행정 체계가 사법 기능도 함께 가졌다. 예를 들어 고을의 수령은 현재 지방법원의 지원에 비할 만해서 종6품직인 현감도 사법권을 가지고 있다. 이런 법정에 전·현직 고위 대신이 당사자로 직접 출석한다면, 사법권이 독립되어 있지 않은 구조에서 법관은 행정조직상의 고위급 상관을 직접 마주 대하며 재판을 진행해야 하는 상황이 된다. 중압감이 만만치 않을 것이다. 주변으로부터도 공정한 재판이 될 것이라는 시선을 받지 못한다. 선고된 판결에 신뢰가 생기지 않는다. 이런 까닭에 그 집 노비를 대신 나오도록 하여 바쁘신 분들의 시간을 뺏지도 않고 송관의 부담도 덜어주도록 한 것이다.

우리 사법부는 관료주의 문화가 가장 깊숙이 남아 있는 조직 가운데 하나로 꼽힌다. 가장 그래서는 안 될 조직인데도 말이다. 법원에서 연륜이 쌓인 판사들이 사직을 하게 되면, 거의가 변호사 업무를 한다. 개중에는 변호사 개업을 위한 경력으로 삼기 위해 법원으로 가는 이들도 있는 모양이다. 헌법에서는 법관들 사이의 관계가 수평적이길 바라며 대법관과 판사의 구분밖에 두지 않았는데, 현행 법원 조직은 판사들을 여러 등급으로 나누어 운영하며 그 위계를 매우 중시하는 풍토마저 있다. 고위 법관 경력을 가진 변호사가 소송대리를 하는 사건에서 얼마 전까지 그를 모셨던 젊은 판사는 심리하는 데 중압감이 만만치 않겠다. 이렇다고 여기는 사회 분위기가 전관예우를 찾는 풍조의 배경이며, 실제 해당 변호사들의 수입은 그 증거인 것처럼 작용한다. 사회 풍조만 탓할 게 아니라 객관적으로 보기에 의심이 생기지 않는 제도를 만드는 일이 중요하다. 예컨대 법관을 깨끗한 이력을 쌓은 변호사들의 마지막 법조 경력으로 만든다든지, 대법관을 마친 이들이 적절히 사회에 공헌할 지위를 마련한다든지 하는 방법들을 고민해볼 때가 되었다.

송곤에 이어 그의 고모부인 한원수까지 종을 시켜 임금께 꽹과리를 치며 호소한다. 과한 느낌이 있다. 한 번도 아니고 이 같은 행위가 두 번이나 이어지면 좋은 인상을 주지 못하고 역효과가 나기 쉽다. 그렇기에 두 번째는 종실 어른이 나서게 된 모양이다. 그리고 법관에게 좋지 않은 심증이 생길 위험을 감수하고 격쟁을 두 번이나 해야 할 만큼 상황이 매우 절박하게 돌아가고 있다는 반증이기도 하다. 연로한 종실 한원수의 격쟁이니 임금은 무시하지 않는다. 그의 노奴 명손이 올린 아래의 호소는 장예원에 전교된다.

제가 꽹과리를 울린 사연은 이렇습니다. 저의 상전 한원수 수린께서는 성종대왕의 친손자로서 당상관 송사련의 딸과 예를 갖추어 혼인하여 아내로 삼았습니다. 그런데 안처겸의 자손들이 당상관 송사련을 자기들 노비라 하며 장예원에 제소하였습니다. 송사련의 아들인 전 훈도訓導 송인필, 가인의假引儀 송부필, 병절교위秉節校尉 송익필, 병절교위 송한필, 손자 가부장假部將 송곤 등을 노비라 하면서 관청의 영장을 가지고 와 잡아다 굴욕을 주니 못되먹기 이를 데 없습니다. 그뿐만 아니라 저희 안주인은 올해 나이 여든으로 종실의 아내 된 지 이미 60년이나 되었는데, 안처겸의 자손들이 날마다 발괄을 올려 함께 잡아다가 굴욕을 주려 하니 국전國典을 크게 어그러뜨리는 일입니다.

사연은 이렇습니다. 저희 안주인의 아버지 송사련은 중종조 기묘년 (1519) 음양과 출신으로 관직이 판관에 이르렀다가 신사년에 안처겸의 일을 고변하여 당상관으로 올랐으니, 과거 합격하여 벼슬을 시작한 지 60년이 지났습니다. 《대전》에 당사자가 현존하지 않은 사안에서 관련 사실이 60년 전의 일이면 소송을 수리하지 말라고 올라 있으며, 수교에 는 과한過限이 된 사건은 문기가 있는지 없는지, 사정이 바른지 그른지 를 따지지 말고 송사를 일으킨 자를 비리호송非理好訟으로 처벌하고, 소 장을 수리하여 심리한 관리는 지비오결知非誤決로 처벌하라고 되어 있 습니다. 안처겸의 자손이 올린 내용에는 기묘년에 벼슬한 일, 신사년 당 상관이 된 일을 뚜렷이 들고 있는데도, 장예원이 소장을 접수하고 기일 을 진행하여 인필·익필·한필 들에게 순리를 거역하였다면서 법을 그릇 되게 적용하여 장을 치니, 국법을 크게 위반하는 일입니다.

저희 안주인의 할머니는 안당의 서얼 자매로서 관상감 봉사인 송린 의 아내가 되어 아들 사련을 낳았습니다. 그는 안당이 재상일 때 과거 로 벼슬을 하였고 신사년(1521)에는 판관이 되고 당상으로 승진한 사실 은 나라의 전적에 소상히 나타나 있습니다. 안씨 일문의 공식 족보에도 안당 얼매의 남편 송린과 그 아들 송사련 당상관이라고 기록되어 있으 며, 손자 송인필, 손녀사위 한원수 수린에 이르기까지 3세대가 기록되어 있습니다. 그런데도 안처겸의 자손들이 오늘에 이르러 100년 전에 이미 양인이었던 안당의 얼매를 양인이 되지 않았다고 사칭하면서 사람의 눈 과 귀를 미혹시켜 노비라 하니 못되먹기 이를 데 없습니다.

《대전》에 양적良籍이 없더라도 양역을 지거나 양인으로 지낸 지가 이 미 오랜 경우에는 다시 천인으로 돌리지 못한다고 되어 있거늘, 증조모가 관인의 아내이고, 할아버지는 당상관을 지냈으며, 손자들이 훈도이거나 종실의 아내이고, 증손은 가부장의 직에 있는 등 4대에 걸쳐 관직을 역임한 것이 100년이 넘습니다. 선왕 때는 서얼의 외증손이라 하여 문과와 무과에 양쪽으로 임금의 재가를 얻어 특별히 과거에 나아가 초시에 참여한 것이 열 차례에 이르거늘, 하루아침에 《대전》의 위 세 조항을 허물고 소송을 하려 하니 더욱 경우가 없습니다. 안처겸 자손들의 처음 소장에서 이미 저희 마님의 아버지 송사련이 68년 전인 기묘년 과거 출신이고 66년 전인 신사년에 당상이 된 일들을 뚜렷이 들고 있으므로 장예원으로서는 더욱 심리할 수 없는 일입니다. 특별히 천은을 입어 국법을 준수하고자 격쟁하는 것입니다.

명손의 주장은, 이 송사는 어떤 면에서 봐도 받아주어서는 안 될 사안이라는 것이다. 문제 삼는 발단이 된 양천의 문제도 100년도 더 이전의 일이다. 안가에서 자기네 종이라 주장하는 송사련만 해도 관직을 시작한 지 60년이 넘었고, 게다가 품계는 당상관에 이르렀으며, 그 자손들 또한 벼슬을 하고 있다. 송린에서 송곤까지만 해도 4대에 걸친 관료 양반 집안이다. 《경국대전》에 따르면, 60년 전의 일을 따지는 소 제기는 받아들이지 말라고 되어 있고, 양역을 수행한 지 오래되었으면 천인으로 되돌리지 못한다고 되어 있다. 이를 제소하는 이는 물론 받아준 관리까지 엄히 처벌하도록 되어 있다. 그런데도 소송을 진행시키고 형장까지 집행하려 하여 어엿한 관료 집안이자 종실의 인척을 욕보이고 있으니 바로잡아달라는 호소이다. 그러나 장예원의 반응은, 양인인지 천인인지는 심리해보면 당연히 밝혀질 일이니 격쟁만 일삼지 말고 법정으로 나오라는 것이다. 두 번에 걸친 격쟁

은 사실상 무위로 끝나버린 셈이다. 이제 송가는 법의 뜨락으로 내몰리게
되었다.

시효

　이 소송 이전에도 안가는 몇 차례 소 제기를 시도했었고, 그때마다 번번
이 퇴짜를 맞았던 것으로 보인다. 가장 주된 이유는 시효가 지난 오래된
사건이어서 법리적으로 받아줄 수 없는 사안이라는 것이다. 현재 법원이
원고의 청구를 받아주지 않는 것은 소의 각하와 청구의 기각으로 나타난
다. 법원에 재판을 신청하는 행위를 '소訴'라 하고, 그를 위해 작성한 서면
을 소장이라고 한다. 소장이 제출되면 법원은 소장 심사를 진행한다. 소가
갖추어야 할 요건이 제대로 구비되어 있는지 확인하는 것이다. 제기한 소
가 법원에서 심리되기 위해서는 일정한 요건을 갖추어야 하는데, 이를 소
송요건이라 한다. 이것이 완비되어 있지 않으면 보완하여 제출하라는 보
정명령을 내린다. 보정명령을 거치고도 요건을 갖추지 못하거나 애초부터
갖출 가능성이 없는 소는 법원에서 아예 받아주지 않고 '각하'하는 것이다.
그리고 소송요건의 관문을 통과하여 심리를 진행한 결과 원고의 청구가
이유 없다고 하여 내치는 것을 '기각'이라고 한다.
　전통시대에는 관청에 일정한 신청을 하는 서면을 소지라 하고, 소지의
형식에 재판을 신청하는 내용을 담으면 소장의 역할을 하였다. 격식에 어
긋나거나 요건을 갖추지 못한 소지에는 신청한 내용을 볼 것도 없이 물리
치면서 각하 사유를 적은 문구와 함께 '퇴退' 자를 써주었다. 안씨 집안의

소 제기가 퇴짜를 맞았다는 것은 그 소가 소송요건을 갖추지 못했다는, 다시 말해 각하되었다는 이야기가 된다. 각하의 개념이 성립되어 있었던 것이다. 16세기에는 소송법서가 출현하여 여러 종류가 유포되었다. 거기서는 각하시켜야 할 사항들을 하나의 편목에 모아놓았는데, '단송斷訟'이라는 제목을 달았다. 소송을 끊어버린다는 의미이다. 이런 이름을 달게 된 것은, 그에 실린 조문들이 대체로 넘치는 소송을 근절하겠다는 정책을 시도하는 과정에서 만들어졌기에 그런 분위기를 반영하는 것이다. 이 과격한 제목이 조선 후기에 나온 소송법서 『결송유취보』에서는 '물허청리勿許聽理'로 바뀐다. 이는 본안심리를 받아주지 않는다는 뜻이니, 소 각하 사유를 수록하였다는 뜻을 더욱 정확하게 나타낸다.

당시의 소송법서로 이제까지 전해지는 것으로는 5종이 있는데, 가장 유명한 것은 『사송유취詞訟類聚』이다. 『결송유취보』도 이 책을 증보한 것이다. 송사가 잦았던 시대에 소송법서는 양반가의 필수품이었을 것이며, 법률 지식을 얻는 도구이기도 했다. 실제로 안가와 송가의 소송에서도 송씨 가문 쪽이 자기주장을 펼칠 때 "국법 단송斷訟 조에는 …" 하면서 법조문을 인용하는 것이 보인다. 그런데 국법에는 '단송' 조가 없다. 『사송유취』에 두 번째 편목으로 편성되어 있고, 또 다른 소송법서인 『청송제강聽訟提綱』에서는 첫머리에 있는 편목이다. 원칙적으로 소송요건이 불비하면 본안심리에 들어갈 필요가 없기 때문에 절차상 앞쪽에 놓인 것이다. 이런 소송법서에서 편성한 제목인 '단송' 조를 국법에 있는 것으로 여길 정도라는 데서 소송법서들이 갖는 당시의 위상을 엿볼 수 있다.

'단송' 조에 실려 소를 받아주지 않도록 되어 있는 사항으로 대표적인 것은 판결이 확정된 사건이다. 분쟁 사안에 대한 판결이 내려져서 더 이상

다툴 수 없게 된 상태가 되면 판결이 확정되었다고 한다. 오늘날 판결 선고 후 항소나 상고할 수 있는 기간이 지나가버리거나, 대법원에서 최종 판결이 내려지면 판결은 확정된다. 판결로 확정된 사안은 또다시 다투지 못한다. 조선의 법제에서는 똑같은 판결이 두 번 내려진 사안에 대해서는 본안심리를 할 것도 없이 두 번 승소한 쪽의 손을 들어주도록 하였다. 그런 사건은 아예 받아주지 말라는 이야기와 다름없다. 이 말은 곧, 판결은 세 번을 넘기지 않고 확정시키겠다는 것이어서 삼도득신三度得伸이라 하였다. 삼도득신 된 사건은 본안의 심리 없이 퇴짜를 놓도록 되어 있는 것이다.

또 하나의 중요한 각하 사유는 '과한過限'이 된 사건이다. 기한을 넘긴 사안이라는 뜻인데, 이때의 기한이란 소를 제기할 수 있는 기한이라는 이야기다. 현행법에서 일정한 사안에 대하여 제소할 수 있는 기한을 정해놓은 경우가 있는데, 이를 제척기간이라 한다. 이 기한 안에 소를 제기하지 않은 사건은 이후에 받아주지 않는다. 그리고 소멸시효라는 제도도 있다. 어떠한 권리를 일정한 기간 동안 행사하지 않으면 그 권리 자체가 소멸하도록 하는 제도이다. 일반적으로 채권은 10년 동안 그 권리 주장을 하지 않으면 소멸하는 것으로 되어 있다. 곧, 소멸시효가 10년이라는 말이다. 하지만 그 사이에 유효한 권리 행사가 있게 되면 소멸시효의 완성은 그때부터 다시 10년 뒤가 된다는 점에서 제척기간과 차이가 있다. 그런데 이 유효한 권리 행사란 사실상 소송과 관련된 절차를 진행하는 일이 되기 때문에, 이는 제척기간과 유사한 면이 있다.

많이들 소멸시효에 대해 권리를 행사하지 않은 데 대한 제재인 것처럼 설명한다. 하지만 그것보다는 매우 오랫동안 권리를 행사하지 않은 것으로 보아 해당 권리가 없을 개연성이 무척 크다는 일반적 인식의 반영이라

보는 것이 적당하다. 또한 그런 믿음 탓에 긴 세월 동안 관련 증거들의 보존이 이루어지지 않았을 것이고, 이래서는 사실 여부를 판단하기 어렵다는 현실적 이유도 작용했을 것이다. 일반인으로서는 제척기간과 소멸시효를 구별하여 이해하기가 쉽지 않고, 일정한 기간 안에 소를 제기하지 않으면 안 되는 것이려니 하고 여길 것이다. 사실상 이 둘을 따지지 않고 모두 소멸시효라 알고 지낼 터인데, 조선의 과한법도 그렇게 보면 될 듯하다. 그리하여 제척기간이 더 정확할 용어일지 모르나 여기서는 소멸시효로 설명하기로 한다.

과한법

시효라는 것은 오랜 시간의 경과가 일정한 법적 효과를 일으키는 것이라 하겠고, 소멸시효는 권리를 소멸시키는 효과를 가져오는 것이라 할 수 있다. 이런 시효는 여기 두 집안의 소송에서 중요한 이슈의 하나가 된다. 조선에서 일반적인 소멸시효는 5년이다. 《경국대전》의 규정은 이렇다.

【A】 토지와 건물에 대하여 소송하는 것은 5년이 지나면 심리하지 않는다. 〔주〕 훔쳐 판 경우, 소송하여 아직 판결을 얻지 못한 경우, 부모의 전택을 독차지한(合執) 경우, 소작하는 것을 기화로 아주 차지한 경우, 세들어 살다가 아주 차지한 경우에는 이 제한을 받지 않는다. ○ 소장을 내고서 5년이 지나도록 소송을 진행하지 않는 경우에도 심리하지 않는다. 노비의 경우도 마찬가지다.

토지와 건물, 곧 부동산에 관한 사건에 대하여 5년의 소멸시효를 적용한다. 그런데 말미에는 노비의 경우에도 마찬가지라 되어 있다. 노비의 신분이 문제되는 사건도 부동산과 마찬가지로 5년 이내에 소를 제기하지 않은 것이라면 심리를 받아주어서는 안 된다는 이야기다. 당시에 가장 중요한 재산 물목인 부동산과 노비에 대한 규정인 만큼 거의 대부분의 분쟁에 적용된다고 할 수 있다. 그런데 가산家産, 곧 동산에 관하여는 법전에 규정이 없다. 하지만 법률은 해석을 통해 그 빈틈을 메꿀 수 있다. 더욱 중요한 부동산에 과한법이 적용되는 데 비추어 동산에도 당연히 소멸시효가 적용된다고 해석했던 것이다. 이런 방식을 법 이론에서는 '물론해석'이라 부르기도 한다. 채권에 관하여는《경국대전》에 1년으로 제척기간이 정해져 있다.

고려 말부터 넘쳐나던 송사는 새 왕조가 개창되어도 심해질 뿐이어서 조선 정부는 소송을 줄이기 위한 정책에 골몰하였다. 이 과정에서 한 번의 판결로 사건을 확정지으려 하기도 했고, 일정한 시기를 정하여 이전의 사안에 관하여는 받아주지 않겠다는 정한법定限法이나, 다툼의 대상을 원·피고에게 무조건 반씩 나눠주는 노비중분법奴婢中分法 따위를 시행해보았지만, 억울하다는 호소만 쌓여갈 뿐이었다. 수많은 시행착오를 거쳐《경국대전》에는 세 번의 소송 안에 판결의 확정력을 부여하려는 삼도득신법, 그리고 소권訴權을 행사할 수 있는 기한을 정해두는 과한법이라는 타협적 산물이 소송요건으로 실리게 되었다.

타협적이라는 것은, 삼도득신법의 경우 소송이 무한 반복되는 것을 막기 위해 확정의 개념을 도입하면서도, 단 한 번의 판결로 종결지으려 했던 과격함으로부터는 후퇴하여 삼세판으로 했다는 점이다. 과한법의 경우에는 소를 제기할 수 있는 기간을 설정하면서도 소멸시효에 걸리지 않는 예외를 두었다는 점이다. 【A】 조문의 [주]를 보면, ① 남의 노비나 부동산을 자기 것인 양 팔아버린 경우, ② 사건이 소송 중인 경우, ③ 부모의 재산을 자손 가운데 하나가 독차지한 경우, ④ 소작인이 지주의 땅을 차지한 경우, ⑤ 세입자가 주택을 차지한 경우 들은 소멸시효에 걸리지 않는다고 되어 있다.

　소송이 지연되어 5년이 넘도록 끝나지 않았는데 기한이 지났다고 하여 도중에 끝낼 수는 없는 노릇이다. 문서를 위조하여 남의 전답이나 노비를 자기 것인 양 남에게 팔았다거나, 소작인이나 세입자가 주인도 모르게 토지나 가옥을 자기 것으로 꾸며놓았을 때는 5년 안에 알아차리지 못하는 일이 흔하다. 맏이가 어린 동생들의 상속분까지 독차지한 경우에는 동생들이 장성하여 문제 삼는 데까지 시일이 꽤 걸린다. 이런 일들까지 5년의 시효로 제한하면 억울할 수 있다고 여겼기 때문에 예외로 둔 것이다. 이 예외에 걸리는 사건은 당시의 분쟁에서 상당히 많은 비율을 차지하였을 것이다. 재화 이동의 빈도와 속도가 낮았던 농업 사회에서 재산의 분쟁은 거래보다는 상속에서 많았기 때문이다. 송씨 자손들의 신분을 다투는 이 소송은 어떨까. 굳이 엮자면 세 번째 항목 정도에 걸 수 있을지도 모르겠지만, 법조문의 표현상 그런 예외 사유에 해당하지 않는다고 보는 것이 타당하다.

　송씨 집안에서는 사건의 소멸시효가 완성되었다는 주장을 한다. 위의 예외 조항에 해당하지 않는다고 여기는 것은 말할 것도 없다. 혹시라도 그에 해당한다고 판정되면, 그때는 이렇게 외치고 싶을 것이다. 예외 규정에 해당하기만 하면 몇 백 년 묵은 일도 끄집어내 소송할 수 있는 것인가? 안씨 집안에서는 상속과 관련되었으니 예외 사항이라 우겨보기라도 하고 싶을 심정일 터인데 조문은 한 상속인이 상속재산을 독차지한 경우에만 인정하므로 해당하지 않는다. 법을 한탄하고 싶을 것이다. 5년은 너무 짧은 것은 아닌가? 5년 과한법은 《경국대전》의 확정 과정에서도 유효한 지침으로 활용되었고, 최종본(1484, 성종 15)에도 수록되었다. 이후 59년이 지나 제정된 법전인 《대전후속록》(1543, 중종 38)에는 그와 관련하여 새로운 두 조항이 실리는데, 이 조항들이 성립된 시기도 붙어 있다. 1517년(중종 12)과 그 이듬해에 잇달아 새로운 과한법을 규정하는 수교가 내려졌다. 이처럼 일찍부터 있었던 지침을 정리하여 법제화한 것으로 보인다.

【B】 양인이나 남의 노비를 불법으로 차지하였다거나, 자신의 종과 양인 사이에서 난 소생이라 하거나, 조상 때 도망간 노비라 하면서 소로써 다투는 경우에는, 현재 그 대상이 살아 있는 사안이 아니라면 60년 이전의 일에 대하여는 본안심리를 하지 않는다. —중종 12년 수교

【C】 모든 소송에서 30년 이전의 일은 심리하지 않는다. [주] 훔쳐 판 경우, 독차지한 경우 등의 사항은 이 제한을 받지 않는다. —중종 13년 수교

여기서 【C】 규정에 달린 [주]에는 두 가지 사례만 들고 "… 등"으로 처리했는데, 이 두 예가 【A】 규정의 [주]에 있는 다섯 가지 경우에 들어 있는 점으로 보아 '등'은 그 나머지 셋을 가리킨다고 할 수 있다. 따라서 【C】의 경우, 곧 30년 과한이 적용될 때도 5년 과한법【A】에서의 예외 규정은 그대로 적용이 된다는 것이며, 또한 유사한 구조로 되어 있는 【A】와 결합하여 이해되어야 할 관계라는 것을 알 수 있다. 적용 대상으로 보면, 【A】

는 토지·건물·노비와 관련된 사건에 대하여 5년의 소멸시효를, 【C】는 모든 사건에 대하여 30년의 소멸시효를 규정한다. 그렇다면 모든 사건에 대해서는 30년, 토지·건물·노비에 대해서는 5년이라는 소멸시효가 적용되며, 여기에는 다섯 가지 예외가 있다고 논리적으로 해석할 수 있다. 그런데 실제로는 《대전후속록》 시행 이후부터 【C】 규정이 《경국대전》의 【A】 규정을 대체한 것으로 보인다. 다시 말해 사실상 30년이 일반적인 소멸시효의 기간이 되어버렸다.

수교와 법전

최고법원의 확정된 판결이 이후에는 따라야 할 선례가 되어 법으로 기능하는 것을 판례법이라 한다. 영미법계의 대표적인 특징으로 든다. 반면에 유럽 대륙의 체제에서는 모든 조문이 하나의 계통으로 정리되어 있는 법전을 제정하고 재판은 그에 구속되도록 한다. 조선은 체계적으로 구성된 육전 형식의 《경국대전》을 가장 중심에 두는 통일법전의 체제를 갖춘 것으로 평가된다. 그런데 실상 조선의 법은 판례법으로서의 성격도 있다. 중요한 사안은 중앙에까지 올라와서 다루어지고, 이때 선고된 판결 가운데 앞으로의 사건 해결에도 유용한 지침이 될 수 있다고 판단되는 것은 국왕이 내리는 가르침의 형식을 갖는 법령으로 제정된다. 이를 수교受敎라 한다. 한 사안에 대해서만 규정하는 단행법령이라 할 수 있는데 판례에 기반한 것이기도 하다.

이들 수교 가운데 오랜 시행으로 유효성이 확인된 것들은 법전에 오른

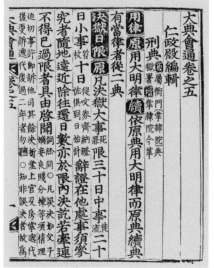

《경국대전》과 《대전회통》

오른쪽이 《경국대전》, 왼쪽이 《대전회통》이다. 《경국대전》은 1485년(성종 16)에 확정된 조선의 최고 법전이다. 영조대에 와서 대전에 추가되어야 할 법률들을 모아 《속대전續大典》을 제정하였고, 뒤이어 정조는 《경국대전》과 《속대전》을 합치면서 새로운 조문들을 증보한 《대전통편大典通編》을 공포하였다. 《대전통편》을 보충한 《대전회통》은 조선왕조 최후의 대전으로 1865년(고종 2)에 만들어졌다.

다. 《대전속록》(1491, 성종 22), 《대전후속록》(1543, 중종 38), 《수교집록》(1698, 숙종 24), 《신보수교집록》(1739, 영조 15)같이 '록錄'이라는 이름이 붙은 법전에 실린다. '록'에 실린 법령들 중에서도 항구적 지침이 될 만하다고 판정된 것들은 나중에 다시 '대전'에 오른다. 《경국대전》은 항구히 지켜져야 할 지침으로서 성립된 법전이었고, 실제로 조선왕조가 망할 때까지 한 글자도 고쳐지지 않았다.

이의 배경이 되는 사상이 조종성헌祖宗成憲이다. 임금의 묘호에 '조祖'나

'종宗'이 붙는 데서 짐작할 수 있듯이 '조종'은 신성한 선대 임금들을 의미한다. '성헌'은 만드신 법이라는 뜻이라 하겠는데(잘 만들어진 법이라는 의미로 해석할 수도 있음), '헌법'이라는 낱말에서 보듯이 법 중에서도 '헌'은 국가의 기강이 되는 상위법을 의미한다. 법전에 실린 조항들은 성군들께서 제정하신 성스러운 규정으로서 양법미의良法美意, 곧 훌륭하고 아름다운 법의를 담고 있는 것이다. 그러니 후대의 미욱한 이가 감히 고치지 못한다. 한 예로 1485년 《경국대전》을 반포한 성종은 그 이듬해 5월에 이렇게 말한다. "조종성헌은 고칠 수 없다. 하지만 이 법(《경국대전》에 들지 않은 법령)은 내가 새로 만든 것이니 못 고칠 게 뭐 있겠는가? 신료들이 가하지 않다고 하니 고치도록 하자." 이후 《속대전》(1746, 영조 22), 《대전통편》(1785, 정조 9), 《대전회통》(1865, 고종 2)의 제정이 있었다. 그런데 이들은 이전의 법전을 폐지하고 새로운 법전을 만든 것이 아니라, 모두 《경국대전》의 내용을 유지하면서 새로운 규정을 보충한 것이다. 조종성헌을 존중하여 힘껏 유지하려 해도 몇 백 년의 세월이 흐르면 바뀔 수밖에 없는 사정이 생긴다. 그때는 사실상 개정이 이루어지는데, 그 형식이 재미있다.

《경국대전》

　　형전 관할 아문 : 장예원, 전옥서
　　적용 형률 《대명률》을 적용한다.

《대전회통》

　　형전 원原 관할 아문 : (장예원) 전옥서 증增 장예원은 이제 혁파한다.
　　적용 형률 《대명률》을 적용한다. 속續 《경국대전》에 의거하여 《대명률》

을 적용하지만, 《경국대전》과 《속대전》에 해당 조문이 있으면 그를 적용한다.

《대전회통》에 나타나는 '원'은 《경국대전》을, '속'은 《속대전》을, '증'은 《대전통편》을 가리킨다. 장예원은 《속대전》 반포 이후인 1775년(영조 51)에 혁파되었다. 그러므로 《대전통편》이 제정되던 때에는 없는 기관인데 법전에는 존재하는 것이다. 이러한 경우 오늘날 우리는 '장예원'이라는 문구를 삭제하는 개정을 한다. 하지만 조선에서는 그러지 못하였다. 어쨌거나 그 글월은 조종성헌이기 때문이다. 그리하여 다시 조항을 더하여 그것이 현재는 없다는 것을 규정한다. 이 내용 또한 대전에 실렸으니 조종성헌이 되어 다시 고치지 못하는 양법미의가 된다. 이러한 자세는 지금도 다른 나라에서 찾아볼 수 있다. 바로 미국이다. 아래의 미국 헌법을 보자. 비슷하지 않은가.

수정 제18조 (금주)

① 본 조가 비준된 지 1년을 경과한 후에는 미국과 미국 관할의 모든 영역에서 음용할 목적으로 주류를 양조·판매·운송하거나, 미국으로 수출입하는 것을 금지한다.

—1919. 1. 16. 비준

수정 제21조 (금주 조항의 폐기)

① 헌법 수정 제18조를 폐기한다.

—1933. 12. 5. 비준

알 카포네와 엘리엇 네스

과거 미국은 헌법의 수정 제18조로써 주류의 제조·판매를 금지했었다. 이 시기 알 카포네(왼쪽)는 조직을 거느려 밀주를 제조·유통하며 부를 챙기고, 뇌물과 잔인한 폭력으로 시카고에 군림하였다. 그를 탈세와 금주법 위반으로 체포한 인물이 엘리엇 네스(오른쪽)이다.

1925~1930년에 시카고를 사실상 지배한 인물은 이름 높은 마피아인 알 카포네Al Capone였다. 그의 뇌물은 경찰을 비롯하여 모든 사법기관에 들어가지 않은 곳이 없었고, 거스르는 이들은 잔인하게 살해되었다. 그의 비위를 건드리고는 누구도 무사하지 못했다. 이런 인물을 잡아들이려고 재무부 특별수사관 엘리엇 네스Eliot Ness가 파견된다. 그를 매수하러 온 똘마니는 매몰찬 거절을 당하자 빈정거린다. "너네는 '못 건드리는' 애들인 줄 아나본데." 영화 〈언터처블The Untouchables〉(1987)의 장면이다. 마침내 1931년 네스의 팀은 알 카포네를 체포하여 징역 11년의 유죄판결을 받아

낸다. 죄명은 탈세와 금주법 위반. 알 카포네의 조직은 밀주를 제조·유통하여 막대한 부를 챙기고 뇌물과 공포로 한 대도시를 장악했던 것이다.

바로 연방헌법 수정 제18조에 따른 금주법 아래서 일어난 일이다. 헌법에까지 들어올 내용인가 싶은 이 규정은 이제 효력을 잃었지만, 아직도 헌법에서 지워지지 않는다. 미국 헌법은 건국의 아버지들이 만든 거룩한 것이기에 함부로 손댈 수 없는 성전이라는 사상이 바탕에 있기 때문이다. 그리하여 헌법 개정은 수정 조항을 덧붙이는 형식으로 한다. 그리고 '수정(Amendment)'을 머리에 붙인 조문들 역시 헌법 안에 있는 만큼 삭제할 수 없는 지위에 놓인다. 따라서 금주법의 폐지는 위에서 보듯이 그것을 폐기하는 내용의 수정 제21조를 제정하여 해결한 것이다. 영화에서 기자가 사무실을 떠나는 엘리엇 네스에게 말한다. "금주법이 폐지된답니다." 대꾸한다. "한 잔 해야겠군."

법률의 해석

조선의 법전은 임금이 내린 수교를 재료로 하면서 그 가운데서 항구적인 시행을 목적으로 선별된 조종성헌의 지위에 있는 성전이다. '록'이 붙은 법전은 그보다 체계상 하위에 있으면서 대전을 보완하는 역할을 한다. 단행법령이라 할 일반 수교는 대전은 물론 록보다도 하위에 놓인다. 하지만 논란이 되던 때에 사안을 해결한 결과로 제정되는 것인 만큼 당시 현실에서는 효용이 높았다. 수교는 수시로 내려지는 탓에 가끔은 서로 모순되는 듯이 보이는 것들이 생기기도 하는데, 그럴 경우 신법 우선의 원칙이 적용되는 것도 그 때문이다. 이런 체계에서 볼 때 《경국대전》에 실린 조문은 《대전후속록》에 실린 것들보다 지위상 우선할 것이지만, 후자가 나중에 나온 만큼 그에 실린 법령들이 당시의 상황에 더 적합한 내용일 수 있다.

앞서 들었던 규정 【A】, 【B】, 【C】의 관계를 살펴보자면, 【A】와 【C】는 같은 형식을 갖고 있으면서 【C】가 일반적인 서술로 되어 있다. 따라서 모든 사항을 규율하는 【C】는 소멸시효에 관한 일반 규정이 되고, 【A】는 부동산과 노비에 대한 특별 규정으로 볼 수 있다. 법령의 지위나 체계적 해석으로 볼 때 대전에 실려 있는 【A】가 우선 적용되는 것은 당연하다. 그런데 【C】는 당시의 사정을 반영한 신법이다. 그래서인지 16세기가 지나면서부터는 5년 과한을 적용하는 사례가 잘 보이지 않는다. 사실상 《대전후속록》의 30년 과한이 대체한 듯하다. 그런 경향을 이 소송에서도 엿볼 수 있다.

「안가노안」에서는 30년【C】을 대한大限, 60년【B】을 대대한大大限이라 하고 있다. 그러니 5년【A】은 소한小限이라 했을 것이다. 이 30년과 60년은 《속대전》부터 대전에 오른다. 그리고 이때는 〈호전〉이 아니라 〈형전〉 '청리聽理' 조의 '대·소한 시행'에 실린다. 소멸시효를 부동산에 딸린 부수적 규정이 아니라, 소송상 적용되는 기본 법리로 인식하게 되었다는 뜻이기도 하다. 그런데 《속대전》에서는 30년이 소한이고 60년이 대한이다. 소멸시효에서 30년이 기본이 되어버린 현실을 반영한 것이라 여겨진다. 실은 17세기의 법서인 『결송유취보』에서부터 "세간에서 30년을 소한이라 하고 60년을 대한이라 하는데, 법문을 살펴보면 뚜렷이 근거가 되는 것은 없다"고 지적한다.

이렇게 정리가 되는 상황에서 【B】의 60년 시효는 어떤 의미를 갖는 것일까? 우선 【A】와 【C】 규정이 적용되지 않는 영역에 대한 것이라고 볼 수 있다. 이 두 규정이 적용되지 않는 사항이라 한다면, 과한법이 적용되지 않는다고 설정한 다섯 가지 예외일 것이다. 60년이 넘어 논란이 된다는 일 자체가 그 예외인 경우에만 생길 수밖에 없다. 그렇다면 【B】는 이런 예외 항목들에서도 노비와 관련된 문제는 60년의 과한을 적용한다고 하는 것이 체계적인 해석으로 보인다. 적어도 법문대로 "양인이나 남의 노비를 함부로 차지하였다거나, 자신의 종과 양인 사이에서 난 소생이라 하거나, 조상 때 도망간 노비라 하면서 소로써 다투는 경우"에는 60년 과한이 적용되어야 한다. 실제로 이 규정은 《속대전》에 아래와 같이 그대로 실린다. '록'에 실린 조문으로서 시행을 통해 검증된 것은 대전에 오른다는 원칙이 여기서도 보인다.

> 조상 때 도망간 노비라 하거나 사내종이 양인 아내를 얻어 낳은 소생이라 하면서 쟁송하는 경우, 그 노비가 아직 살아 있지 않다면 대한을 적용한다.

> 60년 이전의 사안이거나 2세대를 이어 양역을 한 경우에는 자기 노비라 하더라도 각하한다. 어기는 이는 압량위천壓良爲賤의 형률로 처벌한다.

바로 안가와 송가의 재판에서 그대로 쟁점이 된 사항들이다. 이 규정들은 《속대전》 제정 때 갑자기 들어온 것이 아니라, 일찍부터 법전과 수교로 규정되어 오랜 시행을 거쳐왔던 것이다. 안가와 송가의 송사 때도 이미 과한이 된 사건, 다시 말해 소멸시효가 완성된 사안은 제소를 받아주어서는 안 되는 것으로 되어 있었다. 이 소송이 벌어지기 33년 전인 명종 8년

(1553)의 수교를 보자.

> 무릇 송사에 과한과 삼도득신의 법을 대전에 실은 것은, 문서가 있는지 없는지, 사실이 옳고 그른지 따질 것 없이 법으로 기한을 정하여 소송을 끊어버리려 한 것이다. 그런데도 근래에 간사한 무리들이 거리낌 없이 과한이 된 사안을 백 가지 사술을 써서 사단을 일으키는데, 관리들은 위세가 두려워서인지, 소송 수수료 수입 때문인지 받아주는 풍조가 경외에 만연하여 선왕의 법은 폐기된 채 적용되지 않는다. 과한이 된 사안과 삼도득신은 생각할 것도 없는 것이다. 날짜가 얼마나 되었는지, 몇 번 승소했는지만 계산하면 된다. 간사한 무리들이 어지럽게 끊임없이 제소를 일삼으니 매우 괘씸하다. 이제부터 과한이나 삼도득신이 된 사안으로 소송하는 이는 비리호송의 죄로 전가사변에 처하며, 판결을 하여준 관리는 지비오결의 죄를 적용하여 영원히 공무 임용을 금지한다. 이를 사헌부에 전교한다.
>
> —계축년(1553) 4월 9일에 받든 전교

 이 규정은 145년이 지나 숙종 때의 《수교집록》에도 실린다. 그동안 죽 시행되어오면서 유효성이 검증되었다는 의미다. 이에 따르면, 과한이 된 사안으로 소를 제기하는 것 자체가 범죄다. 비리호송, 곧 이치에 닿지 않는 일로 제소를 즐기는 죄가 되어 그 무서운 전가사변에 처해진다. 그뿐 아니다. 이런 소를 받아준 관리는 지비오결, 곧 고의로 잘못된 판결을 한 죄로 장 100과 함께 파직되고 이후 재임용도 영원히 금지된다. 이처럼 과한이 된 사건의 수리는 소 제기를 한 당사자와 심리를 하는 관리 모두가 처벌을 받는 범죄행위이다. 그동안 안가의 제소가 접수되지 않은 것은 이런 까닭이다. 『동소만록』 같은 많은 저술에서 송관들이 위세에 눌려 소를 받아주지 않는 위법을 저질렀다고 서술하지만, 사실은 소장을 접수하는 행위가 오히려 죄가 되는 불법인 것이다. 받아주어서는 안 되는 소이기 때문에 관청에서는 수리하지 않았던 것이다.

> 또 원수지간인 안가를 사주하여 송사를 일으키도록 하였으나 송관이 이발의 의논을 따르지 않자 논박하여 벼슬이 갈리도록 하였고, 세 사람이나 바꾸고서야 자기와 친한 사람으로 송관을 삼아 마침내 안가의 노비로 만들었으니, 동인의 계책은 역시 극히 흉악하고 간교한 것이었습니다.
> ─김장생이 이귀에게 보낸 편지

송관

안씨 집안의 소장은 받아주는 것이 위법이다. 그런데 이 위법한 소가 어떻게 접수될 수 있었을까. 실은 그것이 위의 수교에서 명종이 예시한 것처럼 위세 때문이라 할 수 있다. 원체 드셌던 동인의 기세는 이이가 죽은 뒤에는 하늘을 찌르고 있었다. 그리고 안씨 집안의 꾸준한 노력은 송익필 형제들에게 사림의 흉적 가문이라는 꼬리표를 붙여, 사회 일반이 그들을 일단 곱지 않은 시선으로 내려다보게 하는 데 성공하였다. 송씨네 사람들과 일면식도 없는 선비조차 그들을 거리낌 없이 비웃을 수 있었고, 그런 태도를 제 호기의 표방으로 내세우는 치기도 한 번쯤 부려보는 것이 유행이었다. 홍경신도 그랬고, 김류도 그랬었다.

그런데 송씨 형제들은 재주가 빼어나고 기품마저 있었다. 만나본 이들은 감화를 받고 오히려 배우려 한다. 하지만 어떤 이들에게는 이 점이 더욱 눈꼴시었다. 게다가 동인들은 서인의 저항하는 배후에 구봉이 있다고 의심하였다. 송씨 형제를 치는 안가의 제소는 일정한 교감 속에서 이루어진 것이 아닐 수 없다. 이제까지 각하되던 소장이 장예원에서 접수되었다. 장예원 판결사는 정윤희丁胤禧(1531~1589)이다. 성호星湖 이익李瀷(1681~1763)은 정윤희의 작은 전기를 지은 바 있는데, 그의 성품에 대해 말과 웃음이 적고 검약하였으며 일에 과단성이 있었다고 한다. 그러면서 이런 대목이 이어진다.

그때에 안씨의 큰 송사가 있었는데, 상대방이 권세가를 끼고 세상을 위협하니 사람들이 감히 판결하지 못한 지 몇 해가 되었다. 공이 판결사에 제수되어서는 문을 닫고 방문객을 거절한 채 며칠을 깊이 생각하였다. 그런 뒤에 나아가 명을 받들어 숙배하고 곧장 관청에 나아가 책상에 쌓여 있는 청탁 편지들을 하나도 뜯어보지 않고 송사의 승패를 판결하니 조야가 크게 놀랐다. 안씨 집안에서는 지금까지 그 판결서를 보관하여 대대로 전한다고 한다.

— 『성호전집星湖全集』, 「고암정선생소전顧菴丁先生小傳」

앞서 본 대로 송익필이 무서워 관청에서 소를 받아주지 않은 것은 아니며, 오히려 당시에는 그의 적대 세력이 융성하던 시기이니 배경 서술이 사실과 부합하지 않는다. 하지만 송사가 끝난 이후에 그렇게 알려지고 전설이 된 것이다. 무너질 것 같지 않은 사림의 공적 송사련의 후손을 판결로 파멸시킨 장쾌한 거사에는 찬사와 함께 극적인 설화가 붙는다. 그리고 이 전설은 여러 버전으로 확대되어 퍼져간다. 『동소만록』에서는 정윤희가 판결사가 되기 위해 꾀까지 부리는 것으로 나온다.

> 이때 사련은 이미 죽었고, 그 아들 부필·익필·인필·한필은 율곡, 우계, 송강과 더불어 그 권력의 기세를 한창 일세에 구가하고 있었다. 송관들은 잇달아 회피하고 심리하지 않은 채 달포가 지났다. 감사 정윤희가 이를 듣고 분개하였다. 그는 사람들에게 "《주례》의 팔의八議(법을 어겼을 경우 형법으로 처벌하지 않고 형량을 경감해주는 여덟 종류)에서 그 첫 번째가 '현賢'인데, 구봉같이 현능한 이가 어찌 남의 노비이겠는가?'라고 말하였다. 서인들이 크게 기뻐하여 정 공을 판결사에 제수하였다. 공은 출사하여 다음 날 바로 안윤(안정란)에게 승소 판결하고 익필 형제들을 가두어 형을 집행하였다.

강직한 정윤희는 세력을 잡고 있는 서인들을 교묘히 속여 넘겨 송익필 형제와 그 자손들을 노비로 만들고 처벌할 수 있도록 하였다는 것이다. 위의 두 내용은 전승된 설화로서의 기록이라 할 수 있다. 사실과는 많은 차이가 있다는 말이다. 일단 정윤희의 등장은 동인이 힘을 쓰던 시절이며, 그렇기에 100년 된 사안이 접수될 수 있었다. 따라서 그는 지나치게 강직할 이유도 없었고 꾀를 쓸 까닭도 없다. 위의 전승들에서는 며칠 만에, 또는 다음 날 곧바로 독단적으로 판결한 것으로 되어 있다. 하지만 이는 상언된 사건으로서 국왕의 재가까지 거쳐 확정되었다. 게다가 1585년 말에 개시한 이 소송이 종료한 것은 이듬해 9월로, 열 달 넘게 끈 송사이다. 정윤회가 당일에 독단하여 끝냈다는 것은 성립할 수 없다. 더구나 끝날 즈음에는 판결사가 갈리어 마무리는 배삼익裴三益(1534~1588)이 하였다. 19세기에 간행된 배삼익의 문집 『임연재집臨淵齋集』에 실린 연보에는 아래와 같이 배삼익의 활약에 관한 서술이 나온다. 『금역당집琴易堂集』에 있는, 아들이 쓴 행장에도 배삼익의 활약에 관해 같은 내용이 간추려져 있다.

> 만력 14년 병술(1586) …
> ○ 8월 교체되어 의흥위 상호군이 되었다가 곧 장예원 판결사가 되었다. 〔앞서 중종대 기묘년에 정민공 안당의 종 송사련이 그의 처남 정상과 함께 정민의 아들 안처근을 모해하러 무고하고, 대신 남곤이 추관이 되어 허위 사실을 어줍게 엮어 정민과 그의 아들 처겸, 처근, 처함 등을 죽게 만들었다. 안씨가 죽게 된 뒤 사련은 고변의 공으로 위법하게 속량하여 작위를 받았다. 사련이 죽고 그의 아들 한필, 익필 등은 당시의 명사들과 교분을 맺으니 방자하여 거리낌이 없었다. 사람과 귀신이 분통해 한 지 60년 남짓에 안씨 자손이 장예원에 제소하여 판결을 하게 되었는데, 모두들 피할 구실만 엿보고 있자 선생이 바로 계문하여 위법한 공훈이 삭제되도록 하니, 사람들이 모두 통쾌하게 여겼다.〕 구백담(구봉령)의 만사를 지었다. ○ 11월에 교체되어 용양위 대호군이 되었다가 곧 성균관 대사성으로 뛰어올랐다.

정윤회에 대한 서술 태도와 정확히 일치한다. 모두가 피하려는 송씨 가문의 처벌을 배삼익이 홀로 과감히 나서서 성사시켰다는 것이다. 이즈음은 안씨 가문의 승소가 확정되고 마무리 추가 절차를 진행하던 시점이다.

따라서 배삼익이 간여한 것은 맞지만, 모두들 위세에 눌려 눈치만 보는 분위기에서 과단성 있게 떨치고 일어나야만 했던 상황은 결코 아니다. 후대에 그처럼 정형화되어버린 것이다. 이처럼 전승된 내용들은 여러모로 비현실적이다. 다만 정윤희가 뚝심으로 밀어붙여 성공하였다고 인식하는 것은 확인할 수 있다. 정윤희의 역할이 크긴 했던 것이다. 하지만 송관의 이런 태도는 지나친 개입이 될 수 있다.

민사소송의 이상으로 공평, 적정, 경제, 신속을 든다. 이 가운데 적정의 이상에는 법관의 소송지휘가 도를 넘지 않아야 한다는 것도 있다. 과도한 개입은 실체적 진실 발견에 오히려 저해될 수 있을 뿐 아니라 공평의 이상을 잃을 수도 있다. 그런데 많은 사람들은 법관이 개입하여 정의롭게 해결하는 것이 바람직하며 실제로 그렇게 할 것이라 기대하는 일이 많다. 과거에 대학에 가기 위해 학력고사라는 시험으로 점수를 받던 때가 있었다. 이때 최고점을 받은 사람은 신문에 대문짝만 하게 실리고 방송에서 인터뷰를 했다. 문과의 수석은 거의 한결같이 특정 법대에 진학한 뒤 판사가 되어 어려운 사람들을 돕겠다고 말한다. 법관의 역할이 그런 것이라 생각하는 풍조에 기대어 가장 선망을 받는 학과에 지원하는 것을 포장하는 것이다. 소송에서 판사는 절대로 곤궁해 보이는 사람이나 그런 척하는 사람을 편들어서는 안 된다.

이와 관련하여 많이 거론되는 것이 석명권釋明權이다. 법관이 당사자에게 이것저것 물어보거나 관련 증거를 제출하라고 말하는 권한이다. 이 권능을 실질적 정의를 실현하는 데 활용할 수 있다고 생각하는 이들이 판사들 중에도 있다. 하지만 석명권은 어디까지나 판결의 기초가 되는 소송관계를 뚜렷이 하여 적정한 재판이 이루어지도록 하는 데 목적이 있는 것이지, 누구를 돕기 위한 것이어서는 안 된다. 소송관계를 분명하게 정리해가다 보니 사실상 어느 당사자에게 유리해지는 경우가 생기는 일도 있지만, 그것이 제도의 취지는 아닌 것이다. 법관은 공평하고 적정하게 재판하는 것이 사회에 기여하는 일이다. 사회적으로 취약한 이들을 돕는 데는 법학보다 더욱 적합한 학과가 많이 있고, 법조에 진출한 사람들 또한 특출나게 그처럼 살지 않으며, TV에서는 정반대로 사는 그쪽 출신들도 적잖게 보게 된다.

곽사원 둑 소송

안가와 송가의 다툼은 국왕에게까지 올라간 사안이다. 그런데 송씨 형제들은 임금의 눈 밖에 난 듯하다. 종친까지 동원하여 호소했지만 선조에게서 호의적인 시선은 느껴지지 않는다. 왜일까. 실은 전초전이라 할 만한 사건이 직전에 벌어졌었다. 황유경黃有慶의 노비인 거인居仁이 교하에 있는 토지를 놓고 곽사원郭嗣源과 오랫동안 소송을 하고 있었는데, 곽사원이 송한필과 사돈지간인 것이다. 이 송사도 많이들 들먹이는 사건이지만, 그에 대한 이해는 부실하다. 그저 방죽을 둘러싼 분쟁이었다고만 할 뿐이다. 그러면서 여전히 뿌리 깊은 오해에 기반한 서술만 하고 있다. 전하는 기사가 간략한 탓이다. 하지만 힘껏 사안을 들여다보면 몇 가닥 실마리는 있다. 우선, 둑을 둘러싼 송사라 알려져 있는데, 잘 보면 토지 소송이다. 그리고 어느 자료에서는 10년 기한, 입안 등이 들먹여지기도 한다. 이를 바탕으로 어느 정도 추측해볼 수 있다.

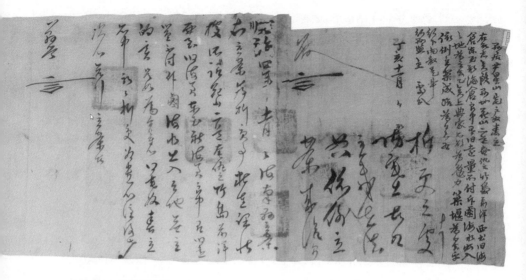

1647년(인조 25) 해남현 입안

오른쪽은 입안 발급을 신청하는 소지이고, 왼쪽은 그에 따라 발급된 입안이다. 입안이란 사람들 사이에 이루어진 법률행위에 대해 관청에서 증명해주고 발급하는 문서이다. 소지에서 왼쪽 하단부에 "절수折受할 곳에 제방을 쌓은 이를 주인으로 한다는 것은 법전에 실려 있으니, 예에 따라 입안을 작성하여 발급할 것"이라는 처분이 쓰여 있다. 해남 윤씨 가문 소장.

『시경』의 "왕의 땅이 아닌 것이 없다.(莫非王土)"는 구절은 조선에서도 자주 인용되었다. 이런 왕토사상을 표방하였다는 점을 들면서 조선 사회에 대해 토지국유론을 주장하기도 한다. 하지만 이 표현은 이념적인 선언에 지나지 않았다. 오히려 사적 소유권을 남용하거나 권세로 토지를 겸병하는 일이 잦은 것이 현실이라, 『시경』의 구절은 그런 사회상을 규탄할 때주로 인용되었다. 사실, 조선에서는 사유가 너무 과도하게 조장된 것이 문제였다. 더욱이 사적 소유가 미치지 않는 영역도 국유라고는 생각하지 않았다. 그런 땅에 대해서는 『맹자』에 나오는 "뫼와 숲, 가람과 연못은 백성과 함께 누린다.(山林川澤, 與民共之)"는 말을 자주 인용하면서 공유지여야 한다고 역설한다. 하지만 조선에서 산림과 천택은 사실상 무주지無主地로서 선점의 대상으로 인정되었다.

인구가 적고 경작 기술이 덜 발달한 시기에는 농경을 할 수 있는 토지가 한정되었을 것이다. 그 이외의 토지에 대하여는 사람들이 독점욕의 대상으로 삼지 않았고 누가 누리는지 관심도 기울이지 않았다. 특히 농사짓기 어려운 산이나 숲, 강기슭, 갯벌 등은 간헐적으로 수렵, 어로, 채취나 하는 곳일 따름이다. 하지만 사람 수가 늘어 기존 토지의 소출만으로는 생활이 충분하지 못하게 되고, 농업기술의 발전으로 물 대고 경작할 수 있는 범위가 늘어가면서, 황무지로 여겨지던 곳들은 점차 농경지로 바뀌어갔다. 이때 새로 생긴 경작지의 소유권은 개간한 사람에게, 다시 말해 노동력을 투여하여 쓸모없는 토지를 유용하게 변화시킨 이에게 주어지는 것이 타당할 것이다. 그리하여 "황무지는 개간하여 경작한 이를 그 소유자로 한다"는 규정이 《속대전》〈호전〉 '전택' 조에도 있다. 갯벌이나 산지를 개간하여 소유지로 삼는 일반적인 절차는 아래와 같은데, 언제부터 성립된 것인지는 뚜렷하지 않다.

① 개간할 지역을 선정
② 대상지가 무주지임을 확인, 입증
③ 관청에 입안을 신청
④ 입안 발급 → 소유권(해제조건부) 획득
⑤ 입안 발급일로부터 3년 이내에 토지 개간

이 절차대로라면, 흔히 하는 말로 미리 찜해놓고 나서 경작할 수도 있다. 남보다 먼저 한다는 뜻에서뿐 아니라 미리 한다는 면에서도 그야말로 '선先'점이다. 입안을 받는 순간 법적인 소유권을 취득한다. 하지만 3년 이내에 경작을 해야 한다는 조건이 붙는다. 그러지 않으면 소유권을 상실하는 것처럼 보인다. 이것과 함께 생각해보아야 하는 조문이 《경국대전》〈호전〉 '전택' 조에 있다.

> 3년 넘게 경작하지 않은 진전은 다른 사람이 신고하여 경작하는 것을
> 허용한다. [주] 갯벌은 10년으로 한다.

농경 사회를 기반으로 했던 조선에서는 땅을 놀리는 것 자체가 죄다. 그리하여 소유자가 있는 토지라도 버려져 있으면 남이 갈아먹을 수 있도록 법이 인정해준 것이다. 묵히는 땅을 진전陳田이라 하는데, 3년 묵은 노는 땅은 다른 사람이 자기가 경작하겠다고 신고하면 농사를 지을 수 있다. 그런데 이때 경작자가 그 토지에 대하여 소유권을 취득하게 되는가 하면 그렇지는 않다. 위의 《경국대전》 조문에다 《속대전》은 다음과 같은 주석을 붙인다.

> 3년 넘게 경작하지 않은 진전은 다른 사람이 신고하여 경작할 수 있다
> 는 내용이 《경국대전》에 있는데, 이는 영구히 그 땅을 준다는 뜻이 아니
> 라 본주인이 돌아와서 땅을 찾을 때까지 일시적으로 갈아먹을 수 있도
> 록 한다는 것이다.

남의 노는 땅에 농사를 지을 수는 있지만 그 토지를 차지하지는 못하는 것이다. 그런데 문제는 《경국대전》에서 "갯벌은 10년으로 한다"는 의미이다. 어민이 바닷가 갯벌을 소유하는 일이 있을지는 모르겠지만, 논란이 될 것은 A라는 사람이 바다나 강의 갯벌에 둑을 쌓고 물을 막아 농지로 만든 경우이다. 특히 입안을 먼저 받았을 때이다. 입안을 받고서 10년간 개간하지 않고 있는데, B가 신고하고서 개간하려 하면 어떻게 될 것인가? 갯벌을 10년 안에 개간하지 않았으므로 《경국대전》의 규정에 따라 A는 소유권이 상실된다고 해석할 여지가 있긴 하다. 그렇다고 B가 소유권을 취득한다고 할 수 있는가? B가 3년 또는 10년을 갈아먹기까지 했다면 어떨까? 그는 무주지가 되어버린 갯벌을 자신이 선점하여 개간하였다고 주장할 것이다. 하지만 A는 가장 비용이 많이 드는 투자인 둑을 자신이 쌓았기에 갯벌이 농토가 될 수 있었던 것이니 농지는 그 결과물로서 자신의 소유가 되어야 한다고 주장할 것이다. A의 입장에서 B는 재미만 본 사람이다. 곽사원의 둑과 관련된 소송은 이런 종류의 분쟁이 아닐런지 하고 떠올려본다.

논란의 비롯

아마도 송가에 대한 사회적 분위기가 악화되기 전에 송한필에게 아들을 장가보낸 곽사원네는 살 만한 집이었을 것이다. 갯벌에 둑을 지어 농지를 만들려면 재력이 있어야 하기 때문이다. 관가에 개간 신청을 하고 입안을 받아 둑을 쌓았나 보다. 이후 물을 빼고 소금기를 털어 농지를 만드는 데도 시간과 비용이 들었을 것이다. 그래서 "갯벌은 10년"으로 하는지도 모르겠다. 어쨌든 방치된 듯이 보이는 빈 땅에 황유경의 노비 거인이 경작하러 들어왔고, 이 때문에 분쟁이 생긴 것이 아닐까. 자그마한 실마리들로써 짐작해나아간 바이니 실상은 원고와 피고의 상황이 서로 바뀌어 있을 수도 있다. 모양새를 보면 거인은 황유경을 대리하여 한다는 것이 아니라 스스로를 위해 경작하겠다는 형식을 갖추었던 것 같다. 이 분쟁이 관청으로 왔을 때, 앞에서 보았듯이 법률 규정이 상세하지 않은 만큼 곧바로 판결해주기 어려웠을 것이다. 사안은 위로 올라가고 급기야 조정에서 분란으로 번진다. 이 사건과 관련하여 처음 나타나는 기록은 율곡의 『경연일기』(『석담일기』, 『석담야사』라고도 함)로, 1581년(선조 14)의 기사에서이다.

대사간 김우굉金宇宏이 사안에 대해 회피하였다. 그는 형조정랑 어운해魚雲海를 탄핵하여 파직시켰는데, 얼마 뒤에는 자신이 탄핵을 받아 직책을 잃었다. 일찍이 우굉은 곽사원과 염전을 두고 해를 넘겨 소송하였다. 우굉과 함께 지원하는 사대부가 많았으나 결국 승소하지 못하여 마음 깊이 원한을 쌓았다. 그리하여 형조참의가 되자 곽사원에게 죄를 주려고 하였는데, 정랑 어운해가 따르지 않자 우굉은 이를 마음에 두었다. 얼마 안 되어 우굉은 대사간이 되었는데, 운해는 김 공이 형조 관원으로 있으면서 사사로운 감정으로 무고한 죄를 씌우려 했었다고 사람들에게 말하였다. 우굉이 이를 듣고 크게 노하여 대궐로 나아가 스스로를 고소하면서 말하였다. "정랑 어운해는 상관을 능멸하여 손발을 꼼짝 못하게 합니다. 이렇게 신이 업신여김을 당하는 것은 스스로 잘못한 탓입니다. 교체하여주시옵소서." 임금께서는 "아래에서 위를 능멸하는 것은, 이게 다 기강이 없다는 것이다." 하시고 운해를 파직하라 하셨다.

운해는 사람됨이 공손하고 충신하여 위를 범하는 이가 아닌데도 우
굉이 사사로운 원한으로 공격하면서 감히 군주를 속인다 하여 선비들의
논의에서 더럽고 비루하게 여겨졌다. 얼마 뒤 사간원에서 탄핵하여 우
굉을 교체하였다.

조선 사회에서 소송의 문제가 어떻게 얽히는지 보여주는 예이기도 할
것이다. 1581년 김우굉金宇宏(1524~1590)은 소송 중인 곽사원에게 형을 가
하려 했는데, 그것이 자기 소송에 얽힌 사감 때문이었기에 지탄을 받았다
는 것이다. 어느 검찰총장이 예전 호기롭던 시절에 "검사가 수사권 가지고
보복하면 그게 깡패지, 검사입니까?" 하고 외치던 말이 떠오른다. 김우굉
은 영남의 추앙받는 사류로서 인품도 인정을 받는 인물이다. 그런데 율곡
의 사후 베스트셀러가 된 저작에 저런 기사가 실렸으니 그의 후손들로서
는 부담스럽지 않을 수 없다. 18세기 후반에 김우굉의 문집 『개암집開巖集』
이 간행된다. 여기에 실린 그의 연보에는 1583년(선조 16)에 대사간에 임명
되었지만 사의를 표한 것으로 적으면서, 『석담야사』(『경연일기』를 말함)에 실
린 내용은 사실이 아니라는 비판을 덧붙인다. 기록이 차이를 보인다. 무엇
보다 연도가 다르다.

『개암집』의 연보에는 그가 56세가 되는 1579년(선조 12) 가을에 이미 대
사간이 되었다가 대사성이 되고, 곧이어 병조참의, 예조참의가 되었다고
하면서, 가첩家牒에는 이런 사실이 1580년과 1581년의 일로 되어 있지만
묘갈문에 의거하여 1579년으로 한다고 설명한다. 집안에 전해지는 문서,
곧 가첩이라 한다면 고신告身과 같은 임명장일 터라서 훨씬 더 정확한 자
료인데, 웬일인지 이를 버리고 군이 연도를 2년 당겨 기술하고 있다 실제

로는 이른바 가첩의 기록이라고 밝힌 내용이 실록의 기사에 부합한다. 『선조실록』에 따르면 김우굉이 대사성으로 임명된 때가 1581년이어서 가첩은 물론 『경연일기』와도 합치한다. 『선조수정실록』은 그해 9월에 그가 대사간에서 교체되었다고까지 하여 완전히 일치하기도 하는데, 다만 이 기사는 율곡의 일기를 바탕으로 한 듯하다. 『경연일기』에는 1579년 가을의 대사간으로 권덕홍과 구봉령만 나올 뿐인데, 당시 구봉령의 대사간 임명도 실록에서 확인할 수 있어 정확도를 높인다.

실록 이외의 자료로도 검증해볼 수 있다. 1583년에 조정에서 있었던 일을 싣고 있는 『계미기사』에는 대사간을 제수하는 상황도 담고 있다. 1월 22일 이발, 윤2월 9일 이우직, 같은 달 14일 송응개, 같은 달 28일 홍혼, 7월 16일 박승임이다. 이 사이 4월에 김우굉의 임명은 보이지 않는다. 12월의 기사는 이렇다.

11일. 노상盧相이 또 병으로 사직하였다. 다시 글을 내려 명하였으니,
안자유를 대사간으로, 정유청을 부교리로 삼았다. 14일. 이증을 대사간
으로 삼았다. 19일. 이우직을 대사간으로, 서익을 종부첨정으로 삼았다.

이처럼 이어지는 세 날짜의 기사가 모두 대사간 임명 기사이다. 사유도 적혀 있지 않다. 『개암집』 연보를 보면 김우굉은 계를 올려 사직을 해명할 만큼 매우 시끄럽게 그만둔 경우이다. 그런데도 『계미기사』에는 그런 기사가 나오지 않는다. 더구나 8월 17일에는 그의 동생 김우옹이 대사간에 제수된다. 같은 해에 형제가 대사간에 임명되는 흥미로운 일을 굳이 누락시킬 리가 있을까. 4월의 대사간 임명과 사임을 굳이 적지 않을 이유가 느껴

지지 않는다. 다른 것은 몰라도 연보가 택한 시기는 잘못되었다.

　연보에서 굳이 달리 적은 것은 선조 14년(1581)의 대사간 교체를 전하는 『경연일기』의 기록이 잘못되어 보이도록 하려는 조치라 여겨진다. 연보는 해마다 기록하던 관직 상황을 57세(1580)와 58세 때는 적지 않는다. 이때 일어난 일을 1579년으로 몰았으니 쓸 내용이 없었겠다. 59세에 갑자기 충청도 관찰사가 되었다. 그리고 60세가 되는 1583년에 예조참의와 형조참의를 거쳐 4월에 다시 대사간으로 임명되지만 사직하였다는 일을 기록한다. 여기에 덧붙여 곽사원 관련 사건에 대한 장황한 해명을 하고, 『경연일기』의 기사를 모두 인용하면서 잘못 알려진 내용이라고 설명을 한다. 또한 이때 임금께 올렸다는 사직의 계문이 문집의 다른 부분에 실려 있다. 거기서도 자신이 곽사원에게 형을 가하려 했던 일에 대한 해명이 주를 이룬다. 그러는 중에 입안과 10년 과한의 문제 등 송사에 관련된 내용이 나와서 사건의 내용을 약간은 짐작할 수 있게 해준다. 그러나 이 자료를 그대로 이용하기에는 아직 무리가 있다. 후대에 기술한 이 내용은 손을 좀 댔다는 의심이 해소되지 않기 때문이다.

피혐

　곽사원 송사와 관련된 당대의 기록은 이이의 『경연일기』에서 소략하게 드러난 것 말고 또 있다. 앞에서도 나온 우성전의 『계갑일록』이다. 율곡과 대척점에 선 동인 쪽의 기록인 데다 훨씬 더 자세한 내용이 들어 있다. 실제로 송사에 대한 것은 이 기록에 의거하여 알려져 있다. 후대의 글들에는 이이가 서인 쪽이라 곽사원을 비호하였다는 지적이 자주 있다. 그렇다면 이 일기도 그와는 반대 방향으로 편향적일 수 있겠다. 이이가 편든다는 곽사원에 대하여 우호적일 수 없는 쪽의 기록이니, 사건의 기술은 무척 객관적이거나 반대 방향으로 치우쳤을 터이다. 일기를 보면 이이의 기록으로부터 3년이 지난 1584년(선조 17) 4월에도 이 사건은 끝나지 않았다. 이때 이이는 죽고 없었다. 선조는 화를 낸다. 기풍을 담당하는 사헌부에 비망기를 내린다. 비망기란 승정원을 통해 글로 내려보내는 국왕의 명령이다.

> **4월 10일**
>
> ⋯ 비망기는 이러하다. "거인과 곽사원 들이 교하에서 둑을 쌓은 일로 소송하는데 많은 사대부들이 그 사이에 끼어 있다고 하여 저번에 철저히 찾아내서 올리도록 한 지가 이미 몇 달이 지났는데도 말 한마디 없이 조용하도다. 풍기를 주관하는 데가 이러니 다른 곳은 말할 게 뭐가 있겠는가. 속히 살펴서 아뢰어라." 사헌부는 피혐하고 물러났다. 〔윤두수 형제도 그들에 끼어 있어 덮어두고 아뢰지 않았던 것이다.〕

법관이 소송당사자와 특별한 관계에 있는 경우 그 법관을 절차에서 배제시키는 것은, 소송당사자에 대하여는 재판의 공정성을 보장할 수 있고, 법관에게는 심적 부담을 덜어줄 수 있다. 현행 민사소송법에서는 심리를 맡아서는 안 될 관계들을 정해놓았다. 이들 이유 때문에 법관이 당연히 배제되는 것을 '제척'이라 한다. 그리고 이 규정에 해당하진 않지만 재판의 공정을 기대하기 어려운 사정이 있는 경우 당사자의 신청으로 배제하는 '기피'가 있다. 그리고 송관 스스로가 제척·기피의 사유가 있다고 판단하여 재판을 피할 수 있는데, 이를 '회피'라 한다. 위에서 피험한다는 것은 요즘 말로 회피를 하였다는 것이다.

전통시대에는 제척 사유에 관하여 '상피'라는 이름으로 규율되었다. 상피는 본래 특별한 관계에 있는 일정 범위의 사람들을 동일 관사나 상하 관계의 관사에서 함께 근무하지 못하도록 하는 법제이다. 관리에 관한 규정이라 《경국대전》 〈이전〉 '상피' 조에 실려 있다. 여기에 상피되는 범위를 기재하면서 그 주석에 '소송에서도 마찬가지다'라고 하여 재판에서도 적용되도록 하였다. 이때 상피의 범위는 당연히 송관과 당사자 사이에 적용된다. 그 관계를 한정하는 데 차이가 있을 뿐 입법의 취지는 오늘날의 제척과 다를 바 없다. 그리고 상피의 범위에 든다고 해서, 또는 그에 들지 않더라도 자신의 공정성을 의심받을 우려가 있다고 느껴지면 알아서 피하기도 한다. 이 경우 흔히 '피험'이라는 표현을 쓴다. 의심받을 일을 피하겠다는 뜻이다. 현행 민사소송법의 회피제도에 정확히 해당한다.

소송당사자가 보기에 그러한 사유가 있다고 여겨질 때도 있다. 이때 담당 재판부나 법관을 배제해달라는 신청을 할 수 있다. 기피가 그것이다. 전통시대에 당사자가 송관에 대하여 기피 신청을 하는 경우 '귀구歸咎'라는 표현으로 나타난다. 허물을 씌운다는, 다소 좋지 않은 말맛을 준다. 지금도 판사들은 기피 신청을 하는 당사자를 안 좋게 보는 경향이 있다. 사실 기피라는 말도 좋은 어감은 아니다. 이러한 상피, 귀구, 피험 등은 소송절차를 지연시키는 사유가 되므로, 상피에 해당하지 않는 한 재판을 하도록 지시하는 수교가 자주 내려졌다. 곽사원 소송이 길어진 데는 윤두수의 피험에서 보듯이 관리들의 피험이 잦았던 탓도 있어 보인다.

선조의 명을 받은 사헌부에 윤두수가 있었던 모양이다. 그는 서인의 영수 격이기도 하다. 피험한 까닭에 대해 동인의 거두 우성전은 간여된 사대부들 안에 윤두수와 그의 아우 윤근수도 들어 있기 때문이라고 설명한다. 그러니 윤두수는 곽사원을 비호한다는 소리를 들을 만한 처지여서 그런 의심을 피하고자 한 것이리라, 하고 생각하겠지만 놀랍게도 그렇지 않다. 그 반대이다. 거인을 편든다는 의심 때문이었다. 다음 날인 11일의 일기에서 분명해진다.

4월 11일

··· 지평 이홍인과 사간 정윤복이 일찍이 집의였을 때 피험하여 사직했던 것이 사헌부의 경우와 같았다. 대사간 윤근수가 피험하여 사직하니 주상께서 말씀하셨다. "경이 그러는 것인가? 사헌부에서 조사한 뒤에 알 수 있는 일인데 어찌 그런 말에 피험하여 사직하는가?" 윤근수가 사직하며 말하였다. "신은 형인 두수의 이름과 함께 곽사원의 입에 올라 거인을 편든다고 사헌부에 고소되기에 이르렀다고 합니다. 이 소송에서 다투는 토지가 교하에 있다고만 들었을 뿐 신의 형제는 아무런 교섭이 없는데도 이렇게 무고를 받으니 그 까닭을 알 수 없습니다. 이는 곽사원이 남들의 사주를 받아 하는 말입니다. 아마도 거인과 한편에 있는 구종이라는 이가 송사를 주관하여 비리가 매우 심한데 저희 집에서 멀지 않은 곳에 산다는 생각으로 서로 알 것이라 여기고 생각 없이 가리킨 듯합니다만, 또한 알 수 없는 일입니다. 신은 참으로 구종의 얼굴도 모릅니다. 이 일은 신이 오랫동안 쓰이지 못함에 남들이 천하게 여기는 바가 되어 하류에 사는 탓에 쉽게 지목되기 때문이옵니다."

윤근수와 윤두수가 비호한다고 하는 이가 곽사원이 아니라 거인인 것이다. 곽사원의 소송, 그리고 이후 송씨 가문의 송사에 대해 이이를 비롯한 당대 세력가들의 비호 때문에 오래 끌어 끝나지 않았고, 혹은 제소조차 되지 않았다고들 후대에 기술하고 있다. 그런데 이 소송에서 윤두수와 윤근수는 이이가 편든다는 곽사원 쪽이 아닌 것으로 동인 거두의 기록이 전한다. 동인들은 윤두수·윤근수 형제를 이이의 동류가 아니라고 보고 있단 말인가? 같은 해 8월 18일 실록의 기사를 보자. 대간臺諫은 선조에게 이렇게 답한다.

> 박순, 정철, 이이, 박응남, 김계휘, 윤두수, 윤근수, 박점, 이해수, 신응시 등이 심의겸과 생사의 교분을 맺어 명성과 세력을 서로 기대면서 조정을 흐리고 어지럽혔으며, 성혼 같은 이도 그들의 농단에 함께하였습니다. 그리하여 마침내 조정의 위아래가 두 가닥이 되어 안정을 이루지 못하였으니 이 사람들이 빚어낸 일이라 하지 않을 수 없습니다. 그 죄를 빨리 정하옵소서.

상대 진영에서 정하는 심의겸의 일파, 곧 서인의 핵심 명단을 알 수 있다. 이에 따르면 성혼, 이이, 정철, 윤두수, 윤근수는 생사를 함께한 동지들이다. 후대의 서적들이 하는 말처럼 송익필·한필 형제와 친분이 두터운 막강한 권력의 이이가 송한필의 사돈인 곽사원을 돕고 그에 따라 여러 관원들이 관련되었다면, 윤두수 형제는 생사지우인 율곡의 편에서 곽사원을 적극 지원했어야 할 것이다. 그런데 실은 정반대인 것이다. 이 두 형제는 거인의 편으로 의심받고 있는 상황이다. 적어도 곽사원을 돕는 것처럼 비쳐지지 않았다는 점은 뚜렷하다. 그리고 이것은 서인 쪽에서 해명하는 글이 아니라, 그 대립 정당의 수뇌급 인사가 당대에 쓴 일기의 기록이다.

`

선조의 분노

　곽사원 쪽을 지원하는 쪽도 있었던 모양이지만, 알려진 바와는 달리 거인 쪽의 성세가 더욱 강했던 것으로 보인다. 동인 쪽은 물론 서인의 영수인 윤두수 형제도 거인을 지원하는 것으로 인식될 정도다. 한갓 노비를 그들이 편들 리는 없다. 배후에 있는 황유경 때문일 것이다. 그리고 이는 공인된 사실이라 하겠다. 그래서인지 그해 4월 선조는 분노한다.

4월 23일
　… 주상께서 사족인 황유경은 거인이 무엄하게 함부로 상언하는 것을 막지 않고 있는데 사정을 모르지 않으면서 그러는 것이라면서 형조에 국문토록 하여, 형신을 한 차례 가했다. 곽사원의 진술에서도 황유경은 간여하지 않았다고 하는데도 오히려 형신을 더하니, 사간원에서 아뢰어 형신을 중지하도록 청하고 추국하는 형조의 당상관과 낭청을 조사하여 파직하도록 요청하였다. 주상이 답하셨다. "사대부가 그 사이에 많이 끼어 있다고 하니 다시 따지지 말라."

4월 24일
　… 황유경에 대한 형신을 중지하자는 계문에 답하셨다. "사대부의 신분

으로 간사한 이들과 함께 공모하여 저마다 당을 세워 전답과 이익을 다툰다. 연로하여 형신조차 가할 수 없는 이들 둘은 서로 진지를 쌓아 대치시켜놓고는 종적을 숨긴 채 지원하면서 송관을 겁박한다. 조정의 씻을 수 없는 수치이다. 그런데도 한 사람도 맞서는 자가 없다. 이것이 고려 때 임견미·염흥방의 경우와 무엇이 다른가? 상전 된 이는 그 노비를 시원하게 때려죽여 조정에 사죄해야 마땅하거늘, 도리어 늙은 간흉을 안아 키우면서 그 못된 짓을 종용하여 조정을 더럽히니, 이 죄만 해도 결코 용서할 수 없는 것이다. 더구나 자신이 그 사이에 끼어 있지 않다고 할 수만은 없는 터임에랴. 유경은 반드시 죽여 용서치 말아야 한다."

선조의 진노가 여간 아니다. 신료들이 벌벌 떨게 생겼다. 괜히 두둔하다가는 자신에게까지 불똥이 튈지 몰라 전전긍긍했겠거니 싶다. 그러나 실제는 그렇지 않다. 신하들은 아랑곳하지 않고 황유경을 죄주지 말라고 거듭 요청한다. 왕명을 출납하는 승지 박승원은 황유경의 장인이기도 하다. 선조는 결국 견디지 못하고 풀어준다. 죽어 마땅하다고 호통을 친 지 닷새도 안 된 28일에 형신의 중지를 윤허하고, 일주일이 지난 5월 5일에는 이렇게 전교한다. "황유경의 병이 중하다고 대사헌이 말하니 빈말은 아닐 터. 석방하라." 이때 대사헌은 정철이다. 송한필 형제와 더없이 교분이 깊은 이가 오히려 나서서 석방시키자 하니, 어쩔 수 없었겠다. 곽사원을 비호하는 모습은 정철에게서도 보이지 않고, 오히려 그에 반하는 행태가 나타나고 있다.

선조는 착잡하다 못해 참담하였을 것이다. 조정의 부끄러운 행태라며 이틀에 걸쳐 일갈한 것을 병이 깊을 것이라는 구실을 붙여 명을 거두어들여야만 했으니. 이것이 다 신료들의 기세 때문이다. 조정 역할에 힘을 다하던 이이가 그리웠을지도 모른다. 하지만 바로 얼마 전에 죽은 율곡은 정적들이 누구나 들먹이면서 웃어댈 수 있는 대상이 되어 있었다. 위에서 본 4월 23일 선조의 처분 기사에 이어서 우성전은 아래의 말을 덧붙여 은근히 이이를 헐뜯는다.

> 유경은 거인의 상전이다. 거인 등이 다투는 둑은 교하에 있는데 곽사원이 가진 입안에는 인장을 위조한 자취가 있고, 양쪽에 가담한 사대부들이 많았다. 그런데 곽사원은 송한필의 사돈이라 이이가 힘을 다해 고집하니 송관들이 감히 마음대로 판결하지 못하고 거의 10년을 끌었다. 임오년(1582) 임열任說은 한성부 판윤이었다. 당상들이 모여 의논할 때 "지금 공론을 이끄는 이들이 모두 사원을 도우니 따를 수밖에 없다."라고 말하자, 서윤 김행이 누구냐고 물었다. "이조판서이다." 하니, 김행이 "이조판서가 한성부 판윤을 겸했구려. 어떻게 한성부를 지휘할 수 있는가?" 하였다. 듣는 이들이 전해가며 웃었다.

이와 관련해서는 『계갑일록』의 5월 7일에 공조참판 정언지鄭彦智(1520~?)가 계를 올린 줄거리가 실려 있다. 송사에서 자신이 거명되는 것에 대한 해명인데, 우성전이 붙인 해설보다 더욱 자세한 내막이 나온다. 이에 따르면, 거인은 곽사원의 문서위조가 드러났는데도 형조가 은폐한다고 상언하여 사건이 형조로 내려왔다는 것이다. 사안을 형사사건으로 비화시킨 것이다. 오늘날에도 민사사건을 유리하게 가져가기 위해 형사고소를 남발하는 폐해가 있는데, 당시에도 이런 방식을 똑같이 쓴 것이다. 이런 코치를

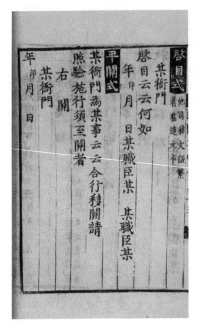

《경국대전》계목 양식
《경국대전》〈예전〉에는 공문서의 서식에 관한
규정이 수록되어 있는데, 계목식啓目式도 그중
하나다.

하는 이가 구종이라 알려져 있다. 지금의 검경과 마찬가지로 옛날의 형조
는 이런 뻔한 일을 떠맡는 것이 싫다. 한성부로 보낸다. 한성부가 전국의
토지 소송에서 상소심 역할을 하기 때문이다. 민사로 처리하라는 뜻이다.
'형조가 은폐하였다'는 말까지 들었으니 피혐의 의미도 있겠다.

　당시 한성부 판윤判尹은 임열任說(1510~1591), 좌윤左尹은 정언지, 우윤右
尹은 홍연, 그리고 실무를 하는 서윤庶尹은 김행이었다. 이 송사가 골치 아
픈 사건인 것은 온 조정이 다 안다. 여기서도 맡고 싶지 않다. 정언지, 홍
연, 김행은 형조로 돌려보내기로 결정한다. 은폐의 일로 상언한 것이었지
진위를 분간해달라는 것은 아니었다는 이유를 들었다. 판윤도 그리하자고
하였다. 그런데 임열이 작성한 계목의 한 글귀를 김행이 문제 삼았다. 임

금께 아뢰는 것을 계啟라 하고 그 내용을 담은 글을 계본啟本이라 하는데, 내용이 짧을 때는 계목啟目이라는 형식으로 올린다. 거기에 "척재관으로 보내어"라는 구절이 있었는데, 김행은 그것을 빼야 한다는 것이었다.

'척재관'이란 척隻이 있는 곳의 관청, 곧 피고가 사는 곳을 관할하는 관청이다. 소를 제기할 때는 척재관에 하도록 되어 있다. 현재도 마찬가지로 피고의 주소지를 관할하는 법원에 소장을 제출하는 것이 원칙이다. 정언지는, 형조로 이송한다는 것이 주된 내용이고 척재관이라는 말이 있더라도 그것이 원고와 피고의 승패에 관련된 것도 아니며 이미 공식적으로 다 이루어진 일이니 굳이 고칠 것 없겠다고 말한다. 그러나 김행은 고집한다. 결국 판윤에게 가서 말하니, "그렇다면 일단 중지하자."고 하여 한 달을 끌었다.

이를 두고 이후 김행은 앞의 『계갑일록』에 붙은 해설에서처럼 임열이 이이 때문에 그리한 일이라 퍼뜨리고 다닌 것이다. 하지만 판윤의 태도는 그리 잘못되어 보이지 않는다. 한성부가 맡을 사안이 아니라며 돌려보내기로 한 이상, 계목의 내용은 매우 타당한 조치이다. 임열이 작성한 글을 풀이해 보면 이렇다. 형사 문제로 상언이 된 사건이니 형조가 처리할 것이며, 그렇지 않고 민사 사항이라 판단하여 우리한테 보낸 것이라면 아직 판결 전이니 척재관으로 보내 마무리짓도록 하는 것이 옳겠다는 것이다. 담당하기 싫은 사건을 관할이 아니라는 이유로 돌려보낼 때 대는 핑계로는 되돌아오는 것도 방지할 수 있는 매우 알맞은 사유이다. 관록이 묻어난다.

그런데 척재관으로 보낸다는 이 글귀가 김행은 불만이다. 형조에서 형사 처벌 받도록 해야 한다는 내심이 읽힌다. 혹시나 형조가 사건을 교하로 보내버릴지 모를 여지를 두지 말자는 이야기가 되기 때문이다. 앞서의 글로 미루어보면, 인장의 위조가 드러나 있는데 군이 척재관으로 보내야 한다는 말을 할 필요가 있겠느냐는 이유를 댔으리라 여겨진다. 그런데 위조 항변은 당사자의 주장일 뿐 그에 대한 범죄 성립의 판단은 형조의 몫이며, 한성부는 바로 그 사유를 들어 회송시키자는 것이다. 형조가 조사하여 사실로 밝혀지면 인장 위조의 죄로 처벌하고, 그에 따라 민사 절차에서는 해당 당사자에게 패소 판결을 내리면 그만이다. 오히려 한성부에서 위조라고 확정할 것이라면 그에 따라 스스로 판결하면 될 일이다. 사안에 대한 자신의 민사상 역할은 미루면서, 형조에다가는 다른 데 보내지 말고 꼭 거기서 형사 처리하라고 하달하는 식이 되면 오히려 심히 부당하다. 그래서 동인인 좌윤 정언지조차 형조로 이송하는 것이 주된 목적인데 그런 글귀야 뭐 어떠냐면서 달랜 것이다. 하지만 김행은 완강하다. 강직하다는 평도 받는 인물이다.

한성부의 우두머리는 판윤으로 정2품직이다. 그 아래서 종2품의 좌윤과 우윤이 보좌한다. 서윤은 종4품이다. 김행이 서윤이다. 홀로 당하관이다. 정3품 이상의 품계를 갖는 당상관은 관료들 가운데서도 특별히 구분지어져 특권도 주어지는 범주이다. 마루 위에 올라 군왕과 함께 중요한 정사를 함께 논의할 수 있다는 데서 유래한 지위이기 때문이다. 행정각부에서는 당상관들이 협의하여 의사 결정을 한다. 그에 따라 당하관이 실무를 집행하는 것이다. 그 실무 역할을 맡는 서윤 김행이 결정문의 한 글귀가 마음에 들지 않아 따를 수 없다고 우겨서 일이 진척되지 않고 있다. 임열은 화도 났을 것이다. 사안을 각하시켜버리겠다고도 하였다. 이럴 때는 다른 셋이 뭉쳐 반대하였다. 이처럼 의견이 분분하여 처리하지 못하다가 홍연, 김행, 임열이 갈리어 나가고, 정탁이 판윤으로 왔을 때야 사건은 형조로 이송되었다.

이 사건에서 이이 때문에 못한다고 임열이 말했고 이에 김행이 이이가 판윤이냐고 따졌다는 것이다. 아무래도 사실일 것 같지 않다. 임열의 일 처리는 합당한 면이 있고, 이는 다른 당상관들이 보기에도 무리하지 않다. 도리어 당하관인 김행이 좀 억지다. 당시 임열은 70대의 노신으로서 율곡 보다도 26세나 많다. 실록에도 "젊어서부터 문장이 뛰어나 이름이 났고, 관직에 있으면서 근검하여 치적이 있었다"는 평가를 받고, "가업이 풍요롭 다 보니 신진들로부터 자기 관리를 못한다고 논박을 몇 차례 당하였다"고 전하며, "문장에서는 어느 선비도 못 따라간다고 인정받을" 정도였다고 한 다. 누대 명문가의 부유한 원로 중신이 새파란 40대의 후배 관료에게 굽실 거릴 이유는 전혀 없어 보인다.

정언지는 이 과정에서 있었던 에피소드와 의견도 아뢰었다. 그의 외조카 안민학이 곽사원 아들의 말을 듣고 와서 사건을 형조로 이송하지 말라고 밤이 깊도록 간절히 졸랐지만 들어주지 않았다는 것이다. 이런 태도를 지 켰기 때문에 동료들이 모두 논박을 당했지만 자신만은 면할 수 있었다고 한다. 그러면서 사건에 대한 의견을 말하며 마무리한다.

> 곽사원은 원래 교활한 모리배이고, 그 아들 곽건의 장인인 송한필도 이 익을 좇는 똑같은 사람입니다. 송한필 형제가 사림에 이름을 가탁하여 평소 이름난 신료들과 교류하고 친밀하게 지내고 있습니다. 이 때문에 사대부들이 그의 간사한 술책에 빠지는 일이 많습니다. 곽사원의 소송 도 이에 기대어 위세를 부려서 송관을 겁먹게 하니 시비가 혼란하게 되 어 이 지경까지 이르렀으며, 이 또한 그런 연유입니다.

일을 송한필에게까지 잇는다. 그러면서 그를 평할 때 송한필 형제라 하여 슬쩍 송익필까지 한통속으로 몬다. 선조는 대답한다. "이제 경의 계사를 보고 내가 그 곡절을 알게 되었다. 간사한 자의 말은 믿을 것이 못 되니, 경이 어찌 그랬겠는가? 황공하게 여기지 말라." 이어서 묻는다. "송한필은 서얼 송사련의 아들 한필인가?" "그러하옵니다." "알았다."

엄청난 말씀이 나온다. 서얼 송사련! 그는 역모를 알림으로써 왕조의 위기를 모면케 하여 당상관에 오른 공신이 아닌가? 다른 이들은 몰라도 왕가에서는 그를 인정해주어야 할 터인데, 절충장군 송사련이 아니라 서얼 송사련이라고 선조가 말한다. 이 시기에는 이미 국왕조차 자기 할아버지를 위기에서 구한 송사련에 대해 그저 서얼로 알고 있는 상황이 된 것이다. 당시 송사련에 대한 사회적 인식을 알게 해준다. 사람은 그를 공공의 적으로 생각하고 있었으며, 이런 분위기는 왕실에까지 이른 것이다. 아들인 익필·한필 형제가 사림에서 행세하는 것은 빼어난 재주와 덕성 때문이었고, 그마저도 한편에서는 고깝게 보고 있는 것이다. 선조의 입에서 저런 말이 나왔다는 것은 동인들의 목적이 이루어졌음을 보여주는 것이기도 하다. 송한필 형제가 공적 송사련의 아들인 데다 사리사욕을 꾀하는 모리배라는 인식을 심어주는 데 성공한 것이다.

처벌

거인의 주인인 황유경은 절대 배후가 아니고, 따라서 처벌해서는 안 된다고 우기며 선조의 뜻을 거스르던 신료들은 곽사원의 아들 곽건, 곧 송한필의 사위가 실질이라며 처벌해야 한다고 아우성을 쳤다. 목표는 분명했다. 송한필이다. 정언지의 계가 있은 다음 날인 5월 8일 선조는 지난 일을 묻지 않기로 하고 형신을 가해 곽건을 조사하도록 하였다. 7월 5일의 일기에는 그 결과가 나온다. 곽사원과 거인 모두를 처벌하는 것으로 결정되었다. 아마도 7월에 들어설 즈음 형조에서 거인과 곽사원을 장형과 도형에 처하는 것으로 법률 적용을 올린 듯하다. 화가 많이 났던 선조는 만족하지 못한다. 적용 법규를 고쳐 전가사변으로 처벌하도록 하였다. 중형이다. 이때 사헌부에서는 구종과 곽건도 처벌하자는 논의가 인다. 대사헌은 정철이다. 사헌부의 고위 관료는 대사헌(종2품), 집의(종3품), 장령(정4품, 2인)이다. 대사헌은 반대하지만, 집의 이유인, 장령 공호와 이충원 셋이 뭉쳐서 말을 듣지 않는다. 정철은 사직을 청한다. 세 번이나 했지만 답이 없다. 세 관원도 사직을 청하며 아뢴다.

> 거인은 구종이 없으면 특별한 일개 도적 종놈일 뿐이니, 어떻게 명사들에게 들러붙어 위세를 부릴 꾀를 낼 수 있었겠습니까. 곽사원은 간사한 노인네로서 곽건의 혼맥에 힘입어 강적이 된 것입니다. 곽사원이 곽건을 자식으로 두지 않았다면 특별한 일개 시골 사기꾼일 뿐이니, 어떻게 벼슬아치들을 끌어들여 교란시킬 솜씨를 낼 수 있었겠습니까.

선조는 이를 받아들인다. "곽건을 처벌하지 않으면 누굴 처벌한단 말인가. 사직하지 말라." 이쯤 되면 기관장을 해먹지 못한다. 정철은 사직의 계를 올리면서, 그동안 묵혀뒀던 말을 토해낸다.

명망과 세력이 있는 이들을 끌어들였다고들 하는 말은 곽건이 아니라 바로 그의 장인 송한필을 가리킵니다. 한필은 일찍부터 당대의 명사들과 교유하였으며, 신에게는 먼 친척이 되어 서로 안 지 오래되었습니다. 저번에 정언지가 했다는 말이란, 평소 이름난 신료들과 교류하고 이에 기대어 위세를 부려 송관을 겁먹게 하였다는 것입니다. 지금 이유인 등은 정언지의 말을 이어받아 한필을 미워하는 마음을 곽건에의 분노로 옮기고 있습니다. 게다가 신료들까지 간인이 위세를 부리도록 도왔다고 의심받게 합니다. 한필을 아는 사대부들이 어찌 다 무식하여 이치에 닿지 않게 간여했겠습니까.

곽건을 들먹이는 목적이 실제로는 송한필을 향하고 있다는 말이다. 참으로 겨냥하는 것은 송한필 형제, 나아가 그들과 교유한다는 당대의 명사들이리라. 정철은 곽건이 처벌되면 이유인 등은 옳고 자신은 그른 것이 될 터이니 물러나게 해달라고 청한다. 임금은 사람마다 견해가 서로 다를 수 있는 것일 뿐이라며 말렸지만, 정철은 계속 사직을 청한다. 사간원에서는 이유인 이하를 교체하라고 간언한다. 결국 7월 11일에 사헌부는 대사헌 이하 집의와 장령이 다 갈리고, 새로운 인물들로 임명된다. 이날 사간원에서 곽건을 처벌하지 말 것을 청했다. 선조는 벗어날 수 없을 것 같다고 말한다. 14일에는 송한필까지 처벌하라는 명이 떨어진다.

서얼 송한필이 명사들과 결탁하여 세 개의 굴을 파고 그의 사위 곽건과 함께 곽사원을 모주謀主로 삼아 비리호송을 하였다. 곽사원의 간사한 꾀와 감춰진 셈은 그가 계획하고 지도하지 않은 게 없다. 시비를 어지럽히고, 터무니없는 말로 속이고, 신료들을 모함하고, 송관을 겁주어 마침내 조정을 욕보이게 만들었다. 그 교활하고 음험한 정상이 극히 해괴하도다. 이제 배후의 수괴들이 차례차례 처벌을 받았는데 한필이라는 불여우, 간악한 괴수, 살모사는 법망을 빠져나가 형사 사법을 쓸어버리니 국정을 운영할 수 없게 되었다. 잡아 가두고 끝까지 신문하여 처벌하라.

천하의 악인도 이런 나쁜 놈이 없다. 송한필은 제대로 찍혔다. 세 개의 굴을 판다는 것은 '교활한 토끼는 세 개의 구덩이를 파놓는다(狡兔三窟)'는 말을 가져온 것이다. 토끼가 자신의 안전을 위해 영리하게 위장 전술을 쓰는 것이 사냥꾼이나 천적에게는 교활해 보일 것이다. 처벌하지 말 것을 건의한 대사간 신응시는 세 구덩이의 하나가 자신을 말하는 것으로 여겨졌는지 피혐한다. 정철의 퇴직은 선조가 말린다. 며칠 뒤 선조는 결국 곽건과 송한필을 처벌하지 말라고 전교한다. 황유경과의 균형 문제가 있으니 그들까지 처벌하는 데는 무리가 없지 않다. 그런 탓인지 동인들도 더 이상 문제 삼지 않았다. 사실은 이미 이룰 것은 다 이루었기 때문이다.

이제까지 적대 세력인 동인의 기록을 통해 살펴본 바, 이 사건은 그간 알려진 내용과 다른 점들이 많이 보인다. 지금 당연하게 하는 이야기처럼 그때 이이 등의 위세에 눌려 처결을 못하고 있던 것이라 할 수 있을까. 우선 서인의 비호라는 말이 성립하지 않는다. 서인의 거두 윤두수·윤근수 형제는 상대방 쪽인 거인 편 사람으로 나오니 말이다. 그리고 이이 쪽 사람이라 하는 이들의 업무 처리는 비상식적이지 않다. 한성부 판윤 임열은 율곡이 함부로 대할 만한 인물도 아니다. 한성부에서 맡지 말자고 합의된 사안을 이송할 때 형사사건이면 형조에서, 민사 쪽이라면 척재관이 마저 처결할 사항이라는 말을 붙인 것은 매우 적절한 워딩이다. 여기서 척재관이라는 글귀를 빼자고 우기는 쪽이 오히려 의심스럽다. 더구나 직속상관인 당상관들이 하는 말조차 듣지 않는다. 일은 그래서 진행되지 않고 있다. 백번 양보해서 이이의 위세에 눌리는 모습이 어디 나타나는가? 오히려 비웃고 눈 하나 꿈쩍하지 않는다.

연루자를 늘리지 말자는 정철의 태도는 그리 부당해 보이지 않는다. 거인의 경우 그 상전인 황유경에 대해 국왕이 죽여 마땅하다고까지 했는데도, 관원들은 그가 무관하다며 들고일어나 막았으면서 곽건은 곽사원의 아들이라는 이유로 처벌에 끌어들이려 한다. 이는 결국 힘없는 곽건이 아니라 명망 있는 장인 송한필을 노린다는 것은 삼척동자도 안다. 대사헌 정철은 그건 아니라고 한다. 송한필과의 친분도 숨기지 않는다. 그런 일과는 관계없는 문제라는 것이다. 정철은 일찍이 황유경의 처벌에도 반대하여 그가 풀려나는 데 실질적인 역할을 하였다. 정철이 편파적이었다고 하려면, 그가 황유경에 대해서는 중히 처벌되도록 애썼어야 맞는 말이 된다. 그의 자세는 일관되었다. 그런데 바로 밑에서 그를 모시는 집의와 장령들이 뭉쳐 사직까지 청하며 처벌을 우겨서 일시 관철시킨 것이다. 직속 하급 관료마저 정철의 위세(?)에 전혀 눌리지 않는다. 율곡 등의 비호 때문에 오랫동안 끌게 되었다는 말이 성립하는 상황인가.

선조조차 할아버지 중종의 공신인 송사련을 그저 서얼이라 비하하는 상황이다. 그러니 약자는 그의 자손들이다. 그렇기에 노비 거인도 서슴없이 송가의 사돈집을 향해 소장을 내민다. 물론 법률상 당연히 보장되는 권리이기도 하다. 이때 상전인 생원 황유경의 사주가 없었을까. 그는 승지를 하고 있던 박숭원의 사위이기도 하다. 거인을 편든 사대부들이 일개 노비를 보고 했을 리가 없다. 소송당사자의 상전이며 국왕을 가까이에서 모시는 관료의 사위에 대해서는 이상하게도 신료들을 끌어들여 위세를 부린다는 비판이 차단된다. 국왕의 호통도 소용없다. 황유경에 대한 비호가 오히려 대단하다. 이런 분위기 속에서 이후 안가의 제소도 이루어졌다. 이미 10년도 더 전에 노비조차 송가의 사돈집을 상대로 소를 제기할 수 있었는데, 당시 화려하게 부활하여 인정받고 있는 안씨 가문의 제소를 일부 관료들의 위세 때문에 받아주지도 않았다는 것은 말이 되지 않는다. 후대에 갖다 붙인 어불성설일 뿐이다. 그런 위세는 작용하지도 않았고, 오히려 그랬다간 몰매 맞을 빌미가 되는 상황이다.

요즘도 그렇지만 전통시대의 소송에서 가장 중요했던 것은 문서이다. 종문권시행從文券施行, 곧 문서에 의거하여 판결하라는 지침은 가장 중요한 원칙이었다. 그렇기에 소송에서 상대방이 제출한 문서에 대해 위조라고 주장하는 것은 늘상 있는 일이다. 거인이 이를 들어 상언하고 형사사건으로까지 비화시키는 것은 당시에 상당히 지나친 일이다. 저간의 사정을 간파한 선조가 진노한 것은 당연하다. 하지만 결국 그 작전은 성공하였다. 양 당사자 모두 전가사변이라는 중형으로 처벌되었지만, 한쪽은 일개 노비인 반면, 다른 한쪽은 목표로 했던 송한필의 사돈인 것이다. 그리고 그 무엇보다 결정적인 성취는 가뜩이나 사회적 인식이 나빠진 송씨 가문에 대해 천한 데다 탐욕스럽기까지 하며 교활하고 음험한 인물들이라는 인식을 선조에게 심어주는 데 성공한 것이다. 기세가 오른 동인 세력은 그 이듬해에 안씨 가문에게 송가를 제소하도록 부추긴다.

4장 소송의 진행

친착결절

안당의 시호까지 얻어 당당히 권세를 회복한 안씨 집안은 사림의 공적
송사련을 쳐야 한다는 대의명분을 만들어내는 데까지 성공하였지만, 시효
라는 법리적 문제는 난감한 해결 과제이다. 지원 세력과 머리를 맞대고 고
민했을 것이다. 마침내 복안이 선 것일까. 과한으로 각되던 사안이 접수
되었다. 정윤희가 장예원의 우두머리인 판결사가 되어 받아들여준 것이다.
송씨 집안에서는 맑은 하늘에 날벼락이다. 100년도 더 된 일이… 무언가
석연치 않다. 그래도 일단은 가서 잘 이야기해보아야 하겠다. 익필을 보내
자. 언변이나 글발을 그 누가 따르겠는가. 송익필은 일가 몇 사람과 함께
장예원에 찾아가 사실관계를 찬찬히 설명하면서 그에 맞춰 해당 법조를
하나하나 들어가며 논리 정연하게 설명하였다. 그러자 놀라운 일이 벌어
졌다.

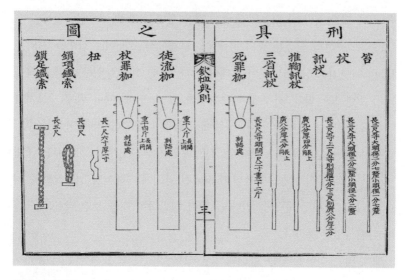

《흠휼전칙》의 형구

《흠휼전칙欽恤典則》은 1777년 정조가 형구제도를 격식대로 시행하게 할 목적으로 펴낸 법제서이다. 각 형구의 규격과 형을 집행하는 주체를 등급별로 규정해놓았다. 그림에서 오른쪽부터 태笞, 장杖, 신장訊杖, 추국신장推鞫訊杖, 삼성신장三省訊杖, 사죄가死罪枷, 도류가徒流枷, 장죄가杖罪枷, 추杻, 쇄항철색鎖項鐵索, 쇄족철색鎖足鐵索이다.

"저놈은 이치를 거스르고 있다. 매우 쳐라"

송익필에게 장을 친 것이다. 장예원은 형사사법기관이 아니다. 그런데 조선시대 지방의 수령이나 중앙 각 아문은 직권으로 태형을 집행할 수 있었다. 태는 50대까지 칠 수 있고, 60대부터는 장형이다. 태와 장은 둘 다 길이 108cm의 막대기로 두께만 조금 다르다. 당구봉처럼 끝으로 갈수록 약간 가늘어지는데, 어느 것이나 얇은 쪽으로 때려야 한다. 태는 굵은 쪽이 0.83cm, 얇은 쪽이 0.53cm이며, 장은 굵은 쪽이 0.99cm, 얇은 쪽이 0.68cm으로, 두께만 1.5mm 안팎의 차이가 날 뿐이다. 굵기로 봐서는 장을 치나 태를 치나 다 회초리질이다. 장을 쳤다고 할 때 그 매는 신장일 수도 있다. 조선의 신장은 앞의 형구刑具 그림에서 보듯이 손잡이를 제외하면 긴 널빤지 모양이고, 길이는 태나 장과 같다. 신장은 신문할 때 자백을 받기 위한 도구이다. 하루에 30대까지만 칠 수 있고, 때린 뒤에는 상처가 아물도록 3일을 쉬어야 한다. 사극에서 곧잘 나오는 곤장과 유사하지만, 곤장이 훨씬 길고 두껍다. 곤장은 조선 후기 『속대전』부터 등장한다. 군대에서 사용되기 시작했으며 특별히 정해진 범죄에 대해서만 집행하도록 되어 있다. 그런데도 '곤장을 친다'는 말이 일반화된 것을 보면 남용되는 일이 다반사였던 듯하다.

태에 맞든 신장을 맞든 항간에서는 '장을 맞았다'고 표현한다. 구봉에게 정식으로 태형을 부과했을 것 같지는 않다. 생원이나 진사는 금전으로 태형을 갈음할 수 있는데, 구봉은 소과 합격자이므로 그럴 자격이 있다. 그러니 신장을 맞았을 것이다. 하지만 알 수 없다. 분위기를 보면, 네까짓 게 무슨 생원이냐 하면서 무시했을 수도 있고, 그럴 때는 모양에서 거의 차이가 없는 장을 무심코(?) 태 대신 들고서 칠 수도 있다. 당시에 남형濫刑은 빈번했다. 신장을 치더라도 강약 조절은 가능하며, 1회 30대 제한을 안 지킬 수도 있다. 쉰 줄의 노구에 장을 맞는 것은 고통스러울 뿐 아니라 자칫 목숨이 위험하다. 신문 과정에서 죽어나가는 일은 당시에 아주 드물지 않았다. 그 무엇보다도 대학자로서 볼기를 까고 장을 맞는다는 치욕 자체가 죽음보다 더 쓰라렸을 것이다.

구봉에게 형을 가했다는 것은 죄인 취급을 한다는 뜻이다. 이처럼 피고를 형사 피의자로 취급하여 민사소송을 진행하려는 것은 매우 부당하다. 심히 편파적이다. 참으로 바람직하지 않은 일이 벌어지고 있다. 소송을 못

Whiping prisoner　刑　罸　(朝鮮風俗)

태형과 곤장

위 사진은 일제강점기 사진엽서에 보이는 태형 집행 장면이다. 아래 그림은 곤장을 치는 모습으로, 김윤보의 『형정도첩』에 '종로에서 치도곤을 때리다(鍾路結杖治盜棍打)'라는 제목이 달려 있다.

하게 하려는 것일지도 모른다. 송익필은 거의 죽을 지경에 이르렀다고 한다. 그해에 조헌이 올린 상소에도 그런 암시가 있다. 참담한 송익필은 송정에 나갈 수 없다. 육체적으로도 다음 번 신장은 견뎌내지 못한다. 노리는 핵심 인물이 송익필이라는 것은 누구나 다 안다. 몸을 숨길 수밖에 없다. 이제 송씨는 누구든 장예원에 가는 것이 죽으러 가는 길이다. 법정에 갈 수 없게 된다면 어떻게 되는가? 송가에서는 의심을 한다. 친착결절법親着決折法을 적용하여 패소시키려는 것이 아닐까. 그것은 《경국대전》〈형전〉'사천私賤' 조에 있는 규정이다.

> 소송이 개시된 뒤 50일 안에 까닭 없이 송정에 나오지 않은 것이 30일이 되면, 출석한 쪽에 승소 판결하도록 한다. 〔주〕 송정에 출석하여 몸소 이름을 적는 것(친착)으로써 증명한다. 이로써 이루어진 판결이 잘못되었다고 하여 제소하는 것은 받아주지 않는다. 친착할 때 사술을 쓴 경우에는 다시 수리하여 심리할 수 있다.

예나 지금이나 현 상황에서 이익을 보고 있는 이, 주로 피고는 소송을 지연하려 한다. 그 방법의 하나가 법정에 나오지 않는 것이다. 그런 불출석에 대한 제재로는 무변론 판결이 있다. 피고가 답변서도 제출하지 않거나 제출했더라도 이후 전혀 소송에 임하지 않거나 하는 경우에 원고의 주장을 인정하는 판결을 할 수 있다. 우리 국회의원은 특권을 내세워 사법절차에 불응하는 것으로 유명하다. 실제로 검찰을 잘 만나면 제대로 먹히는 것 같다. 그래서였는지 과거 김 아무개 국회의원은 노무현 대통령이 어느 기업으로부터 50억을 받았다고 퍼뜨려 그 기업으로부터 제소되었는데,

법정에 나가질 않았다. 결국 30억 원을 배상하라는 판결이 내려졌다. 무변론 판결이다. 버티면 다 되는 줄 알았다가 날벼락이었을 것이다. 그 의원은 소송이 진행되고 있는 줄 몰랐다는, 말도 안 되는 변명과 함께 아무 증거 없이 의혹을 제기한 데 대해 당사자들에게 깨끗이 사과한다고 고개를 숙일 수밖에 없었다. 우리의 경험에 따르면 정치인의 이런 사죄는 매우 드물다. 30억을 물어줄 생각에 암담했던지 봐달라는 제스처를 보인 것 같다.

친착결절도 불출석에 대한 제재 규정으로서 당사자의 출석을 압박하여 소송을 촉진하려는 것이다. 그런데 여기서는 출석을 못하게 막고서 악용한다. 피고가 나오도록 하기 위해 제정된 법률을, 피고를 못 나오게 만들어 적용하려고 한다. 은밀한 방식도 아니고 공권력의 과격한 수단이 동원된다. 법정에 못 나가면 패소하여 모두 안씨 집안의 종이 되는 것이다. 나아가면 판결사에게 맞아 죽고, 가만있으면 안가의 손에 죽게 생겼다. 진퇴유곡, 죽음의 딜레마이다. 결국 송인필을 보내기로 한다. 형제 가운데 가장 맏이인 그는 일흔 가까운 몸으로 문중을 대표해서 나선 것이다. 70세가 넘으면 형신을 가할 수 없는 게 법인데, 그에 근접한 예순 일곱 나이의 노옹에게 차마 장을 치겠는가, 하는 바람이었으리라.

송관은 약이 올랐나 보다. 숨넘어갈지도 모르는 늙으신네를 대놓고 때리지는 못했지만, 갓을 벗기고 목에 차꼬를 채워 끌고 다니며 욕을 보이고 겁을 준다. 일흔 평생을 점잖은 사대부로 살아온 이가 견디기 어려운 일이다. 죽진 않겠지만 법정에 가기가 겁나는 것은 마찬가지다. 판결사는 장까지 맞은 익필과 한필도 출석시키라며 그들의 종을 가두면서 압박한다. 안씨 집안은 신이 났다. 소송은 이미 이긴 것이다. 어떻게 해도 좋은 송사련의 자손들. 협박도 하고 린치도 하고 불을 지르기도 한 모양이다. 송가는 대궐 앞에서 꽹과리를 치지 않을 수 없었던 것이다. 송씨 형제들의 조카 송곤은 법전의 규정을 제시하면서 사건을 받아주는 것 자체가 비리호송과 지비오결로 처벌되어야 할 일이라는 호소도 했는데, 처벌까지는 아니더라도 과한이 지난 사건을 수리한 위법만이라도 바로잡아주길 원했겠다. 그런데 임금은 그저 격쟁한 사안을 장예원에 내려 살펴보라 한다. 결과는 뻔하다. 노비소송은 장예원으로 오게 하소서. 그리하라.

문서 인부

1586년(선조 19) 3월 10일 윤씨 부인을 필두로 한 안씨 집안은 새롭게 잘 정리한 소지를 제출한다. 여기에는 사헌부에서 각하된 소장도 붙어 있다. 장예원에 가서 판결을 받으라 하여 각하된 것이 아닐까 생각되는데, 굳이 풀로 이어 붙인 것을 보면 다른 유리한 내용도 담겨 있을 수 있겠다. 이제 일이 커져서 노골적인 위력을 가할 수는 없고, 형식을 갖추어 사실관계를 확정하고 법률문제를 다투는 모양새로 가져가야 한다. 사건이 접수되긴 했지만, 시효가 지난 오래된 사건이므로 법리적으로 받아줄 수 없는 사안이라는 항변은 극복하지 않으면 안 되는 과제이다. 안당의 시호까지 얻어 당당히 권세를 회복한 안씨 집안은 오랜 노력 끝에 사림의 숙적 송사련을 쳐야 한다는 대의명분을 만들어내는 데 성공했지만, 이러한 법리적 문제들을 해결해야만 하는 것이다. 실은 그에 대한 복안이 섰기 때문에 이 무리한 일을 진행시키는 것인지도 모른다. 판결사는 밀어붙인다. 종친 한원수가 종 명손을 시켜 다시 격쟁해봤지만 분위기만 안 좋아졌다.

장예원에서는 송인필에게 너네가 양인임을 증명하라는 식이다. 소송에서 증명은 주장하는 사실을 법관이 의심 없이 확신하도록 만드는 일이다. 어떤 사실의 존재 여부에 대해 법관이 확신을 갖지 못하면, 다시 말해 증명되지 않으면 그 사실은 없는 것으로 다루어지고, 이에 따라 원고와 피고 가운데 누군가는 패소의 불이익을 입게 된다. 이런 불이익을 받게 될 당사자는 증명의 부담을 안을 수밖에 없는데, 이를 증명책임 또는 입증책임이라 부른다. 이 입증책임을 누구에게 지우는가 하는 문제가 증명책임의 분배이다.

　일반적으로 어떤 사실이 존재함을 입증하는 일이 존재하지 않음을 증명하는 일보다 쉽다. 어느 한쪽에 부담을 지워야 한다면, 쉬운 쪽에 지우는 것이 공평할 것이다. 이런 형평성을 고려하여 특정한 사실의 발생을 주장하는 이에게 그 사실의 존재에 대한 증명책임을 지게끔 하고 있다. 그러므로 소를 제기한 이, 곧 원고는 자기가 주장하는 권리의 근거가 되는 사실을 증명해야 한다. 다시 말해 권리를 발생시키는 사실에 대하여 증명책임이 있다는 것이고, 입증하지 못하면 패소의 불이익을 입게 된다.

　원고인 안가는 송씨 일족을 자신들의 노비로 차지하여 부릴 권리가 있다고 주장한다. 근거로 삼는 주장은 그들이 저네 노비의 자손이라는 것이니, 우선 감정이 자기 집안의 노비라는 것을 증명해야 할 것인데, 이에 대해서는 원고와 피고 사이에 다툼이 없으니 따질 필요가 없다. 그렇다면 감정이 속량되었다는 사실을 피고가 입증해야 하는 양상인 듯이 보이겠으나, 송씨 집안은 100년 넘게 양인으로 번듯하게 살아오고 있다는 엄연한 현실 자체가 양인 가문이라는 강력한 추정이 되고 있다. 이를 근본부터 뒤집어야 원고의 주장이 성립할 수 있는 것이다. 그 때문에 감정과 그 자손들이 실제로 속량되지 않았다는 사실 또한 안씨 집안이 증명하여야 한다.

이들이 노비인 채로 있었다면 상속의 대상이 되었을 것이다. 4월 13일에 안씨 집안은 감정을 속신贖身하지 않았다는 취지가 담겨 있다는 안돈후의 유서를 상속 관련 문서와 함께 대노 옥수를 통해 제출하였다. 내용은 이러하다.

성화 19년(1483, 성종 14) 정월 초9일 아버지가 자필함

행 군수 안돈후[착명]가 아들 장瑋 등에게 주는 유서

나는 아내가 죽은 뒤 나이가 늙고 병이 많아 죽을 날이 얼마 남지 않아 사후의 일을 유언하니, 후록한 내용을 가벼이 여기지 말고 받들어 행할 지어다.

1. 장지는 배천에 이미 정해둔 데로 하되, 물가나 암석이 있어 어쩔 수 없이 옮기게 되더라도 반드시 선영의 근처로 할 것.

2. 노奴 개산은 눈앞에서 사환使喚할 때 신임이 있었으니, 상례를 지내는 이들에게 끼워 주며 3년 뒤에는 풀어줄 것.

3. 장례 의식은 검약하게 하고 무당이나 불사는 일절 하지 말아서 가법에 손상이 가지 않도록 할 것.

4. 비婢 중금은 어머님께 죄를 지어 그 딸 감정이 종량하지 못하였지만, 너희들이 노비를 나누어 상속할 때는 한두 구를 나누어 주어 물 긴는 노고를 면케 할 것.

5. 선조와 부모의 기제사는 외손에게 하도록 하지 말 것.

무려 103년 전의 유서이다. 그리고 백문기白文記이다. 현재 문서 분류 방

식으로 공문서와 사문서를 나누는 경우가 있다. 공문서는 공무원이 직무에 관하여 작성한 문서인데, 소송에서 이를 제출하는 쪽은 이 문서가 정당한 권원으로 작성되었다는 것에 대해 증명할 필요가 없다. 이를 다투는 상대방 쪽에서 위조나 변조가 되었다는 것을 증명해야 한다. 반대로 사문서의 경우에는 그것을 제출하는 쪽에서 진정한 당사자들이 정당한 권원에 터잡아 작성한 문서라고 증명해야 한다. 곧, 공문서는 진정성립이 추정되지만 사문서는 그렇지 않다. 사문서의 진정성립을 인정받기 위한 방편으로는 공증이라는 것이 있다. 곧, 처음부터 공증인을 통해 문서를 작성할 수도 있고, 계약서의 진정성립을 공증인에게 확인받을 수도 있다.

전통시대에 사적으로 작성된 문서는 백문기라 불렸다. 이를 관청에 가져가 공적인 증명을 요청하면 확인을 거쳐 관인이 찍힌 입안을 발급해 붙여준다. 소송에서 이런 입안이 제출되면 현행 공문서처럼 진정성립이 바로 인정된다. 대상이 되는 사문서는 관청에서 당사자와 증인을 불러 확인하여 공증한 데다, 이를 증명하여 발급한 입안은 그 자체로 공문서이니 당연하다. 반면에 백문기인 경우, 상대방은 거의 예외 없이 위조라는 항변을 한다. 따라서 그 처분 내용을 증명하기 위해 문서에 올라 있는 증인을 불러 신문하는 등 확인을 거칠 수밖에 없다. 현행 민사소송에서도 문서가 제출되었을 때 상대방에게 진정성립을 인정할지 부인할지 확인한다. 상대방 당사자가 인정하면 법원은 그 내용을 믿고 판단의 자료로 사용한다. 조선시대에도 이러한 인부認否 절차를 거쳤다. 인정할 경우에는 자신만의 필체로 이름을 쓴다. 착명着名이라 한다. 송인필이 이런 백문기에 착명할 리 없다. 위조문서라 주장한다.

백문기인 유서는 상대방도 없이 원고 쪽에서 일방적으로 작성한 문서이다. 이런 서면은 참으로 증거력이 떨어지는 증거방법이라 하지 않을 수 없다. 내용은 고사하고 문서가 진본인지부터 다투어진다. 문서의 진정성립이 인정되어야, 곧 형식적 증거력이 보장되어야 그에 적힌 내용이 믿을 만한 것인지를, 곧 실질적 증거력을 따져볼 수 있다. 계약서는 형식적 증거력이 확보되면, 다시 말해 진정한 양 당사자가 작성한 것이 확인되면 대체로 그 내용은 믿을 만하다고 본다. 서면에 필집筆執이라 하는 작성자, 계약 내용을 보증하는 증인이 들어가는 것도 증거력을 높이기 위한 것이다. 관청에서 입안을 내줄 때도 이들을 불러 확인을 거쳤다는 내용을 붙인다. 그렇기에 입안은 소송에서 따로 확인을 하지 않는다. 백문기인 경우에는 증인과 필집을 불러 문서의 진정성립을 확인하는 것이 일반적이다.

유서는 상대방 없이 일방의 의사표시만 나타나는 문서라는 특징이 있다. 그런 만큼 유서가 재산을 처분하는 성격까지 가지는 경우에는 입안을 받아두는 것이 좋다. 그렇게까지 하지 않는다면, 서면에 필집과 증인을 두어 형식적 증거력을 확실히 할 필요성은 매우 크다. 안돈후의 유서가 쓰였다는 시기에 작성된 정미수鄭眉壽(1456~1512)의 1493년 각서와 1509년 유서를 보자. 모두 그의 일방적인 의사표시만으로 이루어진 문서로서 재산의 처분에 관한 내용을 담고 있다. 안씨네 유서와 달리 첩자녀라 주장하는 이에게 재산을 주지 말라는 내용이 담겨 있다. 이 두 문서는 정미수의 자필인데, 저마다 2, 3명의 증인을 기재하고 있고, 또한 분쟁이 생기면 이 문서를 관에 가져가 증명하여 바로잡으라는 처분문서들의 통상적 투식이 붙어

1493년 정미수의 각서　　　　　　　　　　1509년 정미수의 유서

안돈후의 유서라는 것과 비슷한 시기에 작성된 것으로, 모두 아내에게 주는 자필 문서이다. 1493년(성종 24, 홍치 6) 각서에는 첩인 종 근비와는 이미 헤어졌고 그 사이에 낳은 딸도 이미 죽었으니 다른 소생을 내 자식이라며 데려와도 재산을 주지 말라는 내용이다. 1509년(중종 4, 정덕 4)의 유서는 죽기 3년 전에 재산 분배를 아내에게 맡기면서 작성한 것으로, 자신이 경기 감사를 지낼 때 기생에게서 낳은 딸은 이미 죽었으니 내 여식이라며 속이더라도 집안에 들이지 말라는 내용이다. 이들 모두 2, 3명의 증인을 기재해놓았으며, 또한 분쟁이 생기면 이 문서를 관에 가져가 증명하여 바로잡으라는 처분문서의 통상적인 문구가 붙어 있다. 똑같이 상속 문제를 기재한 안가 제출 유서와 매우 다른 신중한 태도와 격식을 보여줄 뿐 아니라, 피가 통하지 않은 쪽으로 유산이 가지 않도록 하는 당시의 강한 의식도 엿보인다.

있으며, 처분의 배경도 충실히 설명하고 있다. 똑같이 상속 문제를 기재한 안가 제출 유서와 매우 다른 신중한 태도와 격식이 나타난다.

안돈후의 유서는 증인도 붙어 있지 않은 자필의 백문기이다. 애초부터 증인과 필집이 없으니 이들을 불러 확인할 일이 없다. 당사자 본인도 송정으로 부르기에는 너무나 오래전에 가셨다. 확인 불가다. 그렇기에 시효제도가 있는 것이다. 하지만 상관없다. 장예원에서는 이처럼 부실하기 짝이 없고 당대의 관행과도 격식이 어긋난 문서만으로 이미 송사련이 노비인 것은 증명되었다고 인정한다. 감정이 속량되지 않았다는 것을 기정사실로 놓고 시작한다. 법리상 원고가 증명해야 할 부분이며 연원이 오래되어 상당히 입증이 어려운 사항인데 간단히 해결되었다. 송익필 일족이 노비인 것은 사회적으로 공인된 주지의 사실이라 보는 듯하다. 너네가 노비 아니라는 것을 증명할 수 있으면 해보라는 식이다. 100년도 훨씬 전의 것을 어찌 증명하라는 것인가. 그렇기에 시효제도가 있는 것이다. 하지만 상관없다. 시효 항변은 애초부터 인정해줄 생각이 없다.

16세기의 대표적 소송법서인 『사송유취』는 재판하는 수령을 위해 저술되었음을 표방한다. 그래서인지 다른 법서와 달리 송관이 민사사건을 심리하는 방식을 24개 항목으로 정리한 청송식聽訟式도 수록되어 있다. 그런데 항목들이 대부분이 문서에 대한 조사 절차이다. 오늘날에는 이를 서증書證이라 한다. 무려 20개 항목이나 된다.

> 3. 문서를 제출한다.
> 4. 문서를 열람하고 봉인한 뒤 원고와 피고가 서명하면, 다짐을 받고 원주인에게 돌려준다.

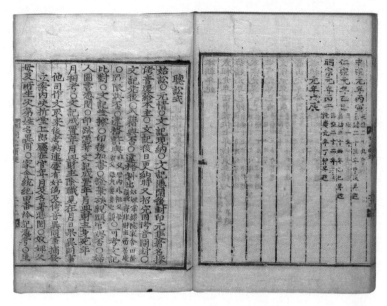

『사송유취』

『사송유취』는 16세기의 대표적 소송법서이다. 사진은 청송식 부분이다.
서울대학교 규장각한국학연구원 소장.

5. 문서를 뒷날 다시 내게 할 때에는 또 다짐을 받고 개봉한다.

6. 문서의 선후(를 살핀다).

7. (군적·호적 등의) 입적 여부(를 살핀다).

8. 형식을 위반하여 입안을 받았는지(를 살핀다). [노비는 장예원인지, 가

　　사家舍·전답은 한성부인지, 재주財主의 거주지가 아닌지]

10. 형식을 위반한 증여인지(를 살핀다). [부모, 조부모, 외조부모, 장인, 장모,

　　남편, 아내, 첩이 아닌지]

11. 참고할 만한 문서들과 대조한다.

12. 문서에 덧써넣거나, 문질러 지웠는지(를 살핀다).

13. 관인을 받은 뒤 가필하였는지(를 살핀다).

14. 증인과 필집이 족친으로 현관인지(를 살핀다).

15. 부인婦人인 경우 도서圖書를 조사한다.

16. 관인을 조사한다.

17. 문서가 만들어진 날짜와 원소유자가 죽은 날짜를 상고한다.

18. 문서가 만들어진 날짜와 원소유자가 관직을 떠난 날짜를 (문서에) 나타난 날짜와 같은지 다른지(를 살핀다).

19. 다른 관사에서 작성된 문서를 가져온 뒤에는 풀을 붙인 자리에 조작이 없는지, 다짐과 같은지 다른지를 가려낸다.

20. 입안 내에 판결한 당상관과 낭청이 그 관직에 있던 연월과 서명을 조사한다.

21. 노비는 부모와 소생의 순서와 이름이 같은지 다른지(를 살핀다).

22. 가옥대장과 전답대장을 조사한다.

23. 소지제출일, 증명발급일, 입안일, 모든 문서의 다짐한 날들이 국기일國忌日이나 일이 생겨 업무를 보지 않은 날에 해당하는지를 조사한다.

이 스무 가지 방식은 거의가 문서의 진정성립을 확인하는 절차이다. 문서가 가장 중요했고 성패를 좌우하기에, 위조 또한 성행했다. 문서에 대한 조사는 신중하고 세밀할 수밖에 없다. 명판결을 이야기할 때는 위조문서를 식별해내는 사례가 꼭 등장한다. 이 시기에 나주목사를 하고 있는 김성일金誠一도 관아에서 벌어진 소송에서 문서위조를 적발한다. 그는 제출된 문서의 이어 붙인 자리에다 물을 적셔 찰기가 생기는 것을 확인한 뒤,

오래된 문서를 가져다가는 물을 적셔도 찰기가 생기지 않는 것을 보임으로써 문서가 위조되었다는 것을 확인시킨다. 그가 다룬 또 다른 사건에서는 원고가 상대방이 제출한 문서에 대하여 '문기위조서사인文記僞造書寫人'의 손에서 이루어진 것이라 주장하는 모습도 나타난다. 전문적인 문서위조업자의 존재와 명칭까지 등장하는 데서 문서를 위조하여 소송의 불씨를 삼는 일이 적지 않았음을 짐작할 만하다. 이 때문에 문서에 대한 조사 절차는 세심히 이루어지기 마련인데, 안돈후의 백문기 유서에 대해서는 그런 태도가 보이지 않는다. 그러나 뒤에 보겠지만, 다른 문서에 대해서는 이루 말할 수 없는 엄격함과 꼼꼼함을 보여준다.

입증

일백 년도 더 된 안돈후의 유서까지 보관하고 있다는 안가에는 중금이나 감정과 관련된 문서들이 다소 있었을 것이다. 그 가운데 자신들에게 유리한 것들을 선별하여 제출하고, 그렇지 않은 자료들은 숨기거나 없앨 것이다. 하지만 내놓지 않을 수 없는 것이 상속 관련 문서이다. 깃급문기나 화회문기가 있다. '깃'이라는 것은 자기 몫이란 뜻을 갖는데, 법률문서에서는 상속분이라는 의미이다. '급給'은 준다는 뜻이니, 깃급문기는 부모가 생전에 자녀들에게 재산 분배를 정해주는 문서가 된다. 화회문기는 아버지나 어머니가 사망한 뒤에 자녀들이 모여서 재산을 나누어 가진 내용을 적은 문서이다. 이들 문서는 현재 자신이 보유한 재산의 근거가 되는 법적 권원이기 때문에 피난을 갈 때도 꼭 싸가지고 가는 것이다. 게다가 여러

장 만들기 때문에 남아 있지 않다고 할 수만은 없다. 안가에서는 겨우 찾았다고 하면서 화회문기를 제출한다. 안당이 필집이다. 그의 형제자매들이 재산을 나눠 가지는 문서인데, 문제는 거기에서 감정에게도 상속분에 따라 재산이 분배되고 있다는 것이다.

안씨 집안에서는 감정을 어떤 사람이라고 이야기하는가? 오락가락한다. 소송을 준비해왔던 안로는 1584년쯤 『기묘록보유』과 『기묘록속집』을 완성하여 유포하였고, 그 이듬해에 아내가 소를 제기한다. 따라서 그 소장(소지)과 책은 같은 시기에 동일인이 가진 정보와 인식을 담고 있다고 할 수 있다. 그런데 송사련의 가계와 관련된 내용이 서로 판이하다. 『속집』에서 감정은 안돈후의 딸이 아니라고 서술한다. 곧, "(중금에게) 여식이 있으니 딸려 온 감정으로, 집안에 들이기 전에 낳은 애"라는 것이다. 하지만 소지에서는 "안돈후가 집안에서 부리던 계집종 중금을 우연히 거두게 되어 딸 감정을 낳았다"고 서술한다. 행실이 무도하여 때려서 배천으로 내쫓았다는데, 때린 사람도 매질한 방식도 서술이 각기 다르다. 그 무엇보다 차이 나는 것은, 『속집』에서는 그 어미 중금이 안돈후의 아들딸들을 다 길러 혼인시킨 것으로 되어 있는데, 소지에서는 중금도 감정과 함께 배천으로 가서 다른 지아비에게 시집가 살았다는 것이다.

안씨 집안이라는 한 소스에서 나온 정보가 왜 이렇게 다른가? 저술 의도가 다르기 때문이다. 그에 맞춰 팩트가 변하는 것이다. 『속집』 '송사련전'에서는 송사련을 근본 없는 천한 노비로 인식시키려는 것이 목적이다. 하지만 그는 얼자이나 안씨 집안으로 알려져 있고, 무엇보다도 양인이 아니면 될 수 없는 관료 생활을 하였다. 그것도 판관이라는 제법 높은 벼슬까지 지냈고, 번듯한 과거 합격생 출신이다. 『속집』은 스스로 서술한 신분 상황과 뚜렷이 모순되는 현실에 대해 또다시 그럴듯한 해설을 붙여야만 한다. 그리하여 안돈후의 3남(안장, 안총, 안당) 1녀를 중금이 잘 길러 시집·장가보냈다는 사실을 들면서, 그런 이유 때문에 속량은커녕 계집종 중금에게 딸려 온 남의 애의 자식인 송사련이 출사할 수 있도록 안당의 형제자매들이 도왔다고 기술하는 것이다.

감정의 지아비, 송사련의 출생 연도 등 틀린 내용도 있는 데다 구성도 그럴듯하게 엮여 있지 않다. 『속집』에서는 안돈후가 상처한 때를 1475년이라 하고 있다. 이때는 막내인 안당이 15세이니, 적어도 당시 38세였던 맏형(안장, 1438~1503), 작은형(안총), 누나는 아마 혼인한 상태였을 것이다. 그러니 그 이후에 들어왔다는 중금이라면 그들을 다 돌봐서 시집·장가보냈다는 것은 사실일 수 없다. 친모가 죽기 전부터 사실상 어머니로서 돌보아주었다는 것이어야만 말이 된다. 이런 분이라면 일찍부터 안돈후의 첩으로서 있었다고 봐야 하며, 친어머니 사후에는 실질적으로 계모가 되었다고 해야 할 터이다. 그러니 감정은 데려온 딸이라 할 수 없다. 더구나 이 고마운 중금의 딸 감정을 아버지와 형제자매들이 속량을 시키지 않고 자기 노비로 부리겠다는 것이 말이 되는가. 억지가 되더라도 어떻게든 설명을 달아야만 했다.

『속집』에서 구성한 해설이라는 것이, 감정은 중금에 딸려 온 딸이며 열너댓 살 때부터 행실이 무도하여 일찌감치 배천으로 쫓아 보냈다는 이야기다. 이 또한 상식적으로 믿기지 않는다. 어느 어머니가 쫓겨난 친딸을 따라가 돌보지 않고 남편도 없는 집에 남아서 남의 자식들을 정성껏 보살핀단 말인가. 정말 어쩔 수 없이 남았더라도 전처 소생들을 고운 시선으로 바라보기는 힘들 것이고, 그들 또한 눈치를 보지 않을 수 없는 상황이었을 것이다. 그런데 중금은 밸도 없는 년인지 그들을 지극정성으로 돌본다. 그래야만 한다. 중금을 봐서 그 못된 감정의 자식을 형제자매들이 힘써서 위법하게 관리를 만들어주었다는 설명을 붙일 수 있기 때문이다. 억지스럽다. 하지만 그래도 괜찮다. 어차피 그렇게 믿고 싶어 하는 사람들을 위해 쓴 책이다. 진실을 밝히려는 저술이 아니다. 문제는 이렇게 이야기해오던 안가 사람들이 소송에서는 돌변하여 완전히 딴소리를 한다는 점이다.

소송에서는 선후 사실관계가 논리적으로 성립해야 그것을 인정해줄 수 있다. 위와 같이 이야기해서는 횡설수설한다고 하여 신뢰를 얻지 못한다. 송관이 편들어주려 해도 면이 서지 않겠다. 소송에서는 감정이 안돈후와 중금 사이에서 태어났다는 사실을 바꾸지 못한다. 그런데 안당과 그 동복들이 불법을 저지르면서까지 어미처럼 아끼던 중금은 바로 못된 종년이 되어버린다. 장을 쳐서 감정을 내쫓은 이도 소장에서는 안돈후의 어머니로 바뀌었다. 안돈후가 상처했을 때 나이가 55세였는데, 이후 중금을 들이고 감정을 낳아 14~15세로 키울 때까지라면 그가 이미 세상을 떠난 시점이 되어야 하기 때문이다. 그래서 『기묘록속집』에서 안돈후가 징계하였다고 한 것을 소송에서는 그의 어머니 조씨로 징계의 주체를 바꾸어 주장한 것이다.

이때도 어머니는 정정히 살아계셨나 보다. 안돈후는 위로 형들만 해도 둘이나 있다. 그러니 어머니 나이는 아무리 적게 잡아도 100세쯤은 된다. 참으로 살아계셨을까? 더구나 이 연세에 손녀딸을 때리도록 하여 내쫓았단다. 믿기는가? 말 바꾼 이야기가 또 이처럼 말도 안 되게 전개되는 것은 삐져나오려는 진실을 이리저리 억누르다 보니 생기는 일이다. 바로, 중금이 일찍부터 안돈후의 첩으로 있으면서 감정도 낳고 안당 형제들도 잘 돌봤다고 하면 모든 상황이 잘 설명되는데도 그것을 절대 밝히기 싫어 왜곡해보려 하기 때문인 것이다.

서두를 이처럼 바꾸어놓으니, 그에 맞춰 이제는 중금이 감정을 따라갔다고 전개된다. 이렇게 말이 또 변한 것이다. 소설은 이어진다. 배천에 간 중금은 다른 사람과 혼인해 애도 낳고 살면서 감정을 송작은쇠(송린을 고의적으로 오기)와 혼인시켰다고 말한다. 그리고 안돈후가 감정을 자기 딸이라 확신하지 않았다는 말로 중금의 행실을 은근히 비하하고, 또 지은 죄도 있다고 말하며, 그런 이유들로 감정을 속량시키지 않았다고 주장한다. 그런데도 어떻게 아들 송사련이 판관까지 되었는지에 대하여는 설명하지 않는다. 『속집』에서는 그토록 장황하게 해명해놓고는. 물론 앞뒤 맞지도 않는 그런 이야기는 소송에서 하지 않는 편이 훨씬 낫다. 현명한 전략이다. 엄밀히 따지자면, 송사련이 위법하게 속이고 공무원이 되었다는 점도 원고가 입증해야 할 사항이라 할 수 있다. 그렇지만 그런 게 없어도, 말이 되지 않아도, 재판부는 다 믿어준다.

같은 사람들이 말하는 사실관계가 여기서 다르고 저기서 또 다르다. 하지만 그 어느 쪽도 사실이 아니다. 감정이 속량되었다고 하면 모든 상황이 아주 쉽게 설명되는 것을, 복잡다단한 이야기로 이리 돌리고 저리 돌려 엮어대지만 상식적으로 성립이 되지 않는다. 어머니가 할 일을 다 맡아 하며 정성껏 돌봐주었다는 중금을 위해서라면 이복 여동생인 그의 딸 감정을 속량해주면 간단할 것을, 그렇게 쉬운 일은 놔두고 형제들과 매부까지 동원하여 불법을 저질러서 노비임을 숨길 수 있도록 해주는 식으로 보은할 것은 또 무언가. 더구나 직장 벼슬을 하는 송린 또한 아들 사련을 속량시킬 자격이 있다. 그러니 감정이 속신을 못했다면 송린이 아들을 보충대에 입속시키면 된다. 사련은 실력이 뛰어나서 당당히 과거에 합격도 한다. 충분히 양인으로 근무하도록 할 수 있는데 굳이 속량하지 않고 노비로 있게 하면서, 그것을 숨기며 살도록 할 까닭이 없다.

안씨들이 소송에서 이야기하는 대로 비 중금 모녀가 배천으로 쫓겨나 노 장손을 낳으며 노비 가족을 이루어 살고 있다고 할 때, 과연 직장 벼슬을 하고 살림도 넉넉한 갑사 송린이 버림받은 계집종을 아내로 맞을 리가 있을까. 송린 정도면 상민은 물론 번듯한 가문과도 혼인할 만하다. 혹시 감정의 미모에 폭 빠졌나? 그런 사정이라면 첩으로 들이면 된다. 노비 주제에 공무원의 부인이라니, 측실이라도 그저 감지덕지다. 마다할 게 없다. 그런데도 송린은 정처로 감정을 맞았다. 미쳐도 보통 미친 게 아니다. 노비는 정실로 가나 측실로 드나 그 자손은 얼자일 뿐이다. 남편이 관원이면 자식을 속량하는 데는 자기가 처·첩인지가 관계없다. 제정신 박힌 계집종이라면 굳이 정처로 해달라고 조를 이유가 없다. 송린은 감정이 양인이기 때문에 혼인한 것이다. 그것도 안씨 가문에 장가간 것이다. 안씨 문중으로부터 버려진 그저 천한 계집종이었다면 하등 결혼할 이유가 없는 지위이다. 안가는 되도 않는 주장에 대하여 입증을 해야 한다.

유서

안가는 증거로 유서를 제출하였다. 그리고 화회문기도 내놓지 않을 수 없었다. 송익필 일족이 자신들에게 상속되었다고 주장하는 상황이니 보여주지 않을 수 없다. 부모가 생전에 유산의 분배를 끝내놓은 경우도 있지만, 그러지 않은 일도 많다. 현재 아버지나 어머니가 사망하면 그와 동시에 상속이 개시된다. 배우자와 자녀들은 공동상속인이 되고, 사망한 피상속인의 재산은 자산과 부채 할 것 없이 일괄적으로 전체 상속인에게 이전된다. 이후 공동상속인들은 모여서 상속재산을 그들 사이에 어떻게 분할하여 가질지 협의하여 정한다. 이를 상속재산의 협의분할이라 한다. 전통시대에도 같은 방식이었고, 이런 협의분할을 '화회和會'라 하였다. 화회는모여서 잘 협의한다는 의미이다. 조선 전기에는 대체로 법정상속분에 따라 자녀들이 고루 나눠 갖는 것이 일반적이었다. 다만, 서얼에게는 차등을두도록 법전에 실려 있고, 실제로도 그랬다. 화회의 결과로 정해진 구체적재산 분배 내역을 담고 있는 문서가 화회문기이다. 공동상속인들이 저마다 증명으로 가지고 있어야 하니, 여러 장이 전해질 수 있다.

안가에서는 신사년에 대죄를 입어 가산과 잡물이 속공되는 바람에 남아 있는 것이 없는데 어렵게 찾아냈다고 말하면서 화회문기와 유서를 제출한다. 그랬을 것 같지 않다. 오히려 뒷날 되찾기 위해 꼭 쥐고 있었을 것이다. 그런데 문제가 있다. 화회문기에 보면 감정이 상속할 재산으로 올라있는 것이 아니라, 공동상속인 가운데 하나로 되어 있는 것이다. 안당 형제의 자매이니 당연하다. 그녀의 몫은 논 다섯 마지기, 밭 이틀 갈이, 노비네 구인데, 적잖은 재산이다. 쫓겨나 버려졌고 노비인 의붓아비 밑에서 살던 이에 대한 대우가 맞나 싶다. 물론 노비도 상속을 받을 수 있으니 이 사실만으로 양인이 증명된다고는 할 수 없다. 하지만 행실이 나쁘고 죄를 짓고 해서 일부러 속량해주지 않고 내쫓았다는 원고의 주장에는 전혀 상응하지 않는다. 따라서 이 문서에 대해서는 피고가 착명을 거역하지 않는다. 문서와 주장이 서로 아귀가 맞지 않으니 안가는 고민이다. 해결책은 만들어놓았다. 유서를 제출한다. 이에 대해서는 송가에서 착명을 거부한다.

　유서의 제4항에는 "비 중금은 어머님께 죄를 지어 그 딸 감정이 종량하지 못하였지만 너희들이 노비를 나누어 상속할 때에는 한두 구를 나누어 주어 물긷는 노고를 면케 할 것."이라 쓰여 있다. 다른 1, 2, 3, 5항과의 관계에서 어색하기 짝이 없다. 이들은 모두 장례 절차와 기제사에 관한 것인데, 그 사이에 갑자기 재산 처분의 내용이라 할 상속 사항이 끼어든 것이다. 제4항만 빼고 읽으면 아주 자연스러운 당부가 된다. 이 어색함을 해소하고자 제4항을 맨 마지막에 배치하게 되면 더욱 부자연스럽고 덧붙인 티가 난다. 그러니 장례 절차와 기제사 사이에 끼우는 것이 그나마 적당해 보일 뿐, 낯설지 않은 것은 아니다. 더구나 "비 중금은 어머님께 죄를 지어 그 딸 감정이 종량하지 못하였지만" 하고 해설을 다는 것은 너무 작위적인 느낌이다. 한집안에서 서로 다 아는 사이에는 굳이 그런 구질구질한 설명을 붙일 필요가 없다. 사정을 모르는 사람에게 보여주는 용도이어야 필요한, 구구한 구절이다. 그렇잖아도 오직 그 한 가지 상속 사항만 눈에 띄게 들어가 있는 부자연스러운 상황에서 어투마저 도드라진다.

　무엇보다도 상속에 관한 내용을 유서에다 어색하게 넣을 것이라면, 아예 깃급문기를 만들면 될 일이다. 앞서 깃급문기와 화회문기의 구별을 설명하였지만 개념적으로 그렇다는 것이지 실제에서는 양자의 차이가 별로 없었다. 특히 조선 전기에는 재주財主가 법정상속분과 달리 분배하는 경우가 거의 없었기 때문에 생전 분배인지 사후 분할인지에 따른 실질적 차이는 그리 나타나지 않는다. 화회는 깃급의 확인이라 볼 만한 상황이었다. 안돈후가 곧 죽을 것을 예감하면서 상속에서 배려를 둘 생각이었으면 효력이 의심되고 증명의 문구도 없는 유서를 만들기보다는 그 기운으로 증여를 하고 그에 관한 문서를 써주면 된다. 당시에 상속분 외에 따로 재산을 떼어주는 것으로 별급문기別給文記가 있다. 이를 작성하는 이유는 상속분에 따라 나눌 때 그 재산을 계산에 넣지 않도록 증명하기 위해서이다. 증여 자체를 위한 허여문기許與文記란 것도 있다. 유서의 내용대로 감정이 자기 자식은 아니나 깊은 관계에 있는 것이라면 따로 허여의 문서를 작성해주는 것이 매우 적당하다. 허여도 피가 통하는 자손에게 하는 것이 보통이긴 하지만 남에게도 하는 예가 없지 않으며, 뭐니 뭐니 해도 저 불완전한 유서보다는 백 번 낫다.

물론 상속에 관한 사항을 유서로 쓰지 못하는 것은 아니다. 하지만 그런 경우에는 대체로 다른 형식으로 한다. 자녀들에게 장례 절차와 같은 단순한 업무를 당부하는 것이라면 본인이 자필로 해도 무방하겠지만, 재산상의 법률효과를 발생시키려는 유서라면 증인과 필집을 갖추어 정식으로 하는 것이 일반적이다. 거기에는 또한 유서의 내용대로 지켜지지 않으면 관에 이 증서를 제시하여 바로잡으라는, 입증을 위한 통상의 문구가 들어간다. 앞서 보았듯이 비슷한 시기에 작성된 재산 관련 다른 유서들은 다 그렇게 되어 있다. 죽기 열 달 전에 사후를 대비하여 유서를 남기는 안돈후도 일반적인 방식대로 할 여유가 있다. 실은 안돈후의 유서라 제출된 것은 그러한 처분적 성격의 유언을 담고 있는 것이 아니라 장례 관련 당부 사항을 적은 서면에 지나지 않는 것이라서 처분문서의 형식이 나타나지 않는 것이라 해야 한다. 이런 데에 유증에 관한 의사표시가 필요한 형식을 전혀 갖추지 않고 끼어 있는 것이다.

유서 중 제4항은 작위적인 기색이 완연하다. 이런 사연이 들어간 유서가 장남도 아닌 막내에게 전해져 보관된다. 감정의 재산을 지켜주기 위해

미더운 자식을 고른 것일까. 군이 유서로써 재산 깃급을 확실히 하려 했다면, 위에서 검토한 바와 같이 격식을 갖춘 유서나 허여문기를 감정에게 주어 송씨 집안에 전해지도록 하는 것이 확실하고 안전하다. 그 무엇보다 문언 자체가 수상하다. 감정을 그냥 딸이라 하지 않고 '그의 딸(其女)'이라 한다. 중금의 딸이라는 말일 것이다. 안돈후가 자기 딸이 아니라고 말하는 것이다. 조선시대에는 자기 피가 흐르지 않는 이에게 재산을 상속하는 경우가 극히 드물다. 앞서 든 정미수의 유서도 자기 딸이 아닐 터이니 주지 말라는 내용이다. 그렇다고 증여를 법으로 막고 있는 것은 아니니, 못할 것이 없긴 하다. 하지만 자기 딸도 아닌 데다 행실까지 못된 것에게 왜 상속 때 재산을 나눠 주라 하는가? 그간 중금과의 정리 때문이라는 것 같다.

그런 사유라면 감정이 아니라 중금에게 주어야 마땅하며, 꼭 상속 때 해야 할 것도 아니다. 화회는 자녀들이 하는 것이라서 거기에 넣지 못하고 중금에게 주기 위해 유서에다가 중금에 관한 사항을 별도 기재해야 했다는 상황이라면 적절히 의의를 가질 수 있겠다. 다행히 제4항은 누구에게 재산을 주라는 것인지 간접목적어가 뚜렷이 되어 있지 않아, 문맥으로 그것을 이해할 여지가 있는 문장이다. 감정에게 주는 것으로 쉽게 읽히지만 중금에게 준다는 뜻이라 볼 수도 있다. 하지만 그렇게 구성할 수는 없다. 이 대목에서의 순리에 맞게 중금에 대한 증여라 이해하면 다른 곳에서 다시 어긋남이 생긴다. 유서는 화회문기에 감정이 공동상속인으로서, 곧 아버지를 같이하는 형제자매로서 들어가 있는 데 대하여 그녀가 속량되었기 때문이라는 자연스러운 이해를 방해하기 위해 제출된 것이다. 저들의 주장처럼 감정이 종량하지 않았으면 상속의 대상이 되어야 할 터인데 그렇기는커녕 상속의 주체로 있는 상황을 극복해보려는 용도로 유서를 내민 것이니, 노비를 지급받아 물 긷는 노고를 면해야 할 사람을 중금으로 보도록 할 수 없는 것이다.

감정이 안돈후의 딸이 아니라 우기고 싶었던 평소의 열망 때문이었는지 유서는 너무 나가고 말았다. 『속집』과 소송에서의 태도가 서로 왔다 갔다 하다 보니 헛갈리기도 했겠다. 안돈후가 감정을 자기 딸로 인정하지 않는 듯한 글월이 만들어졌으니, 혈연적으로도 무관하고, 심지어 무도하기까지 한 그녀에게 재산을 주는 것은 더욱더 이상한 행태가 되어버렸다. 안씨 가문 쪽에서는 안돈후가 감정을 자기 딸로 인정하지 않았다는 주장도 하는데, 그것까지 증명하는 효과를 보려고 그런 문구를 넣었는지도 모른다. 하지만 그 때문에 원고의 주장과 화회문기 사이의 괴리를 메우려는 유서 본래의 역할에는 지장을 가져왔다. 이러니 원고의 주장에 대한 확신이 흔들려야 마땅하다. 의심스러운 곳은 벌써 한두 군데가 아니다.

화회문기에서 유서의 내용보다 훨씬 많은 분배를 해주는 것도 따져볼 만하다. 주장의 내용으로 봐서는 피도 섞이지 않은 못된 것들에게는 한 푼도 주고 싶은 생각이 없어 보인다. 아버지의 명이라 할 수 없이 조금 떼어준다는 심정인가 보다. 그런데 말씀하신 노비 한두 구가 아니라 듬뿍 한 아름 나누어준다. 송가에서도 이 문제를 꼽는다. 그리고 조부모까지의 유서만 적용한다는 《경국대전》의 규정을 들면서 증조부, 고조부의 유서를 제출하는 위법함도 지적한다. 그런데도 원고의 진술에서나 판결에서나 그에 대한 타당한 설명은 제시되지 않는다. 이 유서는 감정에게 상속재산을 확보해주려는 의지보다는 감정이 안돈후의 딸이 아니라는 암시를 주고 종량되지 않았다고 외치려는 용도로 작성된 티가 너무 뚜렷하다. 위조라는 항변이 이는 것은 당연하다. 재산 처분의 성격을 갖는 제4항과 같은 내용이

들어갈 경우에는 이런 유서의 형식이어서는 안 된다. 정미수의 유서와 같이 증인과 필집을 갖추고 소송상의 입증이 언급되는 정식을 갖추어야 한다. 제4항이 없다면 그런 것들을 갖출 필요가 없는 당부 형식의 적절한 유서가 될 수 있다. 이렇게 볼 때 아마도 원본 유서의 내용을 바탕으로 해서 제4항을 덧붙여 새로 문서를 만든 듯하다. 화회문기로 이런 작업을 할 수는 없다. 100년이면 분배된 재산을 바탕으로 한 수많은 법률관계가 형성되어 있어 여러 자료로 대조가 가능하기 때문이다. 단순한 유서이지만 너무 오래전 사실에 대한 공작이다 보니 앞뒤가 안 맞는 점은 무수하다. 하지만 송관은 확신을 거두지 않는다.

증거

사실 감정과 그 자손을 재산으로서 상속받는 사항이 나타나 있지 않고, 오히려 그녀가 안돈후의 자녀들과 나란히 공동상속인의 지위를 보여주는 자료인 화회문기는 송가에게 유리한 증거라 할 수 있다. 적어도 불리할 것은 없다. 그런데 유서라면서 제출된, 증인·필집조차 없는 데다 내용마저 허접한 백문기 한 장으로 안가가 주장하는 사실에 확신이 주어진다. 앞서 말했지만 증명되었다는 것은 주장하는 사실에 대하여 법관이 확신을 갖게 되었다는 의미이다. 원고가 주장하는 사실에 대하여 의심의 여지가 있다면 이는 권리를 발생시키는 사실이 증명되지 않았다는 것이고, 이론상 이 단계까지는 피고가 입증 활동을 할 필요가 없다. 원고에게 입증책임이 있는 사실이 증명되지 않고 있으므로 그에 대한 불이익은 원고가 입을 것이기 때문이다. 그런데 장예원 판결사는 감정이 노비이며 속량되지 않았다는 데 대하여 일말의 의심도 품지 않겠다고 하니 어쩌겠는가? 칼은 법관이 들고 있다. 피고가 그 확신을 흔들지 않으면 패소의 불이익을 입는 것이다. 상대방에게 증명책임이 있는 사실에 대하여 확신을 갖지 못하도록 다른 증거들을 제시하는 것을 반증이라 한다. 이제 어쩔 수 없이 송씨 가문은 반증을 해야 한다.

소송에서는 증명이 가장 중요하다. 주장한 사실은 증명이 되어야만 그것을 판결의 기초로 삼을 수 있다. 증명할 필요가 없는 경우도 있다. 당사자 사이에 다툼이 없는 사실이 그렇다. 그래서 상대방이 인정하여 착명한 문서의 진위는 법관이 굳이 따지지 않는다. 그리고 누구나 다 아는 공지의 사실도 증명할 필요가 없다. 기묘사화가 언제 일어났는지는 증명하지 않아도, 아니 주장조차 하지 않아도 역사적 사실대로 인정되는 사항이다. 송사련이 노비라는 사실은 원고가 구제해달라는 권리의 근거로 주장하는 것이다. 이를 입증하지 못하면 원고는 패소하여야 하는데, 이 입증은 확신이 들도록 할 정도여야 한다. 유서 한 장을 제출한다. 앞서 살폈듯이 미흡하기 짝이 없다. 그래도 법관은 오히려 피고에게 감정이 노비가 아니라는 증거를 대라고 한다. 아마도 판결사는 송사련이 노비라는 것은 공지의 사실로 보는 것 같다. 다시 말해 송씨 일족이 노비라는 것은 입증할 필요도 없이 사회 일반에 공인된 사실로 추정하고 절차를 진행하는 것이다.

이런 판국이니 송씨들은 감정의 속량 사실을 입증해야 한다. 그러려면 그가 보충대에 소속되었었다는 증거가 있어야 한다. 천첩자녀를 보충대에 입속시켜달라는 신청은 장예원에 한다. 장예원에서 사안을 검토하여 보충대 입속 자격이 있다고 판단하면 이를 허가하여 병조에 이첩하고, 그에 대한 입안을 발급한다. 이 입안이 있으면 되는 것이다. 하지만 없다. 오늘날까지 전해지는 보충대 입속입안은 매우 희소하여 한둘밖에 없다. 신분을 증명하는 매우 중요한 권리문서이므로 신중히 보관했을 것이다. 그러나 조상이 노비였다고 말해주는 자료이기도 해서 영원히 보존할 생각은 없었는지 잘 발굴되지 않는다. 더구나 현전하는 고문서들이 유력한 대갓집에서 전해지는 것들인 점을 생각하면, 상대적으로 많이 미약한 집에서나 있을 법한 문서라 잘 남아 있지 않은 측면도 있겠다.

감정이 보충대에 입속하여 양인이 되었다는 사실, 이것이 송씨 일족을 해방시키는 법률효과를 가져다줄 가장 주요한 사실이다. 이처럼 법률효과를 발생시킬 요건에 해당하는 사실을 주요사실이라 한다. 증명의 대상이 되는 사실이라고 할 때는 바로 이 주요사실을 말하는 것이다. 보충대 입속을 허가하는 장예원 입안, 이것이 있으면 바로 주요사실을 증명할 수 있다. 게임 오버다. 그러나 안 보인다. 그런 거 신경 쓰지 않고 살아온 지 100년이 넘었다. 이제 와서 문제가 되리라고 누가 생각했겠는가? 소멸시효 제도의 의의로 증거의 서실을 꼽는 이유가 있는 것이다. 주요사실을 직접 증명할 수 없을 때는 간접적인 방법이라도 써야 한다. 주요사실의 존부를 추측게 해주는 사실을 간접사실이라 한다. 음주를 주요사실이라 할 경우, 술 마시는 행위 자체는 확인하지 못했지만, 술 냄새가 많이 났다거나 몸을 제대로 가누지 못하며 걸어갔다고 하면 그러한 간접사실로 음주라는 주요사실을 추단하는 것이다.

보충대 입속은 국가의 행정과 국방 정책으로서 운영되는 것이다. 장예원에서는 입속 요건의 확인과 병조 이첩을 담당하고, 병조에서는 군사 조직으로서의 운영을 관리한다. 그러므로 공무상 장부가 있을 것이며, 더구나 두 개의 기관이 걸치는 일인 만큼 책임 소재의 확인과 대조를 위해서도 관리대장은 꼭 필요하다. 송인필은 이를 확인해서 입증해달라고 요청한다. 이 주장은 법적 근거도 있다. 《대전후속록》〈형전〉 '천첩자녀' 조에서이다. 여기서는 보충대에 누락된 경우라도 2세대를 이어서 양역을 수행하고 있으면 다시 천민으로 되돌리지 못한다는 내용도 함께 있으니, 사실 이 조항만으로도 소송은 더 이상 진행해서는 안 되는 것이다.

> 천첩자녀로서 보충대에 누락된 경우, 비록 개인적으로 입안을 지니고 있지 않더라도 해당 관청이나 장예원의 장부에 이름이 올라 있으면, 또는 2세대를 이어서 양역을 졌다면, 신고하여 천인으로 만드는 것을 허용하지 않는다.　　　　　　　　　　　　　—1518년(중종 13) 12일 9일 수교

　그러나 돌아가는 분위기를 보아하니 확인해줄 리도 없을 뿐 아니라, 있더라도 이미 없앴을 것 같다. 나중에 판결을 비난하는 쪽에서는 고의로 양적을 없앴다는 지적도 많이 한다. 그러니 기대하는 자체가 한심한 일이다. 간접증거라도 제출하자. 주요사실을 증명하는 증거를 직접증거, 간접사실을 증명하는 증거를 간접증거라 한다. 안로의 아내 윤씨의 노비인 옥수가 유서를 제출한 4월 13일에 송인필도 아버지 송사련이 1511년(중종 6) 1월 관상감에 배속되는 임명장, 1519년 4월 음양과 3등 제3인 합격증서, 1521년 7월 관상감 판관 임명장, 1521년 10월 절충장군 행 대호군 임명장 등 네 개의 문서를 제출한다. 보충대 입속 사실에 대한 간접증거이기도 하고, 2세대 이상을 이어서 양역을 지고 있다는 직접증거이기도 하다. 그렇지만 원고 쪽에서는 이것이 무슨 증거가 되는가 하고 힐난한다. 판결사도

"내라는 속량 문서는 가져오지 않고서 작첩과 임명장을 제출하니 매우 위법하구나." 하고 꾸짖는다. 위조문서를 낸 것도 아닌데 증거로 채택하지 않으면 그만이지 위법할 것은 무엇이며, 책망까지 받아야 할 일인가. 너무 한다.

사회에는 오랜 경험에 따라 당연히 인정되는 법칙성이 있다. 그리고 이에 따라 어느 간접사실이 있으면 특정한 주요사실이 있었을 개연성이 매우 높게 인정되기도 한다. 예를 들면 새로 지은 건물이 준공검사도 떨어지기 전에 무너져서 부상을 입은 경우, 설계나 시공상의 과실 때문이라는 것은 거의 틀림없다. 이런 경우 건물이 무너졌다는 사실만 있으면 설계·시공사에 과실이 있다는 점은 입증하라고도 하지 않는다. 수술 후 배가 아파서 엑스레이를 찍어보니 내장 속에 수술용 메스가 있는 경우는 의사의 수술 과실 말고는 다른 원인을 생각할 수 없다. 그것을 증명하라고 다그치는 쪽이 욕을 먹는다. 이처럼 어떤 간접사실은 우리의 경험법칙에 비추어 해당 주요사실이 있었을 것이라는 고도의 개연성을 확인시킨다. 이런 간접사실이 증명되었을 때는 사실상 그 주요사실이 입증된 것으로 본다.

소멸시효 제도 또한 긴긴 세월 동안 권리를 행사하지 않은 이는 권리자가 아니어서 그랬을 개연성이 매우 높다는 축적된 사회적 경험에서 그 근거를 찾을 수 있다. 100년 동안 양인으로 죽 살아오는 데 아무 시비가 없었다면 천적이 아니라 양적에 속해 있기에 그랬을 것이라 보는 것이 당연하지 않을까. 5년, 30년, 60년 과한법을 제정하는 논리적 기반은 여기에 있을 것이다. 이러한 제한이 없어 소송이 번다해지는 면이 있었기 때문에 과한 규정을 입법하였고, 이를 위배하여 제소와 심리가 진행되는 경우에 원고는 비리호송으로 전가사변, 송관은 지비오결로 영구 불서용이라는 엄한 규제를 둔 것이다. 하지만 이에 대한 대책을 세워두었음이 틀림없는 이 소송에서 과한의 항변은 애초부터 받아들여지지 않았다.

시효는 권리를 없어지게도 하지만 생기게도 한다. 어느 쪽이나 일정한 상황이 오랫동안 지속되어온 것이 근거이다. 긴 세월 권리가 행사되지 않았다는 사실에 상실의 효력을 부여하는 소멸시효가 있듯이, 장기간 특정한 상태로 계속 지내왔다면 그에 기반하여 권리가 취득되는 경우도 있다. 오랜 기간 분쟁 없이 양인으로 살아왔다면 경험법칙상 실제로 양인이기에 그랬을 개연성이 무척 높다. 더구나 조정의 관료를 대대로 지내왔다면 그 집안이 노비일 리는 없다. 설령 조상이 양인이 아니었다고 해도 아무일 없이 몇 세대 내려온 후손을 갑자기 노비로 만들어버리는 것은 인간적으로 못할 짓일 뿐 아니라 사회불안의 요인이 된다. 이런 취지를 법제화한 조문도 《경국대전》에 있다.

도망가거나 누락된 노비를 신고한 이에게는 노비 4명당 1명을 상으로 준다. [주] 노비가 3명 이하이면 해마다의 공포貢布나 저화를 추정하여 상을 준다. ○ 노비를 숨겨서 부린 이는 처벌하고 역가를 추정하되, 1명당 하루에 저화 6장으로 하며 본래 역가에서 2배까지 받는다. 숨겨서 부린 노비가 도망치거나 사망한 경우, 역가를 추정하고 자기 노비로 물어내도록 한다. [사노비의 경우도 마찬가지] 정안이나 속안에 이름이 오른 이에 대하여는 5년이 지나야 신고할 수 있다. 나이가 4세 이하이거나 60세 이상인 사람에 대해서는 인원수에 따라 상 주는 계산에 넣지 않는다. ○ 양인은 양적이 없거나 양인인 일족이 없더라도 양역을 진 자가 이미 오래된 경우에는 신고하여 노비로 만드는 것을 인정하지 않는다.

―《경국대전》 〈형전〉 '공천公賤'

여기 "양역을 진 지가 이미 오래된 경우"에 대한 해석이 《대전속록》에 나오고, 앞서 보았듯이 《대전후속록》에도 있다. 2세대를 이어서 양역을 수행한 경우라는 뜻이라 하고 있다. 송가는 양역 정도가 아니라 관료를 해온 집안이다. 그것도 직장을 지낸 갑사 송린, 당상관에 오른 송사련, 훈도·가인의 등을 맡고 있는 송인필 형제들까지만 해도 3대다. 그러니 법률상 우리를 추심해서는 안 된다고 주장하면서, 법률효과를 발생시키는 요건이 될 사실을 증명하기 위해 송사련의 임명장들을 제출하는 것이다. 까닭 있는 소송행위이다. 그러나 판결사는 이 또한 이미 대비가 있었기에 추노한다는 안가의 소를 받아주었겠다. 그래서 호통부터 나오는 것이리라.

나중에 판결문을 보면 그것을 알 수 있다. 위 규정은 공노비에만 해당될 뿐이라고 해석한다. "사노비의 경우도 마찬가지"라는 할주割註는 그 앞의 내용을 받는 것이고, 뒤의 구절에는 해당이 없다는 것이다. 그 주석의 뒤에 "양역을 진 지가 이미 오래된 경우에는 신고하여 노비로 만드는 것을 인정하지 않는다."는 법문이 이어지고 있어, 문리상 잘못된 해석이라고만 할 수 없다. 다만 당시 실정과 관행에는 맞지 않는다. 하긴 전체 판결 자체가 당시의 일반적인 법 해석과 동떨어져 있으니. 송관은 다시 다그친다. 성화 17년(1481, 성종 12)에 종량되었다면서 그 문서는 왜 안 내는가?

입속입안

송가에서 제출한 간접증거는 그 어느 것도 효과를 보지 못했다. 꼼짝없이 노비로 굴러떨어지게 생겼다. 암담하기 짝이 없었을 것이다. 어찌하면 좋은가. 그러던 중 3년 가뭄에 단비보다 더 단 낭보가 날아들었다. 시골집의 서류 상자에서 보충대 입속입안이 나온 것이다. 세상에 이런 일이! 안가의 부실한 백문기에 견주자면 이것은 관청에서, 그것도 현재의 판결관인 장예원에서 작성한 공문서이며, 직접증거가 아닌가. 부리나케 서울로 말달려 왔겠다. 이제 살았다. 너무 기뻐서 소리 지르다 보니 그 외침이 안가와 장예원에까지 닿았을지도 모르겠다. 4월 17일 송가는 입안을 제출하였다. 안씨 집안은 당연히 위조라면서 착명을 거역한다. 송관도 없던 것이 이제야 나타나다니 위조가 아니냐며 다그친다. 입안에는 속량 사실이 이렇게 실려 있다.

성화 17년(1481, 성종 12) 9월 24일. 장예원 입안

이 입안은 보충대에 입속하는 것임.

　봉산군수 안돈후의 아들 유학 안총의 소지는 "아버지께서 □□ 중금을 지난 을축년(1445, 세종 27)에 첩으로 삼았는데, 할머니께서 아직 자녀의 상속분에 따라 노비를 나누어 주기 전인 신사년(1461, 세조 7)에 위 중금을 아버지에게 주셨고, □□ 이후 정해년(1467, 세조 13)에 딸 감정을 낳아 길렀기에 보충대에 입속하기를 바라오니, 방역 명문을 상고하여 보충대에 입속하는 입안을 성급해주십시오."라고 되어 있다.

　신축년(1481) 9월 16일 안총의 조목은 "이번에 소지를 올리는 일은 아버지 안돈후가 할머니로부터 받은 중금을 지난 을축년에 첩으로 삼아 그 소생 감정(나이 정해년1467생)을 낳아 길렀는데, 아버지가 봉산군수로 부임해 있는지라 상경하여 신청서를 낼 수 없기 때문에 제가 적자인 형제로서 보충대에 입속시키려 신고하는 것이오니, 진위는 중금이 올라 있는 문서를 상고하여 시행하여주십시오."라고 되어 있다.

천순 5년(1461, 세조 7) 신사 5월 16일에 제주 정부인 조씨가 작성한 증여문서는 '내가 늙고 병들어 식사와 기거를 마음대로 할 수 없는데, 네가 항상 떠나지 않고 옆에서 모시며 봉양하였을 뿐만 아니라, 아들 돈후가 첩으로 삼기까지 하였으니, 아들 돈후에게 의지하도록 방역한다.'는 내용의 백문기이다. 이 모두 소지, 조목, 증여문서들을 상고하니, 《경국대전》'천처첩자녀' 조에 "대소인원大小人員으로서 공·사노비를 처나 첩으로 삼아 낳은 자녀는 그 아버지가 장예원에 신고하면, 장예원이 사실을 확인하여 장부에 기록하고"라고 되어 있으며, 그 주석에 "아버지가 없으면 적 □□ 형제가 없으면 조부모가 신고한다."라고 되어 있다.

앞의 안돈후가 자기 비인 중금을 첩으로 삼아 소생 비 감정을 《경국대전》대로 보충대에 입속시키고자 병조에 이첩하고 입안을 발급한다.

이 입안은 초서로 되어 있고, 판결사·사의(장예원 소속 정5품)·사평(장예원 소속 정6품)의 서명이 들어가 있으며, 12곳에 관인이 찍혀 있다. 그리고 이를 처리한 서리의 착명도 있다. 군데군데 닳아 없어져서 한두 글자가 보이지 않는 곳도 있다. 105년 전의 문서니 당연하겠다. 하지만 내용 파악에는 지장이 없다. 입안 발급 신청서, 대리 신청 사유서, 신청 사실을 증명하는 증여문서, 장예원의 검토를 거친 입안까지 격식이 잘 갖춰져 있을 뿐 아니라 판결사를 비롯한 담당 관원들의 서명과 관인까지 있는 완벽한 공문서 입안이다. 앞서 본 청송식에 나와 있는 문서 감정 절차를 다 동원해 보았을 것이다. 문서의 선후에는 문제없고, 장예원에 있는 장부는 일찍이 대조 확인을 안 해주고 있던 것이다. 관인이 장예원의 것이 맞는지, 날짜가 잘못 되었는지 유심히 살피면서, 가필이나 삭제가 없는지도 돋보기를 대고 보았을 것이다. 위조의 자취를 찾을 수 없다. 당황스러웠겠다. 송관은 이 전의 다짐에 착명한 글씨가 왜 문질러져 있느냐며 송인필에게 괜한 트집을 잡는다.

이 입안은 일족이 몰락하게 된 송씨 집안이 다급히 만들어낸 위조문서일까. 1481년의 이 문서는 《경국대전》의 규정을 인용하고 있다. 일반적으로 알려져 있기로는 《경국대전》은 1485년에 제정된 것이다. 그러니 위조의 증거다? 실은 세조 6년(1460)에 《경국대전》〈호전〉이 만들어졌으며, 이후 나머지까지 제정되고 다듬어져서 시행된 것은 1471년(성종 2) 1월 1일이다. 이를 학계에서는 '신묘대전辛卯大典'이라 부른다. 이를 개정한 대전이 1474년 정월에 공포되었는데 '갑오대전甲午大典'이라 한다. 이후 다시 완벽을 기하는 개수를 하여 최종본을 확정하고 1485년(성종 16) 1월 1일부터 반포하여 시행하였다. 이것을 이전 것들과 구분하기 위하여 '을사대전乙巳大典'이라 부른다. 오늘날 책으로 남아 있는 《경국대전》은 모두 을사대전이고, 신묘대전으로 추정되는 〈예전〉 하나가 보물로 지정되어 있는 상황이다. 확정본이 나온 이상, 내용이 다르면서 이름이 같은 법전이 존재하는 것은 혼란을 일으키므로 을사대전 이외의 대전들은 수거하여 폐기했기 때문이다.

《경국대전》의 조항을 인용하는 서식을 갖춘 위 입안은 1481년의 문서이니 갑오대전의 시기이다. 따라서 을사대전으로 확정되어 100년이 흐른 뒤에 그것을 위조하려면 이미 짧게 시행되었다가 사라진 갑오대전의 입수가 필수적이다. 수거·폐기된 법전을 구하는 것은 무척 어려운 일이다. 그냥 유통되는 을사대전을 보고 했다가는 들통날 우려가 있다. 형조에서는 모든 판본을 소장하고 있기 때문이다. 이를 피하려면 안가의 유서처럼 모양이 빠지더라도 대전의 조문을 인용하는 부분을 넣지 않아야 할 터이나, 공식적인 서식을 빼면 그 자체로 위조문서 취급을 받는다. 차라리 4년을 늦춰 현행 법전 시행기로 맞추는 편이 낫다. 그렇게 되면 감정의 나이도 그에 따라 바뀌어야 하는 문제가 있긴 한데, 어차피 원고가 주장하는 감정의 나이도 왔다 갔다 하니 상관없지 않을까. 하지만 어느 방식의 위조도 먹히지 않았으리라 여겨진다. 종량 여부에 관련된 자료가 장예원이나 병조에 틀림없이 있었을 것이다. 따라서 그에 견주어 어긋나는 문서가 제출되었다면, 송관은 위조라는 확신을 가지고 궁구하여 위조 지점을 밝혀낼 것이기 때문이다. 이 엄혹한 상황을 송가가 위조로 모면하기는 힘들다.

제출된 속신입안은 진본일까. 일단 인용하고 있는 《경국대전》의 조문은 과연 갑오대전의 것이어야 한다. 설사 그렇다 한들 갑오대전이 전해지지 않는 지금에 확인할 수 있을까. 입안의 인용 내용과 현존하는 《경국대전》의 해당 조문을 비교해보자.

大小人員取公私婢爲妻妾者之子女, 其父告, 掌隷院覈實錄案, 註云: 無父, 則嫡 □□ 生, 無同生, 則祖父母告.
대소인원이 공·사노비를 처나 첩으로 삼아 낳은 자녀는 그 아버지가 장예원에 신고하면, 장예원이 사실을 조사하여 장부에 기록하고 [주] 아버지가 없으면 적 □□ 형제가 없으면 조부모가 신고한다.

— 「안가노안」

大小員人娶公私婢爲妻妾者之子女, 其父告, 掌隷院覈實錄案, 〔無父, 則嫡母, 無嫡母, 則同生, 無同生, 則祖父母告] 移文兵曹, 屬補充隊.

대소원인이 공·사노비를 처나 첩으로 삼아 낳은 자녀는 그 아버지가 신고하면, 장예원이 사실을 조사하여 장부에 기록하고 [아버지가 없으면 적모가, 적모가 없으면 적실 형제가, 적실 형제가 없으면 조부모가 신고한다.] 병조에 이첩하여 보충대에 입속하도록 한다.

　　　　　　　　　　　　—《경국대전》(을사대전) 〈형전〉 '천처첩자녀'

　다른 부분은 '大小人員取'이다. '取'는 '娶'(장가들다)를 잘못 썼거나 달리 쓴 것이 뚜렷하므로 문제되지 않지만, 따져볼 것은 '大小人員대소인원'이다. 현존 《경국대전》에는 '大小員人대소원인'이라 되어 있다. 둘 다 '높고 낮은 관원'이라는 뜻이라 하겠지만, 법전마다 표기가 다르다. 《경국대전》에는 단 한 군데에서만 '대소인원'이라 되어 있고, 나머지는 모두 '대소원인'이다. 반면에 《대전속록》과 《대전후속록》은 모두 '대소인원'이라 싣고 있다. 다만 《대전후속록》에서도 위의 《경국대전》 조문을 인용하는 부분에서만은 '대소원인'이라 한다. 앞서 살폈듯이 대전의 규정은 달리 쓰지 못하는 것이다. 이렇게 볼 때, 적용해오던 수교를 정비하여 수록하는 형태의 속록들에서는 전교할 때의 명칭인 '대소인원'이 그대로 실려 있는 상태이고, 《경국대전》 최종본인 을사대전에는 '대소원인'으로 명칭을 확정하여 수록하기로 하였는데 한 군데 빠뜨렸다고 할 수 있다. 한데 갑오대전에서부터 그랬을 수도 있다. 다행히 검증이 가능하다. 실록에서 갑오대전 시행기에 위 조항을 인용하는 것이 두 번에 걸쳐 나오기 때문이다. 1474년(성종 5)과 1478년 때이다. 두 경우 모두에서 '대소인원'이라 하고 있다. 이것은 송가에서 제출한 입안이 원본일 개연성을 무척 높여준다. 실록의 기사는 둘 다 이 사건과도 깊은 관련이 있다.

> 장예원에서 아뢰었다. "《경국대전》에 '대소인원이 공·사노비를 처나 첩
> 으로 삼아 낳은 자녀는 그 아버지가 신고하면, 장예원이 사실을 조사하
> 여 장부에 기록하고 병조에 이첩하여 보충대에 입속하도록 한다. … 아
> 버지가 없으면 적모가, 적모가 없으면 적실 형제가, 적실 형제가 없으면
> 조부모가 신고한다.…'고 하였습니다. … 혹시 아버지가 생시에 신고하
> 지 못하였을 때, 적모나 적실 형제가 그 자손을 부리려고 일부러 신고서
> 를 제출하지 않아 그 자손을 보충대에 누락시키고 나중에 진고하여 상
> 으로 부릴 수 있게 되니, 하나는 부모가 남긴 뜻을 저버리는 것이요, 또
> 하나는 골육을 상잔하는 일로 패악하기 이를 데 없습니다. … 천하게
> 된 자손이라 하여 골육상잔하는 것은 금하자는 취지입니다. 이제부터
> 대소인원의 비첩 자손은 … 적모나 적실 형제가 신고하지 않더라도 첩
> 이나 자녀가 스스로 신고하면 사실을 조사하여 보충대에 입속하도록 하
> 소서." 이를 따랐다.
>
> —『성종실록』 권40, 성종 5년 3월 3일

1474년 3월의 기사에서 인용하는 《경국대전》은 같은 해 정월부터 시행
한 갑오대전이라 할 수 있다. 여기서 '대소인원'이라 하고 있다. 이는 1478
년의 실록 기사가 끌어오는 대전의 내용에서도 똑같다. 따라서 갑오대전
의 관련 조항에서는 '대소인원'이라 표기하고 있었다는 것이 확인된다. 이
런 미세한 차이점이 송가에서 제출한 입안에 반영되어 있다는 점은 문서
의 진정성립을 확보해준다. 더구나 입안이 아닌가. 신청자가 안돈후의 아

들 안총인 점도 살펴볼 만하다. "아버지가 없으면" 적실 아들이 신고하도록 되어 있는데, 이때 '없다'는 것은 사망을 뜻한다. 그런데 아버지가 공무상 장기 출장 가서 없는 상황을 그에 준하여 아들이 신청하였고, 장예원에서는 이를 받아주어 《경국대전》의 관련 조항을 인용하면서 입안을 발급한 것이다.

송관은 이 점을 지적하면서 크게 격식에 어긋난다며 호령한다. 만일 문서를 위조하려 했다면 굳이 이처럼 꼬투리 잡힐 일로 조작했을 것 같지 않다. 더구나 100년 전부터 항간에서 사라진 갑오대전의 미세한 차이마저 놓치지 않는 치밀함을 보이면서, 굳이 여기서만 이런 구성을 할 리가 없겠다. 일부러 한 일이라면 깔끔하게 처리되었을 사항이 그대로 두어져 있다는 사실은 문서가 위조되지 않았음을 방증한다. 더구나 이것은 입안이니, 제출자가 진정성립을 증명해야 하는 것이 아니라 상대방이 위조임을 입증해야 한다. 송가는 어지간히 마음이 놓였나 보다. 살았구나 싶었겠다. 익필과 한필도 곧 출석하도록 만들겠다고 대답한다.

반전

나흘 뒤 다시 법정이 열렸다. 그사이 급박한 정중동이 있었을 것이다. 아무리 봐도 문서는 위조가 아니다. 격식이 어긋났다고 호통은 쳤지만 다 장예원의 판결사 이하 관원들이 사실을 인정하고 서명하여 발급한 것이다. 그들의 임기와 상응하는지, 서명이 당시의 다른 문서와 대조하여 일치하는지, 관인은 진짜인지, 뒷면에 적힌 아전의 이름도 당시 근무자가 맞는

지 꼼꼼히 확인했을 것이다. 위조라 우길 만한 것이 찾아지지 않는다. 장예원에서는 보관 자료를 통해 이미 알고 있는 사실과 문서의 내용이 어긋나지 않는다는 점도 확인했으리라. 독촉해도 제출되지 않고 있어서 그것을 주요한 구실로 삼고 있었는데, 바로 그 입안이 나와버렸다. 증거조사의 시간은 사실상 대책 회의의 시간이었을 것이다. 방책이 섰나 보다. 다음 기일이 열렸다. 4월 21일 송관은 피고를 다그친다.

> 네가 주장하는 할머니 감정의 종량한 일에 대해 이치가 곧고 말이 순한 것이라면 다 함께 송정에 나와 처음부터 끝까지 변론하여 기어코 사실을 밝혀야 마땅하거늘, 안로 아내의 소장을 접수한 데 대해서부터 함부로 위법한 주장을 들먹이며 경솔히 먼저 사람들을 현혹시키려 들어 마침내 패역에 이르렀다. 뒤에 이러한 거역을 형조에 이첩하여 죄를 물으려 하였는데 익필과 한필은 나타나질 않아 여러 차례 가동들을 가두어 출석을 독촉하였지만, 전 훈도로서 형을 받지 않는 늙은 형인 인필 너에게만 모든 응송을 맡기고 전혀 출석하지 않는다. 이는 너희들 스스로가 이치가 꿀려 더는 덮을 수 없음을 알고 있다는 것을 뚜렷이 보여주는 것이다.

이 무슨 말인가? 어안이 벙벙했을 것이다. 소송하는 태도를 보아하니 너희들은 죄인일 뿐만 아니라 사리에 맞지 않는 주장을 하는 것이 확실하다는 것이다. 오늘날 소송 과정에서 보이는 당사자 주장의 태도나 내용, 변론에서 나타나는 인상, 입증 활동 등에서 앞뒤가 맞지 않는 모습이 나타나거나 할 때 이를 사실인정의 한 자료로 삼을 수 있다. 이를 '변론 전체의 취지'라 부른다. 하지만 이것만으로 사실관계를 확정짓는 일은 없고, 증인, 문서, 검증물 등을 증거조사한 자료를 기초로 하면서 보충적으로 이용하는 것이 보통이다. 여기 법정 판사의 태도를 군이 이해하자면 변론 전체의 취지를 들먹인다고 하겠는데, 억지인 것은 말할 것도 없지만, 소송법상의 문제는 그것을 가장 먼저 내세우면서 사실관계를 확정지어놓고 시작한다는 것이다. 이는 선입견을 가지고, 더 나아가자면 결론을 정해놓고 소송을 지휘하고 있는 것이라 할 수 있다. 부적절하기 짝이 없다. 아직은 서론이다. 더 들어보자.

> 너의 답변서에 종량입안이 있는지 없는지 모른다고 하였고, 진술할 때
> 는 종량입안이 없어져서 제출하지 못한다며 관에서 보존하는 장부를 먼
> 저 상고해보라고 했었는데, 나중에야 종량입안을 찾아냈다며 말을 바꾸
> 어 제출하였다.

증거를 늦게 제출하거나 변론 중에 말이 바뀌거나 하는 것도 변론 전체의 취지로 판단하는 사항에 들어는 간다. 100년도 더 된 문서가 집에 남아 있는지 모르겠으니 관에 있는 장부에서라도 확인해달라고 했다가 드디어 시골 궤짝에서 찾아내어 제출한다는 것을 말 바꾸기라고 몰아붙인다. 하지만 아무리 봐도 이것을 피고의 언동이 모순된다고 볼 일은 아니다. 게다가 송관이 입안을 제출하라고 명령을 내리면서 제출 못하면 패소라는 압박을 하였고, 그에 따라 간신히 찾아내 제출한 문서에 대하여는 이제야 제출한 것이 또 수상하다고 하면 어쩌란 말인가? 현재 소송에서 뒤늦게 제출한 자료는 받아주지 않을 수 있는데, 이는 고의적인 소송 지연을 막기 위

해서이다. 이 사안에서처럼 법관이 제출하라는 명령에 따라 내는 증거에 적용할 일은 아니다. 판결사가 분위기 환기용으로 쏟아붙이는 것인 듯한데, 그렇기에 편파성이 가뜩 묻어난다. 참으로 기가 막히는 것은 이어지는 대목에서이다.

> 아버지가 있는데도 아들이 신청서를 내는 것은 법전에 크게 위배되는 일이다. 그런데 더욱 억지를 부리는 것은, 너의 진술에서 아들이 신청서를 낸 것이 위법하다고 하더라도 장예원이 입안을 발급하였으니 종량된 것은 판연하다고 말하는 것이다. 하지만 《대전후속록》의 주석에는 "관리가 상응하여 위법하게 불법 입속시킨 경우에는 받아들이지 말고 중하게 처벌하라."고 되어 있다. 그러므로 너의 할머니 감정의 종량입안은 증명하는 데 변별할 수 없으니 저절로 증거로서의 자격을 잃는다.

송씨 일족은 하늘이 노랬을 것이다. 천신만고 끝에 나타난 종량입안이 증거로 채택할 수 없다며 내치다니. 저들이 야심 차게 준비한 비책은 바로 격식 위반을 들어 증거로서의 자격 자체를 박탈하는 일이었던 것이다. 이렇게까지 하게 되었다는 것은 바로 문서에서 위조의 꼬투리를 찾아내지 못했음을 웅변한다. 그래서 이 판결문에서는 수상하다는 분위기만 조성할 뿐 위조문서라 말하는 대목은 한 군데도 없다. 곧, 문서는 105년 전인 1481년에 장예원 스스로가 발급한 공문서가 틀림없다. 그렇다면 입안의 내용에 따라 판결하면 될 일이다. 하지만 그럴 수 없다. 송씨 일족을 몰락시키기 위해 그토록 치밀히 준비해온 노력을 허사로 돌려야 한단 말인가. 다행히 빌미가 있다. 앞서 보았듯이 아버지가 살아 있는데 위법하게도 그 아들이 신청하였다는 점이다.

입안에는 안돈후가 봉산군수로 가 있기 때문에 아들이 신청한다고 밝히고 있다. 감정의 나이는 안가의 주장에서 수시로 바뀌지만, 실제로는 당시 15세였다. 이 나이가 보충대 입속 신청을 할 수 있는 시간적 한계이다. 놓치면 안 된다. 1481년에 안돈후가 봉산군수였다는 사실은 족보에 나오지 않지만 실록에서 확인된다. 이 점도 위조되지 않았다는 증거가 된다. 송관은 부재중이라면 대노를 써서 신청할 수 있는데도 아들이 했으니 위법하다고 지적하는데, 대노를 시켜도 된다면 아들이 대리하지 못할 게 무어가 있으며, 대리하게 된 사유까지 다 밝혔고, 장예원도 그것을 인정하고 사실조사를 하여 문제가 없다고 하여 병조에 이첩하고 입안을 발급한 것이다. 위조할 양이었다면 이런 식의 상황으로 구성하지 않는다. 이를 너무나 잘 아는 장예원은 위조로 갈 수 없어서 찾아낸 꼬투리가 위격違格이라는 것이다. 《대전후속록》의 규정을 든다. 원문은 이렇게 되어 있다.

> 《경국대전》 '천처첩자녀' 조의 "대소원인" 아래에 "~과 양인(及良人)" 세 글자를 넣어 적용한다. 〔주〕 관리가 내응하여 위법하게 불법 입속시킨 경우, 속신한 뒤에 대신한 노비가 죽었다고 거짓말하여 입안을 받은 경우에는 접수하지 말고 중하게 처벌한다.

앞서 보았듯이 대소원인의 천첩자녀들은 보충대에 입속시켜 양인이 되도록 할 수 있다. 이를 일반 양인에까지 확대하자는 주장이 꾸준히 있었다. 그렇게 되면 다소나마 노비의 증가를 줄이고 양인을 늘릴 수 있어 국가 재정과 군역에 보탬이 되기 때문이다. 하지만 제 자식이 노비가 되게 할 수는 없어도 노비가 감소하는 것 자체는 싫어하는 관료들도 많다. 그래서 엎치락뒤치락하다가 《대전후속록》에서 일반 양인들에게도 길을 열어주는 성과를 보인 것이다. 신원이 확실하고 배려되어야 할 관료의 자손에 대한 입속은 당연한 요식 절차로 처리해왔는데 일반인까지 적용이 확대되자 위법과 남용의 폐해가 우려되었고, 사실 이 문제는 '~과 양인'을 삽입하는 과정에서부터 논란이 되던 것이다. 이 때문에 일반 양인들에게 속신 규정을 적용할 때 엄정을 기하라는 취지로 주석의 내용이 붙은 것이다. 따라서 장예원처럼 '잇달아 2세대 양역을 진' 데 대하여 엄격히 해석하더라도 고관의 딸인 감정에 대해 그런 취급을 하는 것은 입법 취지에도 맞지 않는 것이다.

하지만 그 무엇보다 부당한 점은 감정의 입속이 이루어지고도 한참 뒤에 만들어진 법령을 소급하여 적용하고 있다는 것이다. 이 장예원 입안의 발급은 1481년의 일이다. 논란 중에 '~과 양인'이 다시 빠진 것이 실록에서 1492년으로 확인되므로, 그것이 다시 들어간 위 규정은 그 이후에 수교로 제정되어 1542년의 《대전후속록》에 실렸을 것이다. 따라서 《대전후속록》의 위 조항은 감정의 입속 때 없던 조항이다. 안돈후나 안총의 신청에 적용될 수 없던 법을 들이대는 것이다. 그러므로 "접수하지 말고 중하게 처벌한다"는 사항은 송인필 등이 그런 신청을 할 때나 적용해야 한다. 그리고 조문의 내용대로 한다고 하더라도 백 년 전 신청할 때나 처벌했어야 할 일이다. 이미 그때 장예원이 스스로 접수하여 처리한 사실을 나중에 거슬러 무효로 만들라는 규정은 아니다. 법을 억지로 적용하는 것이다. 판결사가 작정을 하고 나서는 데는 당해낼 수 없다. 이 사유가 없었다면 또 다른 것을 만들어냈을 것이다.

받아주어서는 안 되는 소를 접수하여 피고를 잡아들이고, 원고가 입증해야 할 사항을 피고더러 증명하라 하면서 다른 증거는 말고 100년 넘어 없어졌을 법한 서면이 아니라면 인정해줄 수 없다고 하며, 마침내 그것을 찾아내 제출하니 법리를 거스르는 꼬투리를 잡아 증거능력을 부인해버린다. 송가는 안다. 다 끝났다. 아니, 애초부터 끝나 있었다. 사실상 오늘이 선고기일인 것이다. 판결사의 호령은 이어진다.

판결 이유

너희가 격쟁들 할 때 올린 글과 소송 개시 이후의 진술에서 '현재 그 대상이 살아 있는 사안이 아니라면 60년 이전의 일에 대하여는 본안심리를 하지 않는다.'고 법전에 실려 있다고 주장하였다. 하지만 이 조항은 양인이나 남의 노비를 불법으로 차지하였다거나, 자신의 종과 양인 사이에서 난 소생이라 하거나, 조상 때 도망간 노비라 하면서 소로써 다투는 경우에만 해당하는 것이다.

앞에서 자료 【B】로 들었던, 60년 이전의 일에 대하여는 본안심리를 하지 않는다는 《대전후속록》〈형전〉'결송일한決訟日限' 조의 조항을 말한다. 하지만 앞에서 살폈듯이 이 조항은 30년 과한의 예외를 적용받을 때도 60년의 소멸시효가 작용하는 경우를 말하는 것이다. 따라서 이 규정이 배제된다면 30년의 일반 과한 규정을 적용시켜야 한다. 곧, 장예원의 해석은 정확하며, 다만 그에 따를 때는 《대전후속록》에서 바로 그 아래에 있는 조항으로서 모든 소송에 대한 30년의 소멸시효 규정을 적용시켜 송가에 유리해져야 하는데, 60년 과한을 이야기하는 송인필의 말이 틀렸다고만 지적할 뿐이다. 하지만 30년 과한을 언급하지 않을 수는 없다. 법원이 소를 접수한 까닭은 설명해야 하기 때문이다. 하지만 이 대목에서 하는 것은 적절치 않다고 보는 것이다.

다음 쟁점으로 이어진다. '양역을 진 지 오래된 경우'에 대한 《경국대전》의 규정이다. 오래되었다는 의미에 대하여 《대전속록》은 '향리鄕吏' 조에 따라 2세대를 이어서 지낸다는 것이라 하였다. 송관은 이를 교묘히 갈라친다.

> 너희가 격쟁들 할 때 올린 글과 소송 개시 이후의 진술에서 '양인은 양적이 없거나 양인인 일족이 없더라도 양역을 진 지가 이미 오래된 경우에는 신고하여 노비로 만드는 것을 인정하지 않는다.'고 법전에 실려 있다 하였는데, 이는 오로지 누락된 무적자들을 신고하는 일만을 가리키는 것이다.
>
> 너희가 격쟁들 할 때 올린 글과 소송 개시 이후의 진술에서 '2세대를 이어서 양역을 졌다면, 신고하여 천인으로 만드는 것을 허용하지 않는다.'고 법전에 실려 있다 하였는데, 이는 오로지 향리의 예에 따라 할아버지와 아버지가 양역을 지는 일만을 가리키는 것이다.

오랫동안 양역을 수행해오고 있는 것을 세월이 흐른 뒤에 다시 뒤집어서는 안 된다는 취지로 잇달아 제정된 법령들을 입법 의도가 무색해지는 방향으로 왜곡해서 적용한다. 《대전속록》의 "향리" 조의 예에 따라 2세대를 이어서"라는 문구는 《경국대전》에서 "오래된"이라고 하는 표현을 '향리' 조에 실려 있는 '2세대를 이어서'로 이해하라는 의미가 뚜렷한데도, 알 만한 장예원의 판결사께서는 향리에만 해당한다는 뜻이라고 못 박는 것이다. 문맥을 대놓고 왜곡하는 해석이다. 설사 그렇다고 하더라도, 지방 아전으로 2세대를 지낸 것도 따지지 말고 양인으로 인정하여야 하는 것이라면 4대를 관원으로 지낸 집안은 말해 무엇하겠는가. 당연히 이루어져야 할 이런 해석은 절대 하지 않는다.

더구나 이 사건에 관해 꼭 맞는 규정이 있다. 《대전후속록》〈형전〉'천첩자녀' 조의 규정, "천첩자녀로서 보충대에 누락된 경우, 비록 개인적으로 입안을 지니고 있지 않더라도 … 2세대를 이어서 양역을 졌다면, 신고하여 천인으로 만드는 것을 허용하지 않는다."이다. 사실 송가에서 주장하는 '2세대를 이어서'라는 말은 보충대에 누락된 경우에 적용하는 이 규정이다. 감정이 보충대에 입속되지 않았다고 본다면, 꼭 이에 해당하는 사안이다. 안가에서 감정을 어떻게든 안돈후의 자식이 아닌 것으로 해보려 애썼던 속내에는 이 조항의 존재가 걸렸기 때문이다. 보충대 입속입안이 남아 있다는 것을 진작에 알았다면 안씨들은 친자 관계를 부인하는 전략으로 강하게 나아갔을지도 모른다. 생각지 않게 입안이 발견되었고, 고심 끝에 격식 위배를 내세워 배제시켜버렸지만 식겁했다. 이 입안을 신청서가 접수될 수 없는 위격이라고 한다면, 신청되지 않은 것으로 보고 그에 대한 위 '천첩자녀' 조의 조항을 적용하면 된다. 하지만 이를 모를 리 없는 송관은 일부러 꼼꼼한 척 여러 다른 조문들을 현란히 왜곡하여 들먹이면서 가장 확실한 이 규정을 배제하고 있는 것이다.

비장의 무기

모든 가지치기를 끝낸 송관은 처음부터 준비해놓았던 비장의 무기를 꺼낸다. 소멸시효의 항변을 무력화시키고 과한된 사건을 받아둔 데 대하여 설명하기 위해 사전에 준비해놓은 것이라 하겠다. 보충대 입속입안의 발견이라는 예기치 못한 사태 때문에 좀 늦어졌을 뿐이다. 제출하지 못하고 있는 꼴을 보고 없으리라 생각했던 당시의 입안이 원본으로 나타날 줄이야. 위조의 꼬투리도 보이지 않는다. 하지만 격식 위반으로 몰아붙이고 여러 법리를 견강부회하여 해결하였다. 이제 장만해놓은 법령을 들이민다.

> 네 아비 사련은 불법 입속했을 뿐 아니라, 수교에 "골육상잔이라는 문자는 본래 법전에 실려 있지 않고 항간에 전해져서 법조문처럼 된 것으로, 판결할 때마다 속공屬公시키니 매우 부당하다. 형제나 4촌이면 사환使喚되지 못하고 얼마 뒤 면천하는데, 형제와 4촌은 부리지 못하더라도 5, 6촌이 되면 친속이 점점 멀어져 사환하여도 안 될 것이 없다. 근래에 관리들은 골육상잔이라는 뜬말에 넘어가 매번 속공한다. 이는 한편으로 남의 노비를 뺏는 것이요, 다른 한편으로는 천인을 양인으로 만드는 것이니, 모두 옳지 않다."라고 되어 있으니, 모든 송사에서 30년이 된 일은 접수하지 않는다는 법은 적용할 수 없다.

장예원이 과한법을 아랑곳하지 않고 소를 접수하여 심리를 진행했던 배포는 준비한 이 수교로써 과한 규정을 깨겠다는 복안이었던 것이다. 1554년(명종 9)의 수교이다. 전문은 이렇다.

갑인년(1554) 3월 27일 승전承傳

골육상잔이라 사환할 수 없다는 규정은 법전에 실려 있지 않거늘, 습속에 전해져 법이 있는 것으로 여기고 재판할 때마다 속공시키니 매우 부당하다. 노비와 주인의 사이는 매우 엄격한데도, 형제와 4촌을 부리는 일이 참으로 인륜을 가로막는 것이기 때문에, 당사자가 이미 천적賤籍에 있더라도 형제와 4촌이라서 사환되지 못하고 얼마 뒤 면천한다. 하지만 《대전속록》, 《대전후속록》, 《명률》에는 그런 말이 한마디도 없다. 다만 《경제육전주해》(속집)에 "할아버지의 비첩婢妾 소생은 본래 동기이니 노비의 예로써 일 시키지 못한다"고 하였다. 이를 볼 때 형제와 4촌은 부리지 못하더라도 5, 6촌이 되면 친속이 점점 멀어져 사환하여도 안 될 것이 없다. 그런데도 근래에 관리들은 골육상잔이라는 헛말에 넘어가 매번 국가에 귀속시킨다고 한다. 이는 한편으로 남의 노비를 뺏는 것이요, 다른 한편으로는 천인을 양인으로 만드는 것이니, 모두 옳지 않다. 방역노비放役奴婢의 예에 따라 5, 6촌부터는 일을 시켜도 부당하지 않다. 골육상잔은 본래 법전에 없다는 취지를 서울과 지방에 잘 알려, 이제부터는 영원히 금지하도록 한다. 다만 이미 속공한 것은 다시 심리하지 말아서 시끄러운 폐단이 생기지 않도록 한다. 형조에 전교한다.

노비를 해방시키는 방식에는 속신贖身과 속량贖良이 있다. '속贖'은 대가를 지불한다는 의미이다. 속량은 값을 치르고 양인이 되는 것이며, 양인이 되었다는 것은 신분이 바뀌었다는 의미라서 그 자손도 양인이 된다. 보충대에서 국역을 지고 그 값으로 양인이 되는 것이 바로 속량의 사례이다. 한편, 자기 자신만 역을 면할 뿐 자손에게까지 그 혜택이 가지 않는 것은 속신이라 한다. 이에 대해서는 사실 역에서 풀려난다는 '방역放役'이라는 말이 더 잘 이해된다. 앞에서 본 보충대 입속입안에는 안총이 증빙용으로 중금의 방역 문서를 제출하는 게 나오는데, 속량 사유가 없는 중금은 방역만 될 수 있는 상황이었고, 따라서 딸을 위한 종량 절차가 따로 필요했던 것이다. 속신은 속량과 구별 없이 쓰이기도 하여 맥락에 따라 파악해야 하는 일도 잦다. 위 수교에서는 '방역노비'라 하여 의미가 뚜렷하다. 곧, 속량시키지 않은 천첩자녀를 윤리적으로 형제나 사촌이 부릴 수 없으니 사실상 방역노비처럼 취급할 수밖에 없겠지만, 그렇다고 그 자손이 양인이 되는 것은 아니기 때문에 5, 6촌으로 친속의 정도가 멀어지면 부려도 된다는 것이다.

이 수교에서 사환의 대상은 명백하게 속신도 속량도 하지 않은 천첩자녀들이다. 노비라는 것을 피차 번연히 알면서도 윤리적 이목 때문에 사대부로서 차마 부리지 못하여 사실상 방역노비처럼 놓아두게 되었던 경우이다. 그러다가 자손 대에 가서 촌수가 남남처럼 멀어졌을 때는 어떻게 할 것인가 하는 문제가 생기는 것이다. 이런 경우에 공노비로 관에 귀속시켜 왔던 것 같다. 속량된 것이 아니므로 노비라는 신분이 바뀔 수는 없고 친속이 부리는 것도 윤리적으로 곤란하니 속공이 적당하다고 본 모양이다. 이런 경향에 대해 친척 관계가 멀어지면 부려도 무방하겠다는 교령이 내려진 것이다.

결국 이 수교에서 오래도록 유지된 현실로 보고 있는 것은 노비인 상태이다. 곧, 사노비 신분으로 죽 지내온 이들에 대하여 본연의 신분대로 둘 것이지 공노비로 만들지 말라는 수교이다. 이는 오랫동안 양인으로 살아온 현실에 대해서는 또한 마찬가지로 인정해야 한다는 의미이기도 하다.

더욱이 지속된 양인 상태를 뒤집는 것은 처벌한다는 그 많은 규정들의 효력을 철폐하려는 취지로 위 수교가 내려진 것은 결코 아닌 것이다. 그런데도 과한 규정의 적용을 배제시키는 법이라고 판결사는 우겨댄다. 다른 법령과 조화롭게 공존할 수 있는 수교를 입법 의도와 완전히 어긋나게 적용하여 다른 멀쩡한 법령들을 불구로 만드는 데 쓰고 있는 것이다.

이 수교 하나로 5년·30년 과한, 60년 과한, 연 2대 양역자 등의 시효를 규정하고 있는 모든 법령을 무력화시켰다. 부당하기 짝이 없는 적용이다. 일단, 과한 규정은 《경국대전》에 있는 조문이다. 이를 보완하는 30년·60년 과한 규정은 《대전후속록》에 실려 있다. 양적이 없는 노비라도 양역을 진 지가 오래된 경우에는 되돌리지 말라는 조문도 《경국대전》에 있고, 오래되었다는 의미에 대해서는 2세대를 잇달아 하였다는 것으로 해석하라는 조항이 《대전속록》에 있어 조화를 이룬다. 더구나 또한 보충대 입속을 누락한 경우에도 2세대를 잇달아 양역을 졌다면 양인 신분 그대로 두라는 규정이 《대전후속록》에 있다. 저 수교가 무엇이길래 대전과 속록의 조항들과 조화롭게 해석되지 않고 그들을 무력화시키는 것으로 적용되어야 하는가?

앞서 보았듯이 《경국대전》은 나라가 끝날 때까지 받들어야 할 조종성헌이다. 《대전속록》과 《대전후속록》은 이 조종성헌에 근접한 것으로 선정된 대전 수록 후보들이다. 수교는 가장 낮은 단계의 법규이다. 수교로써 대전과 속록을 깨겠다는 것은 국헌문란이라 할 수 있다. 송관은 이를 감행한다. 송익필 형제들을 죽이기 위해서는 무엇이든 해도 된다는 것인가? 한 세기 뒤인 1688년(숙종 14) 박태보朴泰輔(1654~1689)가 파주목사로 있으면서 내린 판결이라 여겨지는 것이 그의 문집인 『정재집定齋集』에 실려 있다. 긴 앞부분은 빠지고 송관의 판결 부분만 수록되었는데도 상당히 길다. 그 소송에서도 위 수교가 제시되자, 박태보는 엄히 말한다.

> 요약하자면 (그 수교는) 《경국대전》의 조문과 완전히 모순되어 일관된 문리로 함께 통용할 수 없다는 것이다. 《경국대전》과 수교는 모두 법조문으로서 경중을 따질 게 아니다. 그러나 양쪽을 함께 준수할 수 없는 경우에, 심히 찾아보기 힘든 한때의 수교를 가지고 성스러운 국왕들께서 제정하신 명백하고 쉬이 알 수 있는 대전을 폐할 수는 없는 일이다. 이는 의심할 수 없는 이치이다. … 《경국대전》의 자기 비첩 소생에 대한 법에 의거하여 모두 양인으로 풀어준다.

파멸

의기양양한 송관은 마지막으로 정리한다.

> 너희들이 격쟁한 서면에서 "장예원이 《경국대전》의 위 세 조문을 훼손하여 소송을 심리하려 하니 더욱 이치가 없다."고 하였고, 너희들의 앞뒤 진술에서 "과한된 사안을 심리하는 관리를 지비오결죄로 따져야 한다."고 했겠다. 법전의 조문들에서는 그 하나하나마다 뚜렷이 규정하고 있어 어지러울 게 없는데도, 너희들은 국법을 가지고 놀면서 동을 가리켜 서라 하고 감히 사사로운 꾀로 억지로 갖다 붙여 법을 왜곡하여 임금을 기망하고 송관에게 허물을 씌웠다. 이 버릇없는 행위에 대한 사유들을 모두 하나하나 고하여라.

여태까지 형사소송이 진행되었던 것이다. 처음부터 죄인 대접을 받았고, 격쟁까지 해서 민사소송의 꼴로 나아가도록 하였지만, 판결사는 내내 송씨 형제들을 피고인으로 취급하였을 뿐 아니라 이미 유죄판결까지 내려놓았던 것이다. 송인필은 정신이 나가버린다. 천운으로 보충대 입속입안까지 찾아냈는데, 이미 이 소송은 자신들을 죽이기로 작정한 절차였던 것이다. "정신이 아득하여 아무 분별도 못하겠으니 다음 기일에 상세히 진술하겠습니다."라고 간신히 말할 수밖에 없었다. 1586년(선조 19) 6월 2일에 이제까지의 주장을 정리하여 진술하였으나 하나 마나 한 일이다. 이틀 뒤 안가에서도 대노 옥수가 와서 진술을 정리하였다. 승소를 확신하였을 것이다. 소송은 끝났다. 결과는 누가 봐도 안다.

장예원은 판결할 내용을 올렸고, 6월 18일 즈음에 그에 대한 결과가 나온 듯하다. 내용은 뻔했겠다. 닷새 후인 6월 23일 또 꽹과리가 울렸다. 종친이신 순원령 이저李藇이다. 송씨 형제들의 맏누이가 그의 어머니이다. 그러니 아버지는 말할 것도 없이 한원수인 이수린이다. 대노도 아니고 몸소 나오셨다. 피눈물 나는 장문의 사연을 바친다. 이 소송은 양천을 분간하려는 것이 아니라 원수의 손에 넘겨 그날로 죽게 하려는 것이옵니다. 숨이 가쁘고 거동도 못하는 여든 노모가 짐을 싸서 갈 길 없이 도망가게 되었으니 땅을 두드리고 하늘에 울부짖어도 호소할 데가 없사옵니다. 어미와 아들이 서로 끌어안고 울게 생겼을 뿐 아니라 한 문중의 남녀노소 육칠십 명이 피눈물을 뿌리며 죽을 지경이옵니다. 격쟁하는 수밖에 없었사옵니다. 이런 사연들과 함께 이제까지의 논변을 총정리한다.

우선 송씨 가문이 노비가 아니라는 수많은 증거들을 11가지로 정리하여 제시한다. 그 가운데 안씨 집안의 족보도 있다. 거기에 안돈후의 서녀사위

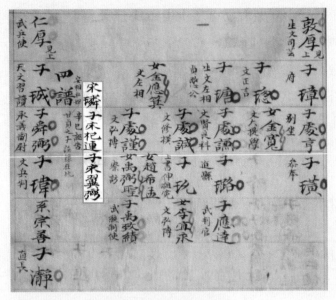

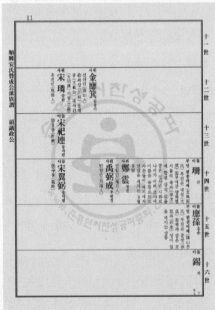

순흥 안씨 족보

『만가보』에 실린 순흥 안씨 족보(위)에서 송린·송사련·송익필을 확인할 수 있으며, 현재의 순흥 안씨 찬성공파 족보(아래)에도 이 세 사람의 이름이 실려 있다.

송린, 외손 절충장군 사련, 외증손 인필, 외증손녀사위 한원수까지 실려 있다는 것이다. 명손이 격쟁할 때도 잠시 언급한 바 있는데 그보다 구체적으로 제시되고 있다. 순흥 안씨 족보는 1546년(명종 1)에 처음 간행되었다. 조선 전기 족보에서는 아들뿐 아니라 딸의 세계世系까지도 기록한다. 그리고 명종 초라면 안처겸의 행위를 안가에서도 역모 시도로 인정하던 때여서 당연히 당상관까지 지내는 자손은 빼지 않고 수록하였던 것이다. 그런데 이 족보는 전해지지 않고 1659년(효종 10)의 것이 현존한다. 이후의 족보에서도 송린과 송사련, 송익필이 확인되는 것으로 보아 감정이 안돈후의 딸인 것은 부인할 수 없는 사실이라 하겠다. 그리고 노비를 자기 족보에 올리는 일도 없으니 안씨 집안에서는 송씨들을 자기네 노비로 보지 않았다는 명백한 증거가 된다. 물론 판결에서 이러한 점은 언급도 하지 않는다.

이어서 이저는 소송이 편파적으로 진행된 사례를 하나하나 든다. 앞서 살펴본 대로이다. 중금에 대한 사실도 바로잡는다. 안돈후의 유서가 위조일 수밖에 없는 이유, 장예원 발급 입안을 위격으로 처리한 데 대한 부당함에 대하여 길고도 치밀한 논변을 전개한다. 그리고 법률 적용에서는 정치하기 이를 데 없이 논박한다. 온 송씨 집안이 모여 마지막이라는 생각으로 글을 구성했을 것이다. 「안가노안」에서 가장 긴 부분을 차지한다. 마지막으로 국왕께 살려달라고 청하는 애절한 호소이기도 하다. 하지만 슬픈 예감은 틀리지 않는다. 선조는 아랑곳하지 않는다. 결정을 내리라는 명이 6월 25일에 떨어지고, 7월 5일 판결이 선고된다. 감정이 속량하지 않았으니 그의 후손 모두가 안씨 집안의 노비라는 판결이다. 안가에 잡혔다가는 곧바로 죽음이니 송씨 집안 사람들은 바삐 여기저기로 뿔뿔이 흩어진다. 배삼익이 새로 판결사로 부임한 장예원에서는 9월 7일 송사련의 관작을 삭탈하고 그 이름이 오른 모든 자취를 없애야 한다며 계를 올렸고, 12일에 시행되었다. 이제 송사련에 관한 공식 기록까지 다 사라졌다. 이렇게 한 명문가가 처절하게 몰락하였다.

판결에 대한 평가

어느 사업가가 개인 헬기까지 있을 정도로 부호였다. 그의 아내는 재산 상속을 노려 그를 살해할 생각을 갖고 있었다. 마침 사업가가 헬기로 먼 곳으로 출장을 가게 되자 아내는 헬기의 엔진에 몰래 시한폭탄을 설치하였다. 예정대로 몇 시간 뒤 헬기는 공중에서 폭발하였고, 거기에 타고 있던 사업가와 조종사는 주검으로 발견되었다.

여기까지 말씀하신 형법 교수님은, 이때 아내는 사업가에 대한 살인의 고의가 있는가, 하고 물으셨다. 당연히 이구동성으로, 있습니다! 교수님은 이어서 물으신다. 조종사에 대하여도 살인의 고의가 있는가? 대학 때 좋아했던 이 교수님께서는 수업에 들어오시지 않는 일이 잦았지만 강의를 하실 때는 이처럼 생각할 거리를 던져주시시고는 개념의 세세한 부분을 쪼개서 짚으셨기 때문에 인상 깊었다. "가르칠 때에는 사람의 의사를 잘 유도하여 스스로 느껴서 떨쳐 일어나도록 하였"다는 평을 받은 송익필의 강의와 맥을 같이하지 않는가도 여겨진다. 대학 시절에 들었던 위의 사례를, 법학의 기초를 강의하게 될 때 우리 학생들에게도 들려준다. 그러면 많이들 조종사에 대하여는 살인의 고의가 없다고 대답한다. 오답이다. 아내는 남편을 죽이겠다는 목적을 달성하기 위해서 조종사까지 살해하겠다는 의사를 분명히 갖고 있다. 이는 미필적 고의도 아닌 직접적 고의이다. 이렇게 배웠던 대로 말하고는 고의와 과실의 차이, 특히 미필적 고의와 인식 있는 과실의 개념적 구별에 대한 강의를 잇는다. 역시 은사님께서 드셨던 다른 관련 사례와 함께.

　당연한 법 상식일 수 있는 것인데도 일반 사람들은 까딱 잘못 생각하는 일이 흔하다. 더구나 전문적인 법리 구성으로 엮어놓기까지 하면 그럴듯하다고 여길 뿐 아예 접근을 하지 못하기도 한다. 송가에 대한 판결문 자체를 온 세상에 공개하여 그들의 신분이 노비임이 법상으로 밝혀졌다고 내세워 전하는 동안, 그를 읽는 세인들은 판결의 논리 맥락대로 따라가면서 '그렇구나' 하고 고개를 끄덕였을 것이다. 더구나 당시의 판결서들에서 볼 수 없는 긴 판결이유가 법적인 논변으로 가득 채워져 있을 때는 '꼼꼼히 판단했구나' 하고 여길 뿐, 그 구성에서 보이는 치밀한 의도적 오류들을 하나하나 맥 짚는 것은 생각도 못했거나, 해보려 해도 쉽지 않았을 것이다. 그런데 기록이 남는다는 것은 중요하다. 승소자가 자랑스레 퍼뜨린 판결문에 대해, 수백 년이 지나서이지만 법 적용을 세심히 따져보는 이가 나타난다. 그리하여 부당한 법 논리로 점철되어 있는 재판이라는 비판을 그가 한다. 또한 정치적 영향을 배제하고 꼿꼿한 태도로 밀어붙였다는 평판을 얻은 법관에 대하여는 오히려 세론에 빠져 있던 인물이었다고 달리 평가해볼 여지도 생긴다.

　어느 재벌 그룹의 이○용 부회장 등이 기소된 여러 항목 중에는, 최○원 등에게 뇌물을 공여한다는 동기로 코○스포츠에 거액의 외환을 탈법적인 방법으로 송금했다는 사실도 있다. 이에 대하여 피고인들은 고의가 없었다고 주장하였다. 그러나 법원(재판장 김진동)은 탈법적인 수단으로 외환이 반출되어 독일에서 소비되는 것을 당연히 인식하였기 때문에 '특정경제범죄 가중처벌 등에 관한 법률' 제4조에서 정하는 재산 국외 도피의 죄에 해당한다고 보았다. 그 액수가 몇 십 억에 이르기에 실형이 선고되는 데에도 이바지하였을 것이다. 그런데 집행유예를 선고한 항소심 재판부(재판장 정형식)는 다음과 같이 달리 판단한다. "피고인들이 이 사건 뇌물을 공여하는 과정에서 코○스포츠와의 용역 계약을 이용하는 등 은밀하고 탈법적인 수단을 동원하였다고 하더라도, 이는 뇌물 공여 사실을 숨기기 위한 것일 뿐 재산을 국외로 도피하기 위하여 그러한 수단을 동원한 것이라고 볼 수 없고, 피고인들의 이 사건 용역대금의 송금은 뇌물을 공여한다는 의도에 의하여 이루어진 것이어서 피고인들에게 재산을 국외로 도피시킨다는 범의가 있었다고 볼 수도 없다." 탈법적으로 거액의 외환을 알고서 빼돌린 것은 사실이나, 이는 뇌물을 바치기 위한 것이니 외환 밀반출의 고의는 없었다는 말이다. 앞서 배운 바가 떠오르지 않을 수 없다. 뇌물 공여라는 거룩한 일을 하기 위해 불가피하게 저지를 수밖에 없었던 탈법행위에 대한 세심하고 따스한 배려에 눈물이 맺힌다. 참으로 온정의 사법부라 하지 않을 수 없다. 대법원은 "원심의 판결이유에 일부 적절하지 않은 부분이 있"다고 인정하였지만, 다른 이유를 들어 결론은 항소심과 같이 한다. 이 또한 따져볼 여지가 있을지 모른다.

부당한 판결을 하였다고 해서 관련 법관을 제재할 수는 없으며, 그렇게 해서도 안 되는 일이다. 훨씬 더 큰 가치를 훼손시킬 수 있기 때문이다. 그렇다면 결국 그에 대한 사회적·역사적 평가 말고는 책임을 추궁할 수 있는 길은 현실적으로 없는 셈이다. 실은 재판의 독립성을 보장하기 위해 그렇게 짜여 있다고 보아야 한다. 재판에 대하여는 위헌을 이유로 들더라도 헌법재판소에 헌법소원심판 청구를 할 수 없도록 되어 있을 만큼 성역으로 유지하지만, 그 재판은 법관이 자신의 이름을 걸고 한다. 요즘 판결문의 비실명 처리 지침에 따라 인명은 '이○용' 하는 식으로 처리된다. 그리하여 과거의 판결 자료들처럼 사료로서 활용하려는 데에는 어려움이 생기기도 한다. 하지만 판사, 검사, 변호사는 실명을 가리지 않는다. 기록된 그들의 행위는 자신의 이름으로 당대뿐 아니라 역사에 남는다. 그리고 사회에서는 그 자료를 보고 평가하며, 이는 후대에도 이어질 것이다. 법적인 논변이 주요하게 작용하는 경우에는 특히 법학자들이 제대로 구실을 해야할 것이고, 논란이 되는 사실관계의 성격에 따라서는 관련된 전문 연구자들이 그 나름의 역할을 하게 될 것이다. 사안에 따라서는 살 떨리는 작업을 하게 될 수도 있겠지만, 그래도 해야 한다. 학자들은 그러라고 있는 것이다.

5장 후폭풍

엑소더스

당파의 대립을 담고 있는 기록 가운데 하나인 『괘일록掛一錄』은 동인의
시각이 많이 반영되어 있는 듯하다. 거기서는 이렇게 전한다.

> 얼손 안정란은 문장이 좋고 재기가 있어서 이문학관吏文學官이 되고 관
> 직이 동지同知까지 이르렀는데, 사법기관에 소장을 제출하면서 송익필
> 이 우리 집 종이니 법에 따라 사환하여 억울함을 좀 풀고 복수를 해야
> 겠다고 하였다. 익필을 아는 이들이 놀라고 분개하지 않을 수 없어 정
> 란의 요망함을 다스리려 하였다. 안정란은 생사를 돌아보지 않으며 상
> 언하고 유서를 내어 송관에게 제시하니, 송관은 하는 수 없이 안정란에
> 게 승소 판결을 내려주었다. 안정란은 친족 무리를 이끌고 송사련의 무
> 덤으로 가서 시신을 파낸 뒤 그 죄를 하나하나 지적하며 도끼로 유골을

부수었다. 부려먹으려 소송했던 것이 아니라 실은 이를 위해 그랬던 것
이다. 송씨 집안은 사방으로 뿔뿔이 흩어졌다. 한필은 황해도로 가서 성
명을 바꾸고 조 생원이라 칭하였다.

판결 이후의 분위기를 알 수 있다. 죽음을 피해 송씨 일족이 흩어지자
안가는 송사련의 유해를 도끼로 부숴 흩뿌린다. 『패일록』의 지은이도 소송
의 목적이 추노가 아니라 피의 보복이라고 인정한다. 송가는 누구든 걸리
면 죽음이다. 멀리멀리 눈에 띄지 않는 곳으로 숨어들어갔다. 윗글에서 송
한필은 황해도로 가서 다른 사람 행세를 하며 산다고 전한다. 뒤에 보겠지
만 이는 의도가 있는 진술이기도 하다. 판결 직후인 1586년(선조 19) 10월
조헌은 시사를 논하는 장문의 상소를 올린다. 거기에 송씨 집안의 처지에
관한 정보도 나온다.

송익필은 비록 사련의 아들이지만 노년에도 독서에 힘써 학문이 깊고
경서에 밝으며 언행이 바르고 곧아 아비의 허물을 덮을 만합니다. 그리
하여 제갈량이 법정法正에게 그랬듯이, 이이와 성혼도 그를 외우畏友로
대하였습니다. 그가 사람을 가르칠 때에는 사람의 의사를 잘 유도하여
스스로 느껴서 떨쳐 일어나도록 하였기에 생원·진사에 오른 이가 매우
많습니다. 그 가운데 김장생金長生, 허우許雨와 같은 이는 의로운 행실
이 경외에 저명하고, 강찬姜燦, 정엽鄭曄과 같은 이도 모두 빼어난 재주
가 있습니다. 조종의 전례로 말하자면 사람을 가르쳐 성취시키면 으레
관직을 상으로 주고, 중국의 제도로 말하자면 어진 이를 쓰는 데는 출신
을 따지지 않는 것이 예로부터 지금까지 지켜오는 원칙입니다. 이이가

서얼허통에 힘쓴 것은 그 뜻이 그저 어진 이로써 임금을 보필하고자 한데 있을 뿐, 일개 익필 때문에 사사로이 한 일이 아닌데도 많이들 그에게 허물을 돌립니다.

이산해는 익필에게 "김응남金應南이 제주목사로 좌천된 일을 두고 사람들은 자네가 사주한 것이라고들 하네. 이이가 죽은 뒤에 자네가 바로 절교하였더라면 이러한 환란은 없었을 터이네."라고 하였습니다. 이발李潑, 이길李洁, 백유양白惟讓은 또 익필 형제가 정철과 평소에 교분이 두터운 것을 미워하였고, 또한 자기들의 단점을 의논하는가 하고 의심하였습니다. 그리하여 해당 관리를 몰래 사주하여 위로 네 조상의 양적良籍을 모두 없애고 법을 왜곡하여 천민으로 만들어 곤장 아래에서 죽을 지경에 이르게 하였습니다. 자손 70여 명도 안씨의 보복이 무서워 집을 부수고 바삐 달아나 돌아올 곳이 없어졌습니다. 경외에 흩어져 빌어먹는다고도 하고, 배를 타고 바다로 나가 섬을 떠돈다는 말도 있습니다. 거지가 되었다면 70여 명이 머지않아 구렁에서 해골로 뒹굴 것이고, 배로 떠돈다면 70여 명이 머지않아 해적에게 죄다 죽게 될 것입니다.

—『선조수정실록』권20, 선조 19년 10월 1일

3년 전인 1583년(선조 16)에 선조는 이이를 탄핵한 삼사의 관원, 송응개宋應漑, 박근원朴謹元, 허봉許篈을 유배 보내버렸다. 이를 계미삼찬癸未三竄이라 부르기도 한다. 그런데 이때 김응남도 한패라 하여 제주도로 발령되었다. 이 일을 구봉 때문이라 보고들 있다는 이산해의 말은 이번 소송이 정치적인 이유에서 일어난 것임을 암시한다. 거기에 이발, 이길, 백유양의 사감도 더해졌다는 것이다. 그리하여 관에 보관되어 있는 증거들을 고의

적으로 말살하고 법 원칙에 어긋난 왜곡된 판결로 송익필 집안을 몰락시켰다고 조헌은 판단한다. 효성이 깊고 강직하기로 소문난 조헌은 성혼의 문인으로 되어 있으나, 우계는 동료처럼 대하였다. 1589년 성혼이 조헌에게 보낸 편지에서도 그런 태도와 함께 송익필의 딱한 처지를 볼 수 있다. 3년이 흐른 뒤에도 구봉은 복수의 칼날을 피해 떠돌고 있었다.

송운장이 멸문지화를 입은 일은 참통하고 또 참통합니다. 천지가 온통한 그물이니 또 어디 발을 디딜 곳이 있겠습니까. 안가에서는 이미 복수를 말하고 있는데 종으로 팔 리가 있겠습니까. 종으로 팔기만 한다면야 문하생과 붕우들이 먼저 후하게 돈을 모아 속량시킬 터이니 먼 고을에 있는 형장을 기다리기까지 하겠습니까.

눈이 벌겋도록 익필을 찾아 공공연하게 선대의 보복을 하겠다는 안가는 세월이 지나도 그물을 거두지 않는다. 먼저 조헌은, 우리가 금원을 출연하여 속량시켜야 하지 않겠냐는 편지를 보낸 듯하다. 노비는 상당히 고가이다. 그렇기에 피 터지게 싸우는 것이다. 『계갑일록』에 따르면, 이이에게는 서자만 둘 있는데 맏이만 속량하고 둘째는 돈이 없어 그러지 못했다고 한다. 돈이 모이더라도 송씨 일가의 몇몇만 속량시킬 수 있었으리라. 이미 성혼 등은 여러 차례 안가를 상대로 협상을 시도해보았을 것이다. 하지만 안가는 복수만 되뇔 뿐 들을 생각도 하지 않았던 모양이다. 안씨와 사돈인데다 안당의 신도비문까지 써준 이이가 살아 있다면 어떻게 말을 붙여볼 수 있었을 텐데. 사실 그가 있었다면 이 지경까지도 오지 않았으리라.

송익필을 숨겨주려는 이는 많았다. 이산해 집에 있기도 했다. 아계鵝溪

이산해 초상

이산해는 선조 때 영의정을 지냈으며, 동인의 거물이자 동인이 남·북인으로 나뉜 뒤에는 북인의
영수로 활약했다. 문장에 능해 송익필 등과 함께 선조대 문장팔가文章八家의 한 사람으로 불렸다.
당파는 서로 다르지만, 아계는 구봉과 가까이 지냈으며 구봉이 쫓겨 다닐 때는 숨겨주기도 했다.
국립중앙박물관 소장, 세로 161.5×가로 82.7cm

이산해(1539~1609)는 북인의 영수가 되는 동인의 거물이다. 동인 쪽 가내에 숨어 있다는 것에 의아해하기도 하겠다. 당시는 당파 형성의 초기라서 상호 대립하는 가운데서도 서로 친분이 얽히는 경우가 많았다. 송익필은 이산해와 함께 당대 8문장가라 불리기도 했던 만큼 젊어서부터 그와 교류가 있었다. 아계는 전부터 구봉을 도운 적이 많았다. 안씨들은 자신들을 후원해주는 동인의 보스 집에 익필이 있으니, 알면서도 건드리지 못한다. 아계는 구봉과 함께 있으면서 전부터 하던 말로 달래본다. 지금이라도 이이와 절연하면 화를 면하고 신분도 회복될 것이네. 처절히 몰락한 처지의 인사에게는 덥석 물고 싶을 만큼 입맛 당기는 제안이 아닐 수 없다. 그러나 송익필이 그것을 받아들일 리는 만무하다.

"죽을지언정 차마 어찌 그러겠나."

반면에 일찌감치 이런 회유를 수용한 이도 있었다.

정여립

정여립鄭汝立(1546~1589)은 총명하고 체격도 좋았다고 한다. 문무를 겸전한 듯하고, 통솔력과 과단성도 있었다. 일찍부터 주목을 받았는데, 자신을 내세우는 스타일이었던 것 같다. 그런 탓인지 싫어하는 이들도 있었지만, 이이의 눈에는 들었다. 이이는 선조에게 정여립을 극력 천거하였다. 1583년(선조 16)의 기록인 『계미기사』에서는 10월 22일에 이이가 정여립의 사람됨을 매우 칭찬하였다고 전하며, 그 이전 13일에는 송한필이 이이, 성혼, 정철, 정여립을 중용해야 한다는 상소도 올렸다고 한다. 이는 같은 시기의 저작 『계갑일록』에서도 확인된다. 『선조실록』의 10월 22일 기사에 상황이 자세히 나온다.

임금이 "이제 경이 있으니, 나는 마땅히 모든 것을 맡기겠다."라고 말하자, 이이가 아뢰었다.

"오늘날 인재가 적어져 문사들 가운데 쓸 만한 사람을 얻기가 더욱 어렵습니다. 정여립이 박학하고 재주가 있습니다. 밀어붙이는 단점이 있긴 합니다만, 큰 현인이 아닌 다음에야 단점 없는 사람이 누가 있겠습니까? 그는 실로 쓸 만한 사람입니다. 근래에 후보로 올릴 때마다 낙점을 하지 않으시니, 중간에 안 좋은 말이라도 들으셨습니까?"

임금이 말하였다. "여립은 참으로 기리는 말도 헐뜯는 말도 들리지 않는 이다. 어째서 쓸 만하다는 것인가? 무릇 사람을 쓰는 데는 그저 그 이름만 보고 데려올 것이 아니라, 일단 시험해봐야 알 수 있는 것이다."

선조는 왠지 정여립을 마땅찮아 한다. 하지만 신임하는 이이가 적극 추천하는 때문인지, 정여립은 다음 달 19일 예조좌랑에 임명되고, 이듬해 1월 15일에는 수찬이 되었다. 그 다음 날 이이는 세상을 뜬다. 그런데 한 해가 흘러 1585년(선조 18) 5월 28일 의주목사 서익徐益의 긴 상소가 올라왔다. 정여립이 경연에서 이이를 공격하고 나아가 박순, 정철에까지 이르자 그들이 자리를 피해 물러갔다고 하는 이야기가 사실인지 물으면서 다른 사람은 몰라도 정여립만은 그래서는 안 된다며 시작한다. 정여립은 이이 덕분에 출사하게 되었는 데다가 평소 이이를 기렸으며, 특히 이이가 죽기 전에 보낸 서한에서는 삼찬三竄은 되었지만 큰 간신(巨奸)이 남아 있다고 안타까워했을 정도라는 것이다. 큰 간신이란 동인인 유성룡柳成龍을 가리킨다는 말도 이어진다. 결국은 정여립의 표변을 질타한다.

> 전에도 여립이고 지금도 여립인데, 어찌하여 오늘에는 몸소 이이를 팔면서 부끄러움을 모를 수 있습니까?
>
> —『선조실록』권19, 선조 18년 5월 28일

여러 신하들이 그 편지라는 것은 떠도는 말일 뿐이라거나, 큰 간신이라 되어 있지 유성룡이라 쓰여 있는 것은 아니지 않은가 하는 이야기를 하였다. 서익의 상소에서도 말하지만, 유성룡과 이이는 서로 사이가 나쁘지 않았다. 『부계기문涪溪記聞』은 이런 일화도 전한다.

> 명종 때 윤해평이 『육신전』을 간행하자고 했다가 임금이 진노하여 저자를 끌어내라고 한 적이 있는데, 이율곡이 선조 때 다시 똑같이 청하였다. 임금이 노하여 집에 『육신전』을 갖고 있으면 반역으로 처벌하겠다고 말하니 좌우가 벌벌 떨었다. 홀로 유성룡이 "국가가 불행해져 환란이 있을 때, 신하들이 신숙주가 되길 바라시옵니까, 성삼문이 되었으면 하시옵니까?"라고 하니 선조의 노여움이 풀어졌다.

김성일과 선조가 대립할 때 재치 있는 말로 조정하여 분위기를 부드럽게 마무리짓기도 했던 유성룡의 재간은 여기서도 발휘된다. 서애西厓의 됨됨이가 잘 설명되어 있으며, 굳이 이이를 위해 나서는 모습도 보인다. 김장생이 쓴 율곡의 행장에는, 유성룡이 10만 양병을 반대하자 이이가 "속된 선비들이야 그렇다지만 그대도 그리 말하는가"라고 했다는데, 이이를 기리려는 기록이긴 하지만 그가 유성룡을 남달리 생각하고 있었음을 살필 수 있다. 이런 이야기들은 실화인지의 여부를 떠나서 서애와 율곡의 사이를 순탄하게 보고 있다는 당시와 후대 사람들의 인식은 확인할 수 있다. 내지르기 좋아하는 정여립은 그런 율곡에게 유성룡을 나쁘게 말하더니 변심 이후에는 경연에서 이이의 비난까지 서슴지 않았다는 것이다. 『선조수정실록』이 전하는 1585년 4월 경연의 상황은 이러하다.

> 정여립이 경연에 입대하여 "박순은 간사한 괴수이고, 이이는 나라를 그르친 소인이며, 성혼은 간사한 무리를 모아 상소를 올려 임금을 기망합니다. 호남은 박순의 고향이고 해서海西(황해도)는 이이가 살던 곳이니, 그 지방 유생들의 상소는 모두 두 사람이 사주한 것이지 공론이 아닙니다. 신이 도성에 들어와 성혼을 찾아가서 간사한 무리로 임금을 속인 죄를 꾸짖고 또 이이와 절교하는 뜻을 말하니, 성혼은 말을 못하고 죄를 인정하였습니다." 하고 헐뜯는 말을 하였다. 주상이 "이이가 살아 있을 때 너는 지극히 추존하더니 이제는 무슨 일로 그리 말하는가?"라고 하자, 정여립은 "신은 당초에 그의 마음씀을 몰랐다가 나중에야 깨닫고 그가 죽기 전에 절연한 것이 오래되었습니다." 주상은 아무 말도 하지 않았다.
> —『선조수정실록』권19, 선조 18년 4월 1일

이 소문이 퍼져 서익의 상소가 먼 의주로부터 오고, 그로 말미암아 조정은 논란이 분분했다. 정여립이 이이에게 보냈다는 서찰에 관해서는 선조도 승정원에다 진위를 확인해보라고 하였다. 그러던 가운데 6월 16일

이이의 조카인 이경진이 상소를 올렸다. 집안의 서간들 중에서 서익이 언급한 편지의 존재를 확인할 뿐 아니라 율곡이 죽기 한 달 전에 정여립이 이이의 발탁을 찬양하는 편지 내용을 소개하면서 그 중병 중인 짧은 사이에 무슨 절교가 있었겠느냐며 정여립의 말이 거짓임을 주장하였다. 성혼에 대한 이야기도 있을 수 없는 상황이라 밝히면서, 버젓이 산 사람이 있는데도 그런 지경이니 죽은 이이를 배반하는 것은 정여립에게 일도 아니라 하였다. 집안사람이 물증을 들어 탄핵하니 진위 문제는 상황 종료되었다. 선조는 본래 정여립을 좋아하지 않았다. 여럿이 추천하는 탓에 기용했을 뿐이다. 자신의 직감대로 여립의 성품을 확인하게 되자 이제 눈길을 주지 않는다. 정여립은 풀이 죽어 낙향해버렸다. 이후 이발 등이 아무리 정여립을 추천해도 받아주지 않았다.

낙향

동인들은 이이를 참 싫어했다. 이이는 이황을 존경했고 퇴계도 율곡을 아꼈다는데, 이황과 조식, 서경덕의 제자들이 주류를 이루는 동인들이 이이를 참 미워했다. 율곡은 정치적으로 치우치지 않으려 애쓰면서 중재 역할을 해보려 했던 인물이다. 동인들은 오히려 이 때문에 구세력이 온존되는 것으로 보고 그 핵심을 제거하고 싶어 한 듯하다. 이이의 학설이 뛰어나면서도 퇴계나 남명과는 대립된다는 점도 작용하였을 것이다. 그러다 보니 이이는 본의 아니게 서인 쪽으로 떠밀려 사실상 영수 역할을 하게 되는 일도 있긴 했다. 중립을 표방한 이이였던 만큼 그와 친밀했던 정여립이 동인 쪽이 되었다고 공분을 살 것까진 아닐 수 있겠지만, 적어도 아끼고 이끌어준 이이를 심하게 비난한 일만은 그냥 넘어갈 수 없는 사안이었다.

정여립은 남다른 재주에도 도성에서 그리 인망을 얻지는 못했다. 그의 능력을 인정하고 실력을 발휘할 기회를 만들어주려 애쓴 이는 율곡이었다. 사실상 이이 덕에 벼슬길에 나아갈 수 있었다. 선조는 탐탁잖게 여기면서 받아들였던 것이다. 이런 이이가 죽었다. 정여립으로서는 끈이 떨어진 셈이 되었다. 이제 누가 나를 감싸 안아 끌어줄 것인가? 그런데 이미 그럴 사람이 생겼다. 이발李潑(1544~1589)이다. 이발도 정여립처럼 호남 사람이며 이이를 존경하고 따랐었다. 그 시기에 둘은 친해졌을 것이다. 성격도 맞았던 것 같다. 이들이 이이와 멀어졌을 때 이발은 동인 급진파를 이끄는 리더였으니, 북인이라는 용어가 그의 집이 북악산 아래에 있었던 데서 유래하였다고도 한다. 사실 이발은 남·북 분당 이전에 죽었다고 해야 하는데도 그럴 정도이다. 동인에는 정언지鄭彦智·정언신鄭彦信 형제, 정유길鄭惟吉 등 정여립과 멀고 가까운 친척도 많았다. 정여립은 동인, 특히 이발을 위해 저격수 역할을 하다가 낭패하여 조정을 떠나게 된 것이다.

고향인 전주에서 정여립의 인기는 좋았다. 동인이 잡고 있는 조정과 동아줄이 이어져 있으니 수령들도 무시하지 않는다. 그의 가문도 거기서는 유지 행세를 해오는 집안이다. 본인도 뛰어난 역량을 지녔다. 찾아오는 이, 배우러 오는 사람이 끊이질 않는다. 전주의 집으로는 비좁았나 보다. 진안 앞바다의 죽도에 자리를 마련하였다. 거기 모여서 활을 쏘고 공부를 하였다. 사람이 늘자 조직화하고, 이름을 대동계라 하였다. 대동계는 확대되어 갔다. 계원들은 전라·경상에 걸쳐 퍼져 나갔다. 명석한 두뇌, 드높은 학식, 빼어난 활 솜씨, 남다른 통솔력을 접한 이들은 누구나 그를 떠받든다. 선비들뿐 아니라 무인, 한량, 승려, 도사, 노비들까지도 마찬가지였다. 이러한 구별이 없는 대동 세상을 꿈꿨다고도 하며, 그래서 조직의 이름도 대동계라는 것이다. 대동계는 왜구가 출현하자 전주부윤의 요청을 받아 출전하기까지 했다. 무력도 갖추었음을 알 수 있다. 조직은 황해도까지 퍼졌다.

역모?

1589년(선조 22) 10월 2일 밤 비밀 장계가 이른다. 황해도 재령군수 박충간이 올린 보고로 그의 아들이 다급하게 들고 왔다. 역모요! 곧이어 다시 장계가 날아든다. 교생 조구, 재령군수 박충간, 안악군수 이축, 신천군수 한응인과 연명하여 황해 감사 한준이 올린 장계다. 똑같이 역모가 있다는 내용이다. 조구가 사태를 파악하여 이축에게 알렸고, 이축이 다른 수령들과 함께 감사에게 보고한 것이다. 박충간은 스스로도 조사를 해보니 조구의 고변이 사실인지라 급박하게 따로 장계를 올렸는데, 감사의 보고보다 먼저 도착한 것이다. 내용은 모두 다 정여립이 역적모의를 하고 있으며, 한강이 얼 때를 기다려 남과 북에서 도성으로 쳐들어갈 계획이라는 것이다. 때는 이미 겨울에 들어섰으니 다급한 상황이다. 한밤중에 삼정승 육승지 이하 대책 회의가 소집되었다. 이게 과연 사실일까 하면서 먼저 고변한 이들을 잡아오고 일단 정여립도 체포해 오기로 하여, 담당관을 정해 출발시켰다.

이 직전에 황해도 관찰사를 마치고 온 이산보가 반란의 우려를 전달한 일도 있었지만, 조정의 분위기는 대체로 역모를 믿지 않는 쪽이었다. 영의정은 동인 성향의 무당파 유전柳㙉(1531~1589)이고, 좌의정은 이산해, 우의정은 정언신인 데다가 언관으로는 이발과 백유양 등 동인이 주요 직책에 대거 포진하고 있으니, 그 일파라 할 수 있는 정여립의 모반 소식은 기가 찰 일이었다. 정언신은 고변한 이들의 목을 베어야 한다 하였고, 백유양의 아들 진민은 황해도의 수령은 절반이 서인이고 이이의 제자들도 많으니 무고가 틀림없다고 떠들었다. 선조도 '걔가 질은 안 좋아도 그럴 놈은 아닌데' 하는 식으로 말한다. 하지만 꼭 그런 기류만 있지는 않았던 것 같다. 선조가 싫어하는 정여립은 차제에 중형을 받을 수 있고, 그때는 그와 가까웠던 이들도 크게 다칠 가능성이 높은 것이다. 이즈음 김장생은 정철과 만난다. 그가 쓴 정철의 행장에 나오는 내용이다.

기축년(1589) 10월 공이 전임 찬성으로 고양의 신원新院에 있으면서 큰 아들 기명의 상을 당하였을 때 역적 정여립의 역변이 일어났다. 공이 편지를 보내어 나를 부르기에 아침 일찍 찾아가 뵈었다. 공이 "정여립은 반드시 도망갈 것이다." 하시자, 나는 "어찌 그럴 리가 있겠습니까." 하고 대답하였다.

좌중의 모든 손이 다 흩어지고 공의 아들 종명과 유효원만 남게 되자, 공이 물으셨다. "내가 숙배하고자 하는데, 어떨까?" 나는 "주상께서 부르시면야 괜찮습니다만, 이런 시기에 숙배한다면 때를 타서 움직인다고들 할 것이니 절대 안 됩니다." 하였다. 공이 말씀하셨다. "역적이 임금을 해치려 하는데 내가 중신으로서 밖에서 변고를 보고만 있고 들지 않아서야 되겠는가? 신하의 의리상 어찌 그리하겠나. 자네가 하는 말은 나더러 피험하라는 게지." 나는 "이 시기에 숙배하면 공은 틀림없이 추관推官이 될 터인데, 이발과 백유양 등의 죽음을 공의 힘으로 늦출 수 있겠습니까? 이런 큰 옥사에는 생각지 않게 일을 당하는 이들이 없을 수 없는데 하나하나 구제할 수 있겠습니까?" 하였다. 공이 말씀하셨다. "이발이나 백유양이 나 때문에 살아난다면, 그들은 필시 내 덕을 알 것이다. 자네는 처음부터 끝까지 피혐할 것만 말하는구먼. 신하가 지켜할 도리는 그게 아닐세."

이후 우계와 여러 분이 공에게 숙배하기를 권했고, 사나흘 뒤 대궐에 나아가 알현 신청서를 올리니, 승정원과 홍문관의 여러 사람이 매우 의아하게 여겼다. 공이 재상이 되어 들어가 국청鞫廳을 오갈 때는 꼭 우계의 집에 들렀으며, 우계 또한 공을 찾아갔다. 모든 일이 서로 의논 없이 한 게 없었다.

—『사계전서沙溪全書』,「송강 정 문청공 철 행록松江鄭文淸公澈行錄」

정철 등이 정여립의 모반을 조작하였다고 주장하는 견해들은 이 대목이 그것을 짐작게 해준다며 인용한다. 송강은 정여립이 도주할 것을 미리 알고 있었으며, 그것은 서인 일파가 기획하였기 때문이라는 것이다. 조작설이 맞을지 모르겠지만, 이 일을 그 증거로 삼을 수 있을까. 정여립에게는 역모 혐의가 씌워져 토포사가 출발하였다. 조정에 튼튼한 끈이 닿아 있는 그에게 이 소식은 어떻게든 전달될 것이다. 이때 정여립이 무슨 태도를 보일지에 대하여는 그의 품성을 어떻게 보고 있는지에 따라 달리들 생각할 수 있다. 정여립이 올라와 진실이 밝혀지기만 하면 고변자들과 그 배후를 혼쭐내려던 동인들은 그가 의연히 상경하여 스스로 무고함을 밝히리라 생각하였을지 모른다. 하지만 정여립의 과격한 성품으로 볼 때 역모는 사실일지도 모르며, 발각된 마당에 곱게 잡혀오기보다는 도주할 것이라 예상한 사람들이 있어도 별로 이상하지 않다. 정철은 그런 사람들 가운데 하나일 뿐일 수 있다. 또한 기획을 하였다면, 자백이 왕인 시대에 잡혀오는 쪽으로 꾸미지, 도망가 애매해지는 방향으로 잡지는 않았을 것 같다.

송강이 자진하여 숙배하러 들어간 일도 논란이다. 실각한 정철 등 서인 세력이 역모를 기획하여 재집권을 하려 했음이 드러난다는 것이다. 그리고 입각의 실제 목적은 동인들을 섬멸하려는 데 있다고 본다. 하지만 써 있는 대로 봐줄 수도 있지 않을까. 송강은 순하다고도 알려져 있고, 우계도 온건하다는 평이다. 이후의 옥사 때 동인인 이산해가 정철을 위관委官으로 천거할 정도이다. 정철은 일이 확대되거나 극렬히 나아가는 것을 그리 좋아하지 않는다. 곽사원의 소송에서도 그 아들에게까지 번지는 것을 반대하였고, 상대방 쪽에 대해서도 배후가 거의 틀림없는 황유경에게까지 확대되는 것을 선조의 진노에도 불구하고 스스로 나서서 실제로 막아낸 바 있다. 정여립의 모반에 이발과 백유양이 가장 먼저 위험하게 될 수 있다는 점은 누구나 안다. 이발은 세간에 알려진 절친이고, 백유양의 아들은 정여립의 조카사위다. 손대지 않아도 스러질 이들을 굳이 나서서 손수 처리하기보다는 힘써 살려주는 쪽이 향후 효과적이라고 판단했을 수도 있다. 성혼이 정철의 숙배를 권유한 것은 다른 사람보다는 그가 맡는 쪽이 안전한 데다 자신과의 의논도 가능하다고 보았기 때문인지도 모른다.

도주

얼마 지나지 않아 사태가 심각해졌다. 10월 7일 정여립이 도주하였다는 것이다. 서울에는 9일쯤 보고가 이르렀을 것이다. 이제 의심스럽던 역모는 짙은 혐의로 번진다. 동인들은 기겁한다. 선조는 대신들과 포도대장을 불러들여 의논한 뒤 정여립을 사로잡기 위한 군관을 파견하고, 그를 놓친 금부도사는 하옥시켰다. 미뤄두었던 각처의 용의자들을 잡아서 서울로 압송하기 시작한다. 잡혀온 이들은 신문 과정에서 정여립과 모반을 꾀했다고 자백하였다. 15일에 이기 등이 정여립과 공모하였다고 토설하여 목이 매달렸고, 17일에는 안악의 수군 황언륜과 방의신이 자복하여 처형되었다. 이제 정여립 사건은 움직일 수 없는 역모가 되었다.

죽도로 피신하였던 정여립은 17일에 측근들과 동반 자살을 하였고, 19일에는 그와 함께 있다가 살아난 아들 옥남이 붙잡혀와 밤부터 신문이 시작되었다. 임금의 친국이다. 그런 만큼 유전, 이산해, 정언신 등 삼정승까지 모두 참여한다. 국문은 다음 날까지 이어진다. 옥남과 함께 체포된 박연령이 이날 정여립과의 공모 및 반역 사실을 인정하자, 곧바로 군기시 앞에서 찔러 죽였다. 27일에는 정여립의 시신을 능지처사하고 모반 사건의 마무리를 지었다. 문무백관의 품계를 올려주고 사면령도 베풀었다. 이로써 정여립 역모 사건은 일단락되었다. 쉴 새 없이 급박하게 진행된 탓인지, 이 다음 날 노구에 과로한 영의정 유전이 사망한다.

정여립의 모반 자체를 부인하는 시각도 있지만, 좌·우의정부터 해서 동인들이 대거 포진하여 이루어진 신문을 거치는 동안 아무런 반론 하나 없이 역모 사건으로 확정되었다는 사실은 그럴 가능성을 매우 낮춘다. 정철이 개입하여 역모로 몰아간 것으로 아는 이도 많은데, 정철이 숙배한 것은 10월 11일이지만, 우의정으로 발탁되어 신문에 참여할 준비가 된 것은 다음 달인 11월 8일이라 이 시기에는 끼어들 여지가 없었다. 숙배 때 올렸다는 비밀 단자는 '역적을 체포하고 경외를 계엄하시라'는 내용이었고, 선조는 "충절이 넘쳐나도다. 마땅히 그리 의논하여 처리할 터이다."라고 대답하고 끝났을 뿐이다.

사림에서, 그것도 동인에서 역적이 나왔다는 것은 어떻게든 정국의 변화를 가져올 것이다. 가장 불안한 쪽은 두말할 나위 없이 집권 세력인 동인이다. 정여립이 모반을 꾀했다는 데 대하여 아무리 봐도 유구무언인 상황에서는, 그동안 정여립을 부추기고 천거하면서 친교를 맺어온 그들이 전전긍긍하며 대책 마련에 부심했을 것은 당연하다. 서인들은 기회가 왔다고 생각했을 것이다. 『연려실기술』에서는 서인들이 기뻐 날뛰었다고까지 쓰고 있다. 하지만 서인 쪽 핵심들은 정권을 잡을 계기로 삼겠다는 정도이지, 동인들을 모두 도륙해버리겠다고 앙심을 먹은 상황은 아니었을 것이다. 당시의 당파 대립은 그처럼 원한 맺힐 만큼은 아니었다. 어쨌거나 이제 키를 쥐고 있는 쪽은 누가 뭐래도 국왕이다. 선조는 어떤 생각을 하고 있었을까.

10월 28일 전주 출신의 생원 양천회가 상소를 올려 보낸다. 정여립이 세력을 키울 수 있었던 것은 조정과 결탁이 되었기에 가능하였다고 지적하며, 사건 초기에 중신들이 그를 비호했던 사실을 짚으면서 역모를 엄중히 처리하지 않으면 안 된다고 아뢴다. 이즈음 선조는 널리 의견을 구한다는 교서를 내린다. 동인들은 사태가 어쩔 수 없다는 것을 안다. 정여립의 집에서는 동인들과 교류한 수많은 편지가 쏟아져 나왔다. 역모의 증거가 될 서간들을 두고 도주하였으니 모반의 뜻이 없었다거나 이용당해 상황을 잘 모른 채 거처를 옮긴 것이라 봐야 한다는 이야기도 한다. 정여립은 중앙의 권신들과 결탁해서 일을 벌이려 하지 않았다. 오히려 그랬다간 정보가 샐 우려마저 있다. 그러니 서찰들에는 역모의 내용이 담겨 있지 않다. 친교를 나눈 서신들일 뿐이어서 급박한 상황에서도 꼭 챙겨야 할 건 아니다. 그런데 이 친분이 역모 사건에서 얼마나 큰 문제가 되는지는 그간의 경험으로 누구나 충분히 안다.

11월 3일 정언신은 사직을 청한다. 정여립의 친척이다. 삭탈관직으로만 끝났으면 좋겠다. 한데 그럴 것 같지 않다. 바로 그날 조헌을 유배에서 풀어주라는 명도 떨어졌다. 조헌은 끊임없이 정여립의 처벌을 요구하고 그와 함께 이발, 백유양 등을 비판하는 소를 올리다가 선조의 노여움을 사서 귀양을 가 있었다. 선조는 말한다. "조헌의 유배는 사실 내 뜻이 아니었다." 이후에도 조헌을 심히 기피하는 태도가 여전한 것으로 보아 이 말은 다분히 정치적이다. 다음 날 백유함이 소를 올려, 이발, 이길, 김우옹이 정여립과 친밀히 사귀었다며 탄핵한다. 7일에는 양사가 우의정 정언신, 이조참판 정언지를 탄핵한다. 선조는 결심을 굳혔다. 11월 8일 인사를 단행한다. 우의정 정철, 이조참판 성혼, 대사헌 최황, 헌납 백유함으로 임명하였다. 성혼은 하던 대로 사양한다. 정철도 마다하였지만 선조의 뜻이 워낙 강하다. 정철을 추천한 이는 동인의 영수 이산해이다. 선조의 의중을 잘 아는 그로서는 아무래도 친분이 있고 평소 성품도 아는 송강이 안전하다고 판단했을 것이다. 실은 이때부터 본격적인 기축옥사가 시작된다.

기축옥사

11월 12일 창덕궁 선정전에서 선조의 친국이 다시 시작된다. 정여립의 조카 정집의 입에서 정언신, 정언지, 홍종록, 정창연, 이발, 이길, 백유양의 이름이 나왔다. 이들은 모두 신문 끝에 유형에 처해졌다. 주요 동인 인사들이 밀려나게 된 것이다. 상대적으로 서인의 세가 커졌다. 그런데 이는 서인의 자력에 의한 것이 아니라 정여립의 모반이라는 요행과 국왕의 정국 전환 의지에 덕을 본 결과이다. 모반의 주모자에 집권 신료들이 연루된 것은 신하들의 위세에 시달리던 선조에게 왕권을 회복할 좋은 기회였다. 역모에 연관된 이상 이제 동인들은 꼼짝을 못할 것이고, 국왕 덕분으로 겨우 회복된 서인은 앞으로 왕명을 잘 따르리라. 이런 조치들이 마련된 것만으로도 선조는 뿌듯했을 것이다.

관련자 처리를 일단 마무리한 선조는 그즈음 정여립의 집에서 쏟아져 나온 서간들을 살펴보지 않았을까 여겨진다. 거기에는 이발과 주고받은 게 압도적으로 많았다. 가장 친분이 깊었다는 이야기가 된다. 그런 이발과 나눈 편지에 정여립이 역모를 담지는 않았겠지만 자신의 의사를 허심탄회하게 펴 보였을 것이다. 선조에 대한 감정이 좋을 리 없으니 국왕의 실정을 논하기도 했을 것이며, '천하는 공물公物이라 주인이 따로 없다'고 했다는 그의 불순한 사상까지 피력되었을지도 모른다.

돌연 12월부터 피바람이 몰아친다. 중순쯤에는 유배 중인 이발, 이길, 백유양이 다시 모진 신문을 받는다. 이 과정이 진행되면서 이듬해부터 그들은 하나씩 신장訊杖에 죽어갔다. 이발의 또 다른 형제인 이급도 형신에 맞아죽었다. 1590년인지 그 다음 해인지에는 심지어 그의 팔십 노모와 열 살

창덕궁 선정전의 앞뜰

선정전은 국왕이 평상시에 거처하며 신하들과 국정을 논의하던 편전이다. 옆으로 국왕이 지나다니는 복도가 있다.

선조는 1589년 11월 12일 선정전에서 친국을 진행한 뒤에 정여립과 관련된 정언신·정언지·이발·백유양 등을 귀양 보냈다.

배기 아들까지 끌려와 고문 끝에 사망한다. 죽이려고 작정을 한 듯싶다. 앞서 보았듯이 노인과 어린아이에게는 형신을 가하지 못하는 것이 국법인데도 이처럼 잔혹한 일까지 벌어졌으니 나중에 세간의 비난이 거세게 일었고, 정철 때문인지 유성룡 탓인지 하는 논쟁도 치열했다. 1590년 5월 말부터는 유성룡이 위관이었는데, 할머니와 어린애의 사망이 그 이전인지 이후인지 뚜렷하지 않기 때문이다. 『선조실록』조차 이해 6월부터 반년간 아무 기사도 싣지 않고 비어 있다. 임진란으로 기록이 유실되었기 때문이다.

당대의 기록을 옮긴 것으로 인정할 만한 자료들로 살펴보면, 정철이 위관이었을 때 일어난 사건은 아닌 것으로 보인다. 송강도 그렇지만 서애 또한 그간의 행적에 비추어 볼 때 국법을 어기면서까지 형신을 가할 인사는 아니다. 만일 그리했더라면 주위에서 법전의 규정을 들어 말렸을 것이다. 결국, 말려볼 수 없는 이가 했기에 벌어진 사건이라 해야 한다. 국왕밖에 없다.

'대통령 못해먹겠다'는 말은 조선의 임금도 하고 싶을 때가 많았을 것이다. 신하들 등쌀 때문이다. 따지자면, 태조의 경우도 추대의 형식을 거쳐 새 나라를 열었다고 하겠는데, 중종은 아예 신하들 덕분에 왕이 된 처지이다. 신하들의 센 발언권은 공인될 수밖에 없다. 더구나 언론을 무시해보려 했던 연산군은 안 좋은 길로 갔고, 배다른 동생이기도 한 중종은 그의 말로를 눈앞에서 지켜보았다. 사림 관료들은 국왕을 적절히 견제하여 이상 국가의 실현을 추구하는 길에서 벗어나지 않도록 하려 한다. 임금이나 신하 모두가 성리학적 원리의 아래에 있어야 하는 나라이니, 그것이 먹힌다. 하지만 너무 나가다 보면 국왕은 견디지 못한다. 위아래가 바뀐 것이 아닌가 생각하게 된다. 중종은 결국 조광조를 쳐내고 역모를 계기로 그 일파를 청소하였다.

선조는 후사가 없는 명종의 사후에 신하들이 그 조카들 가운데 추대하여 임금으로 모신 경우이다. 그 시기에는 완전한 사림의 세상이 되어 자기들끼리 갈라져 싸우며, 국왕의 말에 꼭 어느 한쪽은 토를 단다. 곽사원의 송사에서 보았듯이 국왕의 진노에도 신하들은 그리 주죽 들지 않는다. 움츠리지 말고 올바른 말을 하여 임금을 바른길로 이끌어야 한다고 배웠기도 했겠다. 그동안 참을 수밖에 없었던 선조는 이번 사건을 통해 자신의 권위를 확보할 계기로 삼으려 한 듯하다. 더구나 이발과 정여립의 생각까지 알게 되자 분노의 수위도 대폭 높아졌다. 효성과 우애가 깊었다는 이발에게 특히 가혹했던 것은 송강 때문이라기보다는 국왕의 의도 탓이라 해야 한다. 이를 간파한 이들은 더욱 명사들을 연루시켰고 선조는 하나하나 받아들여 신문하게 한다. 친국도 많이 하였다. 1590년(선조 23)이 되어도 옥사는 끝나기는커녕 더욱 확대된다. 선조가 조장하는 면이 크다.

1590년 2월에는 위관을 심수경으로 바꾸었다. 그때 조대중이 하옥되었다가 죽었는데 그 보고와 관련하여 문제가 생기자, 다시 정철로 교체하였다. 3월에는 정여립을 천거한 적이 있는 노수신이 탄핵되어 물러났다가 다음 달에 집에서 죽었다. 5월에는 정개청이 정여립의 집터를 봐주었다고 하여 잡혀왔다. 5월 29일부터는 유성룡이 위관이 되었다. 당파를 만든다고 이이를 비판하던 인물이기도 하지만, 그를 동인이라 보지 않는 이는 없었다. 선조는 그에게 이발 등의 죄는 멸족을 시킬 만한 것이라고 하면서도 널리 의논을 구해보라 하였다. 다음 달 2일에 이산해, 정철, 심수경 등 여러 신료들은 형을 가중하지 말자는 의견을 냈다. 그러나 곧 최영경과 정언신이 잡혀와 신문을 받았고, 6월 중에 최영경이 옥사한다. 8월에는 백유양의 두 아들이 함께 잡혀와 형장에 죽었다. 그들은 이미 살지 못할 걸 알았다. 이렇게 말했다고 한다. "아버지가 모르는 일을 아들이 어찌 알겠습니까? 둥우리가 엎어졌는데 알만 어찌 온전하겠습니까?" 10월에는 이발, 이길, 이급, 백유양, 조대중의 집안 재산을 몰수하는 조치까지 이루어진다. 이 밖에도 연루되어 목숨을 잃은 이들은 적지 않다.

해가 바뀌어서야 옥사가 잦아들었다. 지나친 확대는 정치적으로도 부담스러운 데다 선조로서도 그 정도면 자신이 목적한 바를 충분히 이뤘다고 할 수 있다. 1591년 윤3월에 정철은 귀양을 간다. 선조는 후궁들에게만 왕자가 있어 후계 문제가 불투명하였기에, 정사를 안정시키고자 그해 2월 삼정승이 함께, 곧 영의정 이산해, 좌의정 정철, 우의정 유성룡이 왕세자 책봉을 건의하기로 하였다. 그런데 국왕이 어린 신성군을 사랑한다는 것을 아는 이산해와 눈치 빠른 유성룡은 자리를 피하거나 침묵하였고, 정철만이 아뢰다가 파직되고 급기야 유배까지 된 것이다. 서인으로서 옆에서 변호하려던 대사헌 이해수, 부제학 이성중도 좌천되었다. 이 사건은 흔히 건저建儲 문제라 부르는데, 처음부터 계략이었다고 하는 이야기도 있다. 당파적 시각에서는 정여립으로 말미암아 일시 세를 잃었던 동인이 서인들을 몰아내는 계기로 보이는 것이다. 사실상 이로써 기축옥사는 마무리되었다.

정철

송강은 그의 가사에서 임금과 백성에 대한 사랑이 넘치는 것과 달리 실제로는 기축옥사를 일으킨 음험한 인물이었다고 묘사되는 일이 많다. 그는 역모를 계기로 서인이 다시 기용될 수 있겠다는 생각으로 움직였을 수 있다. 그러나 수많은 사류를 몰살시킬 생각으로 일을 벌였을 것 같지는 않다. 유성룡의 『운암잡록雲巖雜錄』에서조차 이산해가 정철을 우의정으로 추천하여 함께 옥사를 다스렸다고 하고 있으니, 정철이 독박을 쓰는 것이 억울하다는 면도 있겠지만, 실제로도 정철이 위관일 때보다는 유성룡이 위관이던 동안에 훨씬 많은 인사가 죽어나갔다. 정철에 대해서는 기묘사화 때 남곤이 그랬던 것처럼 여러 사람의 죽음을 말리려 애를 썼다는 기록도 많다. 하지만 나중에는 그도 또한 남곤처럼 기축옥사의 주모자로 몰리게 되었다.

오히려 당시 유성룡에 대한 이야기들에서는 자기도 어쩔 수 없다고 말했다는 일화만 많이 전한다. 『선조실록』이나 『선조수정실록』할 것 없이 사관은 당시의 유성룡에 대해, 한마디 말도 하지 않고 한 사람도 구제하려 하지 않은 채 제 몸만 보전하려 하며 임금께 바른말을 하지 않았다고 비판한다. 기축옥사로 희생된 이들은 많이들 남명과 화담의 문인이었다. 이들의 계통은 대체로 뒤에 북인이 된다. 유성룡이 같은 영남 사림으로서 구원하지 않고 방관적 태도를 보였다는 것이 남·북 분당의 주요 원인이기도 하다. 더구나 정철의 처벌 때도 유성룡이 온건한 방향을 보이자 완전히 갈라섰다. 그리하여 유성룡과 김성일이 머리가 되는 퇴계학파가 주로 남인을 형성한다. 남북의 골은 깊어져 북인은 집권기에도 남인과 정권을 나누려 하지 않았다. 결국 인조반정은 서인과 남인의 합작으로 이루어진다.

기축옥사가 정철 등 서인의 작품이라는 시각에는 동의하기 어렵다. 선조의 의도에서 주된 원인을 찾아야 한다고 생각한다. 동인의 숲에서 역도가 나온 이상 그들의 실각은 당연하다. 본인들도 다 그렇게 생각했을 터이며, 죽지 않는 것만 해도 참 다행이라 여기면서 몸을 움츠리고 있었을 것이다. 동인은 명분을 잃었고 선조에게는 구실이 생겼다. 처분의 방식과 수위는 선조에게 달렸다. 그에 대하여는 정여립의 친지들인 동인은 아무 말을 못한다. 해봤자 자기변명으로 치부될 뿐 공론이 되지 못한다. 동인이 자리를 보전하지 못하게 되면 서인이 대신하는 것은 순리이다. 굳이 숙배하여 의심을 받을 필요가 없다고 김장생이 정철을 말린 것도 다 이유가 있다. 이산해는 자신과 동인을 살려줄 사람으로 송강을 골랐다. 옛날에는 서로 친하기도 했다. 정여립을 천거한 적이 있어 위험한 처지인 아계는 구봉을 붙들고 자기가 죽게 생겼다고 욺으로써 은근히 살려달라는 뜻이 성혼과 정철에게 전달되도록 하는 잔꾀도 썼다. 이처럼 노회한 이산해는 북인 쪽에 속하지만 기축옥사와 건저 문제에서도 온전히 살아남아 파당의 영수 역할을 하였다.

이산해의 천거 때문인지 모르겠으나 선조도 굳이 정철을 기용하려 했다. 정철이 사양하자 국문이 늦어진다고 재촉한다. 송강이 최영경을 살려보려 하는 등 옥사의 확대를 막아보려 했다는 점은 아주 없는 사실은 아닐 것이다. 정언신은 정여립의 친족이기도 한 데다 고변자들의 목을 쳐야 한다고 말한 논란까지 있어 상황이 심각하였다. 게다가 정여립과 서신을 주고받은 일이 없다고 말하는 그에게 선조는 19통이나 되는 왕래 서간을 내던지며 "나를 장님으로 아느냐"며 분개하기까지 했다. 꼭 죽여야 할 인물이라 고집하는 것도 당연하다. 정철이 대신을 죽이는 예는 없다고 극력 맞서고 성혼까지 동원하여 호소하지 않았다면 정언신은 죽음을 면치 못했을 것이다. 그 형인 정언지는 신문 도중 상황에 따라 말을 자주 바꾸었다. 이 때문에 바른 말을 토해내도록 형신을 가하지 않을 수 없다고 할 때에도 정철은 늙고 병들어 정신없어서 그런 것이라며 막았다.

정철은 처음부터 "중신들이 여립과 교제한 것은 그를 좋아한 데 지나지 않고 그의 악함을 몰랐던 것뿐입니다." 하고 아뢰었지만, 결국 옥사가 걷잡을 수 없이 확산되는 것을 막을 수 없었다. 이귀에게 "과연 내가 할 수 있는 일이 아니었다."라고 토로한다. 정철이나 김성일처럼 맞받는 쪽이 아니라 국왕의 마음을 헤아려 달래는 쪽인, 그래서 임금의 깊은 사랑을 얻고 있는 유성룡이 선조의 의중을 짐작하지 못할 리 없다. 이럴 때는 나서봤자

像眞生先李公黙定忠君院府平延政議領 贈 臣功 社靖

이귀 초상

이이에 대한 동인의 공격이 그의 사후에도 수그러들지 않자, 성혼, 조헌, 이귀 등은 율곡을 적극 변호하였다. 특히 이귀의 상소문이 매우 뛰어나다는 평가를 받았는데, 송익필이 초안을 작성해준 것이라는 말이 돌았다. 이귀는 이이와 성혼의 문하에서 수학하였으며, 그자신 또한 문장가로서 이름이 있었다. 국립중앙박물관 소장. 세로 74cm×가로 53cm

화만 돋운다, 가라앉힐 수 없을 바에야 맞춰주는 수밖에 없다, 하고 여겼을 것이다. 그도 또한 책임론이 제기되면 똑같이 대답하였다. "내가 할 수 있는 일이 아니었다."

사림이라는 말 많은 원리주의자들과 함께 정치하는 선조는 피곤했다. 게다가 둘로 갈라져서는 매양 자기한테 와서 싸우기까지 하니 미칠 지경이다. 똑똑하면서도, 이들과 달리 유연하게 이끄는 유성룡은 선조의 마음에 들었다. 고소만 들어오면 신문부터 하고 보던 선조였지만, 서애에게까지 얽히려는 실마리는 딱 끊어버린다. 동인이니 서인이니 하는 문제가 작용하는 상황이 아닌 것이다. 과거에 균형 감각을 갖고 조정을 해보려 애쓰던 이이를 신임한 것도 이유 있는 일이다. 그의 사후 동인이 거세져서 조정을 장악하여 견제 없이 정국을 운영하는 상황은 선조의 마음에 들지 않았을 것이다. 그러다가 정여립의 모반 소식에 처음에는 의심하고 당황하였지만, 이 일이 실패한 거사로 확정되자 시국을 바로잡을 계기로 여기고 정리를 단행하였다. 그런데 왠지 지나치게 폭주한다. 정여립의 서간에서 자신을 비난할 뿐 아니라 군왕의 권위 자체를 부정하는 태도를 확인하자, 그런 영향이 미쳤으리라 여겨지는 이들은 뿌리를 뽑아 남기지 말아야겠다고 생각한 것이 아닐까. 이것이 편지를 가장 많이 주고받은 이발에게 이해할 수 없을 만큼 혹독한 치죄를 한 데 대한 하나의 설명이 될지도 모르겠다.

배후

정여립의 모반은 기축옥사를 일으키기 위해 조작 또는 유도된 것이고,

그 기획을 송익필이 했다는 이야기가 있다. 오늘날에는 거의 모든 소설과 교양서가 이를 진실로 보는 바탕에서 쓰이고 있다. 그런데 실은 증거가 없다. 전혀 없다. 그렇기에 소설 형식으로 밝히겠다고 내세우기까지도 한다. 상상력을 발휘하여 그런 구성을 해보는 것은 막을 일도 아니고 재미있기도 할 것이다. 하지만 아귀를 그리 맞춰 놓고서는 진실을 밝혀냈다고 우기면 곤란하다. 따져보는 작업은 이루어져야 할 문제이다.

앞서 우계의 편지에서 보았듯이 정여립 사건이 일어난 1589년에도 구봉을 비롯한 송씨 일가는 안가의 그물을 피해 숨어 지내고 있어, 모든 지인들이 안타까워했다. 구름에 닿는다는 마천령 너머로 귀양 간 처지인 조헌조차 어떻게든 해보라고 성혼을 닦달할 정도이다. 원근의 벗들로부터도 걱정을 사는 그가 무슨 힘으로 역모를 조작할까. 그러니 배후라고 한다. 그렇다면 일단은 모반이 서인 일파가 꾸민 것이라는 점부터 증명되어야 한다. 집권 세력인 동인들조차 자신들과 직접 관련되는데도 아무 소리 못하고 인정할 수밖에 없었던 정여립의 모반이다. 이것이 실제로는 조작되었다고 하는 주장이 인정받기 위해서는 뒤집어야 할 상식과 입증되어야 할 중간 고리들이 너무나 많다. 하지만 아직은 그것들이 제대로 이루어져 있는 것 같지 않다. 더구나 이러한 조작을 정철 등이 했다거나 더 나아가 그의 배후가 송익필이라는 확인까지 되려면 넘어야 할 고개가 첩첩이다.

당시 송익필이나 송한필이나 모두 자력으로 역모 조작을 할 형편은 고사하고 주위로부터 측은한 시선을 안타깝게 받고 있는 어렵디 어려운 실정이다. 더욱이 잘못 움직였다가는 동인, 특히 안씨 집안의 그물에 걸려들어 도끼 밑에서 죽을지도 모른다. 이 같은 처지에서 스스로 역모를 꾀하는 것도 아니고, 남으로 하여금 모반을 일으키도록 유도하여 그것을 빌미로 동인을 몰살하겠다는 기획을 하고, 나아가 진두지휘까지 하였다니. 그 어느 하나에 대해서도 직접증거는 없을 뿐 아니라 좀처럼 믿기지도 않는 일이다.

그럼 역모 조작까지는 몰라도 기축옥사의 배후일지는 모른다. 정철 또한 구봉을 숨겨주는 이들 가운데 하나이니 서로 의논 상대가 되어줄 수 있고 어느 정도 그랬을 것이다. 이때쯤 송익필·한필의 이름이 등장하기는 한다. 앞서 살펴보기로는 이 옥사를 두 단계로 나눌 수 있다. 맨 처음엔 정여립과 직접 가담자들에 대한 절차가 신속히 진행되었다. 사실 이 과정은 집권 동인의 손에서 이루어졌다. 이를 일단락 지은 뒤 그해 11월부터는 관련자들에 대한 체포와 추국을 진행하면서 1년도 훨씬 넘게 이어지는 기축옥사가 벌어지기 시작하였다. 그 초엽인 12월 16일 선조는 갑자기 형조에 하교한다.

사노비인 송익필·한필 형제가 조정에 원한을 쌓아두었을 터이니 기필코 일을 낼 것이다. 간귀姦鬼 조헌의 상소는 이들의 사주가 아닐 수 없다고들 하니 극히 통탄스럽다. 더구나 노비로서 주인을 배반하여 도망한 뒤 나타나지 않아 강상을 거스르니 더욱 해괴하다. 잡아다가 끝까지 조사하도록 하라.

─『선조실록』권23, 선조 22년 12월 16일

별안간 왜 이때 송익필·한필이 생각났을까. 조헌의 상소 때문이다. 이발과 정여립 등이 위험하다고 극렬히 상소하던 게 미워서 귀양을 보냈는데 그의 경고가 현실이 되었으니, 밉지만 풀어주지 않을 수 없었다. 11월 3일에 자기 뜻이 아니었다며 유배에서 방면한다. 조헌은 길주로부터 마천령을 넘어 상경하면서 또 상소를 올린다. 12월 15일쯤 선조가 그것을 읽었는데, 지겹게도 송익필이나 서기徐起(1523~1591) 같은 이들을 등용하여야 한다는 내용이 또 들어 있었던 것이다. 고청孤靑 서기는 노비라고 잘못 전해질 정도로 한미한 삶을 살면서도 학문에 깊이 정진하던 선비로, "제갈공명을 보고 싶으면 구봉을 보면 된다"고 말하기도 했었다. 조헌은 항상 인재 등용의 폭을 넓혀야 한다며 이 둘에게 군사 업무를 맡기도록 건의하였다. 선의가 꼭 좋은 결과만 낳지는 않는다.

그때는 아직 동인들의 조정 장악이 유지되던 때이니, 좌우에서 사노 송익필이 부추겼거나 써준 것이라고들 했을 것이다. 선조는 다시 부아가 난다. 곧바로 조헌은 다시 간귀가 되어버린다. 원래 싫었던 놈이다. 마천령을 꼭 다시 넘게 될 거라는 말까지 한다. 실은 송익필 형제 역시 적어도 곽사원의 송사 때부터 찍혔었다. 그 이후 송가의 패소와 몰락은 선조의 묵인이 있었다고 봐야 한다. 권력이 개입한 이 부당한 판결에 송익필·한필이 원한을 품을 것이라고는 누구나 생각한다. 그런데 이들은 능력이 출중하다. 조헌이 괜히 죽자고 천거하는 것이 아니다. 이번 일을 기화로 송익필이 일을 벌일지도 모른다. 제 발이 저린다. 잡아들이라는 하교가 떨어지도록 하였다. 어명이 내렸으니 형제는 바로 자수하여 갇힌다. 우계에게 보냈을 시에서 고초가 드러난다. 무엇보다도 예를 갖추지 못하는 것에 대한 마음고생이다.

평생 동안 몸에는 선현의 예를 입혔는데　　一生身服古人禮
사흘 동안은 머리에 선비의 갓이 없었소　　三日頭無君子冠

봄꽃이 모두 질 제 산 아래 자리한 집에 　　　　　落盡春花山下宅

가고픈 꿈은 새벽녘 물과 구름 사이라오 　　　　曉天歸夢水雲間

—「의금부에 갇혀서(累在秋府)」

이렇게 이들은 기축옥사의 초장에 배제되어 기획은커녕 가담조차 할 수 없는 신세가 되었다. 이후 동인 관료들이 쓸려나가기 시작하고 때마침 정철이 힘을 받고 있어 이듬해에 그의 변호로 일시 풀려난다. 당시에는 이미 정철도 유성룡도 옥사를 제어하지 못했다. 건저 문제로 정철 등이 실각하고 동인이 재집권을 이루자 송익필 형제를 다시 잡아다가 형은 희천熙川으로 동생은 이성利城으로 유배 보내버린다. 차라리 이처럼 형 집행 중인 것이 목숨으로서는 안전한 쪽일지도 모르겠다.

조작

송익필이 역모를 조작했다는 이야기는 당시에는 없던 것이다. 실은 그것은 150년이나 지나서 나오기 시작하는 소문이다. 18세기 중엽 남하정南夏正(1678~1751)이 쓴 『동소만록』이 대표적이다.

익필의 무리는 해서로 도망해 숨어 있으면서 낮밤으로 논의하여 동인에게 맺힌 원한을 풀고자 하였다. 그러다가 소문을 들었다. 정여립이 바야흐로 관직을 버리고 집으로 돌아가 학도를 불러 모으니 문하에 잡류가 많았으며, 향리의 무뢰한 자제를 조직화하여 대동계를 만들고 활쏘기,

음주, 무예를 사사로이 행하여 법도를 넘어선다고 한다. 이에 익필은 좋은 기회라 여겨 이름과 성을 바꾸고 황해도 연백 지방에 잠입하여 술법을 팔며 지방의 품관 토호 가운데 부유하고 뛰어난 부류들에게 당신네 묏자리를 잡아주고 당신의 관상을 보아주고 당신의 운명을 점쳐주겠다고 하면서, 3~4년 안에 재상이 될 것이라 하고, 도내의 어디 어디에 누구누구가 있으니 다 여러분과 함께 임금을 보좌할 사람들이라 서로 어울려 사귀도록 하라고 하였다. 그리고 예언서의 부기에 목자(木子=李)가 망하고 존읍(尊邑=鄭)이 흥한다고 하였으니 지금이 그때라, 내 호남을 바라보니 제왕의 기운이 왕성하므로, 여러분은 급히 가서 정씨 성의 인물을 물색하여 그 부기를 알려 건네주고 대사를 함께 일으키면 부귀를 이룰 것이라 말하였다. 먼 지방의 무식한 무리가 이 말을 들어 믿고 바삐 호남으로 내려가 정여립의 이름이 도내에 자자한 것을 듣고 한걸음에 달려가 그 문하에 다투어 편성되니 오고 감이 끊이질 않았다. 이 사람들이 술 마시는 사이에 서로 거리낌 없이 말하며 점점 터져 나오게 되었으니, 정여립이 호남에 살고 있는데도 고변은 해서에서 일어난 것이 이 때문이다. 여립의 옥사가 일어나 익필이 또 우계와 송강을 은밀히 사주하여 비밀히 그물을 쳐서 동인 명사들을 일망타진한 것 또한 이 때문인 것이다. 흉악한 인간의 종자가 세상에 그 악을 이루고 그 술수로 속여 비밀한 거사를 획책한 일을 아는 이가 드문데, 안윤의 후손으로 호중湖中(충청도)에 사는 사람이 이 내용을 전하는 안윤의 수고手稿를 가지고 있다.

『동소만록』이 전하는 150년 전의 이야기는 앞서도 검토하였지만 부정확한 서술이 많다. 우선 지은이 자신이 사안과 그 주변에 관한 이해도가 떨어져 안윤과 안정란을 동일인인 줄로 알 정도이다. 무엇보다 안윤이든 안정란이든 그 누구도 결코 이같이 은밀한 내막을 알 수 있는 상황에 있지 않다. 또한 이러한 것을 기록하여 후대까지 비장시켜야 할 까닭도 없다. 따라서 안윤의 기록이라는 것도 의심스럽지만, 그 내용의 사실성 또한 담보할 근거를 찾을 수 없다. 누군가 소설을 지어내고서 송사와 관련하여 활약상이 알려진 안정란의 이름에 가탁하거나 한 듯하고, 정란을 윤으로 아는 남하정은 안윤의 작품이라 기록했을 것 같다.

말이 되지 않는 것은 무수하다. 『괘일록』에서는 구봉이 아닌 송한필이 변성명하고 숨어 살았다고 하며, 그에 대해서도 길삼봉과 함께 해서인 1,000명을 부추겨 정여립에게 내려보냈다고만 하여 가담의 가능성 정도로만 짧게 적고 있다. 이처럼 실행한 인물부터 달라지는 점만 봐도 근거가 확보되어 있지 않은 뒷날의 소문에 터잡고 있다는 것과 시간이 지남에 따라 점점 각색되면서 부풀려지고 있다는 것을 살필 수 있다. 보았듯이 『동소만록』에서는 이야기가 한참 길어지고, 주인공도 송익필로 교체된다. 그리하여 익필의 무리, 곧 송씨 집안은 해서로 도망가 있는 상태인데, 특히 송익필은 성명을 바꿔 연백 지방(연안과 배천)으로 잠입하여 활약했다고 이야기한다.

황해도 배천은 송가의 근거지이다. 이들이 뿔뿔이 흩어졌다는 것은 거기를 떠나 최대한 멀리 벗어났다는 것이다. 다시 말해 그들의 도주에서 황해도는 출발지이지 도착지가 아니다. 더구나 배천은 그들의 조상 때부터 살아온 곳이다. 이 동네에서 유지 중에 유지인 송씨 가문을, 게다가 그 유명한 송익필을 이름 바꿨다고 몰라보는 이는 없다. 안가의 무리도 그곳부터 지킬 것이다. 더구나 배천은 안가의 터전이기도 하다. 소송에서 안가가 안돈후의 유서라며 제출한 문서에도 배천에 장지를 정해두었다고 나올 정도이고, 그 동네에는 오늘날까지도 안씨의 집성촌이 있다. 여기로 숨어들었다고 한다. 조선팔도에서 제일로 은신할 수 없는, 가장 위험한 곳이다. 더구나 그 지방의 여러 유력자들을 만나고 다니면서 꼬드기고 있었다고 한다. 붙잡혀 죽기 꼭 좋은 짓이다.

술법을 팔면서 참언을 퍼뜨려 꾀어냈다는 설정은 송익필 형제의 아버지가 음양과 출신인 데서 떠올렸을 것이다. 송사련은 천문과 음양에 관하여 해박했을 것이니 자식들도 그런 재주가 출중할 것이라 상정할 만하다. 그러나 일찍부터 당상관이 되어 자식들을 모두 당대 최고의 명유로 키운 송사련은 오히려 음양술을 가까이하지 못하게 하여 그런 의심을 사지 않도록 신경 썼을 가능성이 더 크다. 무엇보다 『동소만록』 등에서 드는 방식으로 성공할 수 있을까. 동네에서 행세깨나 하는 이들이 과연 그런 꼬드김에 대거 넘어갈 것이며, 또 이들이 일사불란하게 가장 먼 남쪽 전라도와 교류하다가 그쪽 사정에 따라 때맞춰 자연스럽게 일이 터지도록 하는 것은 꼼꼼한 익필로서는 도저히 생각 못할 무모하고 허술하기 짝이 없는 플랜이다. 굳이 하겠다면 서울과 전라도 사이인 충청도쯤에서 벌이는 것이 효과적이다. 발각 우려도 훨씬 적어 안전 면에서도 유리하다. 기록이 호중에 있다고 한 것도 이런 일반적 심리가 작용하는 탓일 게다.

가장 상황이 나쁜 황해도에서 암약했다고 설정하는 것은 사건의 발단이 그곳에서 일어났기 때문에 어쩔 수 없었던 일일 터이다. 사정을 모르는 후대 사람들은 율곡의 제자도 많고 수령들의 태반이 서인이라고 떠들었다는 백진민의 말처럼 그곳이 일을 벌이기에 더 좋다고 생각했을지도 모른다.

하지만 정여립이 낙향하여 세거한 지 4년, 그 다음 해 송가가 몰락하고도 3년 뒤에 모반 사건이 터졌다. 그사이에 수령들은 아무리 적어도 한두 차례 이상 바뀌고, 뒤이어 동인이 올지 서인이 부임할지는 알 수 없다. 아는 수령을 믿고 일을 벌였다가 다음 사또에게 덜미를 잡힐 수도 있다. 그리고 해서지방이라고 동인이 없는 것도 아니고, 호중이라 해서 서인이 마른 것도 아니다.

성혼과 정철을 사주하여 기축옥사를 일으켜 동인을 일망타진했다는 것도 은신에 바빴던 당시의 처지와 초기부터 옥사의 확대에서 배제된 정황으로 볼 때 성립하기 어렵다. 이런 최악의 조건 속에서, 더구나 좀 더 안전하고 효율적인 방안을 버리고 굳이 가장 곤란한 방식으로 이 엄청난 일을 그가 해낸 것이라면 참으로 신이한 인물이라 하지 않을 수 없다. 그렇다면 소를 타고 명군 제독을 제압한 것은 사실일 것이며, 기용되었다면 당시 세계 최강의 병력이었다고도 평가받는 일본군을 명나라의 도움 따위는 필요 없이 8개월 만에 단숨에 격파하였을지도 모른다.

마감

세상에 없을 참혹한 일을 겪었지만 송익필은 그것을 음흉한 복수로 풀려 하는 이는 아니었다. 이미 신분의 굴레는 과거시험 볼 때부터 구봉을 질곡으로 밀어 넣었었고, 이를 수양과 학문을 통해 승화시키며 살아온 것이다. 그는 사람의 기질은 수양으로 맑게 할 수 있으며 그럼으로써 숨어서 잘 보이지 않는(隱微) '리理'를 확연히 드러낼 수 있다고 보았다. 또한 그 도

구로서 '예禮'에 주목하여 탐구를 그치지 않았다. 예를 실천하면서 몸을 닦아 하늘의 이치가 자신에 실현되도록 하는 정도에 따라 사람의 품질이 결정되는 것이다. 신분이니 자질이니 하는 것은 기질의 요소로서 극기복례克己復禮의 대상일 뿐이다. 율곡과는 학설의 대립도 치열히 보인 바 있지만 '리理'와 '기氣'에 대한 관점은 기본적으로 일치한 듯하다. 일찍이 이이가 성혼에게 보낸 편지이다.

'성性'은 '리'와 '기'가 합쳐진 것입니다. '리'가 '기'에 내재되어야 '성'이 됩니다. 형질形質 속에 있지 않을 때는 그것을 '리'라고 해야 하지 '성'이라 할 수 없는 것입니다. 다만 형질 안에서 내재된 '리'만 가리켜 말한다면 본연의 '성'이라 하겠습니다. 본연의 '성'이 '기'와 뒤섞일 수는 없습니다. 자사子思와 맹자孟子는 그 본연의 '성'을 말하였고, 정자程子와 장자張子는 그 기질의 '성'을 말하였습니다. 실은 하나의 '성'을 주장하는 것인데 말하는 바가 같지 않았던 것입니다. 오늘날 그 주장하는 뜻을 모르고 두 가지 '성'이라 여긴다면 '리'를 안다고 할 수 있겠습니까. '성'이 이미 하나인데, '정情'에 이발理發과 기발氣發의 구분이 있다고 한다면 '성'을 안다고 할 수 있겠습니까.

저는 성격이 세상과 매끄럽지 못하여 만나는 사람은 많지만 마음이 맞는 이는 적습니다. 오로지 형장과는 서로 버리지 않고 지내니 필시 성향이 다르지 않은 까닭일 것입니다. 저 이이에게는 형장兄丈만 있는데 소견이 오히려 서로 같지 않다면 제 학문의 고단함은 너무 심하지 않겠습니까. 다른 부분에서야 견해의 차이는 학문하는 이들에게 당연한 일이지만, 이 도리만큼은 큰 두뇌가 옳음과 그름, 바름과 어그러짐을 나누는 부분이기에 같지 않아서는 안 됩니다. 제가 누누이 이렇게 말씀드리는 것은 형장을 위해서 하는 것만이 아니라, 또한 저의 고단함을 스스로 안타깝게 여겨서 그러는 것입니다. 오늘날 이치를 깊이 연구하는 사람으로서 이렇게 말할 수 있는 이는 적습니다. 이런 말을 이상하다면서 아니라 하는 사람들은 참으로 말할 것도 없겠지만, 이것을 보고 자기의 견해와 부합한다고 말하는 이들 또한 과연 그런 견해를 갖고서 하는 것이라 믿기지 않습니다. 오직 송운장 형제만 그렇다고 말할 수 있습니다. 이것이 제가 깊이 받아들이는 까닭입니다. 형장께서도 이들을 가벼이 여기지 마십시오.

율곡은 자신의 이론을 진심으로 제대로 이해해주는 사람이 송익필·한필 형제밖에 없다고 여겼다. 어려서부터 마음 맞는 친구인 성혼도 아직은 충분히 이해해주지 않아 설득하고 있다. 학문적인 설복뿐 아니라 인간적인 호소까지 한다. 그러면서 송익필 형제를 무거이 대하라는 충고를 한다. 이로 보아 율곡이 먼저 구봉과 친해져서 우계에게 소개시킨 듯하다. 이후 세 사람은 죽고 못 사는 사이가 된다. 이이가 죽고 구봉은 몰락하자, 성혼은 안타깝기 그지없었다. 송익필은 우러러 받들어지던 거유에서 가장 천대받는 노비의 신분으로까지 더 내려갈 데 없이 전락하여 거처도 없이 떠돌지만, 그런 것들이 자신을 결정짓는 본성은 아니며 내재한 본연의 성을 파멸하진 못한다. 그럴수록 스스로 닦을 뿐이다.

길이 있으나 나는 어드메로 가야 하나 　　有路吾何適
집이 없으니 꿈조차 돌아갈 데 없으이 　　無家夢不歸

사람을 피한다고 세상에 숨을 순 없고	避人非遯世
뜻을 읊는다고 해서 어찌 시가 되리오	言志豈爲詩
도가 있긴 하나 재주는 쓰이기 어렵고	道在才難試
때는 위태로워 계획은 어긋나 구를 뿐	時危計轉違
하도가 나올 게라 하는가 어허 아서라	出圖嗟已矣
바다에 뗏목 띄워 선현 공자를 그리리	浮海慕先師

　　　　　　　　　　　　　　　　　　—「나그네살이(客中)」제2수

　구봉의 의젓한 삶의 자세는 변하지 않는다. 그 모습에 동인이나 안가는 심사가 뒤틀렸을 것이다. 그렇게 온갖 방법을 동원하여 무너뜨렸으니, 허물어져서 딱하고 비굴해 보이는 얼굴을 보고 싶었을 터. 통쾌했지만 한편으로 찜찜해진다. 뭐가 있는 것 아닌가 하고 의심도 하기 시작했을 것이다. 이 의심은 세월이 흐르며 발전하여 말도 안 되는 그럴듯한 스토리를 이루어낸다. 정여립의 모반은 그 자신의 불찰이고, 이로 말미암아 옥사가 벌어지는 것은 당연한 일이며, 그것의 확대는 신하들에게 시달려오면서 가장 분노하게 된 선조의 의중에 본질이 있다. 하지만 성리학의 왕조국가에서 어찌 임금을 탓하랴. 조정 중신이 총대를 매야 한다. 정철이 되었다. 추국에는 국왕 이하 여러 정승과 관헌들이 참여하였고, 위관 또한 정철, 유성룡, 이양원 등으로 이어지면서 죽은 이들은 정철이 위관일 때가 적었는데도 그렇게 홀로 뒤집어썼다. 그러니 후대에 노비인 송익필 형제들을 배후로 몰다 못해 역모 조작의 주동자로 넘겨씌우는 일쯤이야.

　천도를 추구하는 구봉의 가슴속이라고 실은 편했을까. 시로 마음을 달래고 다잡았을 것이다. 뒷사람들의 모범이 되는 시를 무수히 남겼다. 선비들은 이 노비의 시들이 흩어질세라 열심히 모아 전하였다. 400편이 훨씬 넘는다.

귀양 간 이듬해에 왜란이 터진다. 유배지에도 전란의 소식은 들린다. 조선군은 여지없이 무너지고, 왜병은 함경과 평안의 북변까지 파죽지세로 쳐오른다. 북쪽 두메 귀양지마저도 안전하지 않을 것 같다. 임금은 피란길에 오르고 백성은 일본도에 도륙되고 있다. 참된 충의지사는 이럴 때 알아볼 수 있고, 또 그들은 가장 앞서 스러져간다. 언제나 구봉을 옹호하던 조헌은 누구보다 먼저 의병을 일으켜 정면으로 맞서 싸우다가 장렬히 전사한다. 이길 수 없음을 알면서도 죽음으로써 의기의 선봉이 되고자 했던 것이다. 목이 메고 가슴이 뭉클하지만, 날개가 다 꺾인 채 아무것도 할 수 없는 송익필은 안타깝기 그지없을 뿐이다.

장강은 이미 방벽 구실을 못하니 　　長江曾失險
해적은 두메산골에까지 지나가네 　　海賊峽中過
무너진 고을에 새 사또 부임하나 　　廢縣傳新鐸
텅 빈 성 안엔 몇 집이나 있을꼬 　　空城有幾家
……
국사를 죽음으로 지킬 이는 적고 　　守死王事少
허를 탄 오랑캐는 계책도 많은데 　　乘虛虜計多
하릴없이 허리 아래 칼은 찼으나 　　空將腰下劍
달갑잖은 구레나룻만 잘 자랄 뿐 　　孤負鬢邊華

—「신계로부터 벗이 고을 원님으로 왔기에 시를 두 수 지어 주다
(有友來自新溪次邑守韻以贈敢次二首)」

산속으로 피해 있다가 1593년(선조 26)에 유배가 풀렸다는 소식을 들었다. 그렇지만 어려운 시절까지 만나 어차피 갈 곳도 없다. 형제들과는 서로 생사도 모르는 가운데 이듬해에는 형 부필이 죽고, 그러다가 동생 한필까지 죽었다는 잘못된 소식을 듣고 피눈물을 토하는 시를 짓기도 했다. 얼마나 힘들었는지, 일찍 죽은 너를 부러워하게 될 줄 몰랐다는 글귀도 나온다. 그래도 도와주는 사람들은 여전히 있다. 구봉산 자락에서 배우다가 감탄하여 아들 김장생까지 입학시킨 김계휘는 동생 김은휘와 함께 일찍부터 구봉을 보호해주었다. 1596년 김장생의 사돈인 김진려는 충청도 면천 마양촌에 거처를 마련해주었다. 현재 충남 당진시 송산면 매곡리 숨은골(수머골, 수미골)이다. 구봉이 여기 은거한다는 소문을 들은 이들이 찾아와 배우기도 했다. 성혼과는 거의 만나지 못한 듯하다. 1598년(선조 31) 봄 우계는 김장생에게 서신을 보내며 구봉의 소식을 궁금해한다.

> 존경하는 선생(송익필)의 안부는 듣지 못한 지 벌써 두 해라, 늘 한결같이 보고픈 마음은 끝내 잊히지 않습니다. 늙어서 다 죽어가니 다른 맘은 없고 오로지 뜻 맞는 이를 만나 하룻밤 글 얘기를 나눈다면 즐거이 여러 근심들을 풀 수 있을 터인데 그렇게 되지 않는구려. 오직 평안하다는 소식을 죽기 전에 자주 들었으면 할 뿐이라오.

예감하는 듯한 이 편지를 쓰고서 곧 찾아온 여름에 성혼은 세상을 뜬다. 소식은 구봉에게도 전해졌을 것이다. 이해에 아내도 죽었다. 세상에 더 있을 마음이 들지 않았을 게다. 「현승편」의 머리에 쓴 것처럼 "나는 우계, 율곡과 가장 잘 지냈는데 지금 모두 세상을 떠나고 나만 홀로 살아서" 그간

송익필의 묘

송익필이 말년을 보낸 충남 당진시 송산면 인근에 그의 묘소가 있다(현 주소는 당진시 구봉로 134-42). 무덤 앞에는 송시열의 「구봉선생 송공 묘갈문」이 새겨진 비석이 있었겠는데, 지금은 없어졌다. 비석 둘은 1720년과 1993년에 다시 세워져 기리는 것들이다. 문인석 둘이 양쪽에서 입시하고 있다. 이 아래쪽에 그의 위패를 모신 재실인 입한재立限齋가 있다.(아래 사진 오른쪽)

나눴던 편지들도 정리하고, 저서도 마무리한다. 그도 사후에 책이 엮여 평생에 깨달은 뜻이 조각이나마 전해지길 바랐을 것이다. 파란 많은 삶에서도 예로써 기질의 성을 맑게 닦아 본연의 성을 구현하려 한 송익필은 이듬해인 1599년(선조 32) 8월 8일 마양촌에서 66년의 생을 마감한다.

평판이 높았던 그의 시는 일찍부터 모아져, 주요한 작품들에 허균이 평을 붙인 바도 있으며, 1622년(광해군 14)에는 5권으로 된 시집이 간행되었다. 20년 뒤에는 글들과 서간도 저마다 1권씩 묶여 간행되었다. 지인과 제자들은 구봉을 복권시켜보려 끊임없이 노력했지만, 서인의 세상이 되어서도 그것은 쉽지 않았다. 영조대인 1751년에 가서야 빛을 보아 정5품인 사헌부 지평持平에 추증되었다. 11년 뒤인 1762년(영조 38)에는 수습된 저작이 다 모아져 『구봉집』의 편찬이 이루어졌다. 책의 마지막에는 동생 한필의 문집인 『운곡집雲谷集』도 함께 붙었다. 마침내 1910년 7월 순종 황제는 조선왕조를 마감하는 마무리에서인지 송익필을 당상관인 규장각 제학奎章閣提學에 추증하고 문경文敬이라는 시호를 내려주었다. 그러고 나서 곧바로 점잖은 양반의 나라는 망했다. 이때 절명시를 남기고 자결한 매천梅泉 황현黃玹(1855~1910)은 일찍이 조선을 대표하는 주요 시인에 송익필을 꼽았었고 그를 기리는 시도 썼다.

희어진 머리로 험준한 당적에 휩쓸렸구려	白首嶔奇黨籍中
십 년 변방살이 부평초에 덤불쑥이었겠소	十年關塞感萍蓬
송대 유학의 이치 그리고 당대 시의 격조	宋儒理窟唐詩調
동방에서 손꼽자면 이 어르신이 있느니라	屈指東方有此翁